외국어로서의 한국어 어휘 교육론

외국어로서의 한국어 어휘 교육론

김은혜

역락

머 리 말

이 책은 필자의 박사논문 "연상을 활용한 한국어 어휘 의미 교육 연구"를 보완한 것이다. 박사논문의 내용 중 연상 실험 부분을 덜어내고 어휘력 평가 부분을 새로 집필하면서 박사논문의 얼개가 다시 짜이게 되었다. 1장은 어휘의 개념, 어휘 능력과 어휘 능력의 구성요소, 어휘 교수법의 흐름을 조감한 어휘 교육의 토대가 되는 내용을 다루었고 이를 바탕으로 2장에서는 표준 한국어 교육과정의 어휘 교육 목표와 내용을 살펴보고 3장에서 한국어 어휘 교육이 나아갈 방향을 제시하였다. 4장에서는 의미와 연상에 중심을 둔 어휘 교육의 실제적인 교육 방안을 논의하였다. 필자가 실제로 한국어 수업을 통해 학습자들과 어휘 교육의 방법을 탐색하고 실천한 결과물이다. 끝으로 5장에서는 어휘 평가의 원리와 어휘 평가 도구 제작에 대한 내용을 다루었다. 필자가 학습자들의 어휘력을 측정하기 위해 실시했던 다양한 평가지를 부록에 제시하였다. 본서는 어휘 교육 개론서에서 다루어야 하는 어휘 교육의 목표와 내용, 방법, 평가에 대한 내용을 담고 있다. 다만 현장에서 사용되는 다양한 어휘 지도법의 유형이 제시되어 있지는 않고 중·고급 수준의 학습자에게 적합한 연상을 활용한 특정 지도 방법을 중점적으로 다룬다.

요컨대 이 책은 어휘를 교육하기 위해서는 어떠한 내용을 어떠한 방법으로 지도해야 할 것인가를 어휘, 의미, 연상이라는 핵심 주제어를 통해 풀어

본 것이라 할 수 있다. 오늘날 여전히 성행하고 있는 영어 Voca22000 수업이나 일본어 어휘 및 문형 강좌 등은 어휘에 초점을 두고 회화 없이 핵심어 10개 정도로 두세 시간의 수업이 가능한 사례이다. 천자문을 학습할 때 글자 하나를 가지고 우주와 세상 이치를 풀어내던 선조들의 수업이나 분류 어휘집을 이용한 어휘 학습의 경우는 대표적인 어휘 중심의 분리식 수업이 아닐까 한다. 이처럼, 언어 기능에 초점을 두고 어휘가 보조적으로 다루어지는 의사소통 중심의 통합 수업과 달리, 어휘가 지닌 지식과 정보의 측면이 부각된 어휘 중심의 수업이 가능하다.

그러나 이러한 수업은 어휘가 실제로 운용되는 맥락 속에서 학습자가 어휘를 사용해보는 경험적 측면을 소홀히 하게 된다. 더욱 외국어를 학습할 때 어휘가 지닌 의미와 말맛을 놓치지 않고 실제 운용되는 맥락에서 새로이 창조되는 의미를 학습자가 배울 수 없게 된다. 언어학습이 단순한 언어 기능을 숙련하는 것이 아니라 의사소통 과정에서 일어나는 정보를 내면에 깊이 있게 처리하여 진정한 소통이 일어나게 하는 것이라면 의미의 깊이 있는 처리는 반드시 이루어져야 한다. 그 중에서도 내포적 의미, 연상적 의미, 함축된 의미를 처리하는 것은 모어 화자에게도 끊임없는 노력이 요구되는 것이기에 외국인 학습자에게는 그 지도가 더욱 필요하다.

한국어 수업을 할 때 가끔씩 가장 아름다운 한국어 단어는 무엇이라고 생각하는지 묻곤 한다. 필자가 한 번도 아름답다고 느껴보지 못했던 한국어 단어들이 수두룩하게 소개된다. 한 번은 학습자 모국어 중에서 가장 아름다운 단어를 친구들에게 소개하기로 한 적이 있었다. 인도네시아 학생이 'cinta[찐따]'를 소개했다. 다른 나라 학생들은 어떠하였을지 몰라도 필자에게 이 단어는 아름답지 않았다. 인도네시아어로 이 단어는 '사랑, 사랑하는'이라는 뜻을 담고 있다. 그러나 필자에게 사랑한다는 의미로 'cinta'를 말한다면 한국어 '사랑한다'가 지닌 의미를 느끼기는 힘들 것 같다. 외국인 학습자들도 한국인들과 대화를 하다가 '이러한 표현을 접하면 화를 내야 하나, 내가 이런 식으로 말하면 한국인들은 어떤 기분이 들까, 무례하고 성의 없어 보일까, 너무 무관심한 것 같은가'와 같은 생각이 든다고 한다. 학습자들은 자신의 미묘한 생각과 감정을 오롯이 전달하지 못 하는 것 같아 늘 고민하고 있다.

어휘를 가만히 들여다보면 사람들의 삶의 모습이 보인다. 어떤 단어와도 잘 어울리는 단어도 있고 어울려 쓰이는 데 제약이 있는 단어도 있고 유일하게 하나의 단어와만 어울리는 단어가 있다. 어떤 단어는 매우 품위가 있고 멋스러운 반면 어떤 단어는 조금 상스럽고 천박해 보이기도 한다. 어떤 단어는 지시적인 의미 하나만 가지고 있지만 어떤 단어는 다양한 의미를 지니며 여러 영역에서 사용되기도 한다. 동일한 개념을 다양한 음성 형식으로 표현하는 것은 사람이 때와 장소에 맞춰 옷을 갈아입듯 변신하는 것 같고 하나의 음성 형식이 다양한 의미를 지니는 것은 마치 사람이 인생을 살며 속내가 깊어져 경륜이 쌓이는 것 같다. 표현하고자 하는 개념에 해당되는 단어가 없어 차용되는 경우는 은행에서 돈을 빌리거나 외국에서 새로운 문물을 도입하는 것과 비슷하다. 단어가 생겨나 사용되다 사라지는 것은 사람이 태어나 살다 죽는 것과 한가지 같다. 사람이 일생을 추억하듯 하나의 단어를 통해서도 오감을 깨우는 많은 이야기를 떠올리게 된다.

결국 어휘 학습은 위와 같이 한국어가 지닌 다양한 면모를 알아가는 것이다. 하나의 단어를 통해서도 오감을 깨우는 많은 이야기를 끌어낼 수 있는 방법 중의 하나가 연상을 통한 어휘 학습이 될 수 있다. 외국인 학습자에게 연상을 통한 한국어 어휘 학습이 한국인의 삶을 들여다보고 한국인과 함께 나누는 이야기가 풍성해지는 과정임을 일깨울 수 있기 바란다. 이 책은 그 작은 시도를 한 것이어서 미진한 부분이 많고 더 구체적인 방안을 찾아야 하는 과제도 많이 안고 있다. 그러나 연상을 활용한 어휘 지도 방법이

외국인 학습자가 어휘를 양적으로나 질적으로 확장하고, 어휘가 사용되는
사회·문화적인 맥락에 자연스럽게 접근하여 어휘를 깊이 있게 이해하고
나아가 어휘를 유의미한 방법으로 기억하는 데 도움이 되었으면 한다.

　마지막으로 부족한 책을 출판해 주신 역락출판사의 이대현 사장님과 수
고로운 편집을 기꺼이 해주신 박윤정 과장님께 감사드리고, 무엇보다 학문
의 길에서 방황하고 어려움을 겪는 제자에게 큰 가르침을 삶으로 보여주신
박덕유 선생님과 손영애 선생님께 깊이 감사드린다. 늘 기도해 주는 가족과
날마다 함께 하시는 하나님께 감사드린다.

2017년 4월

저자 씀

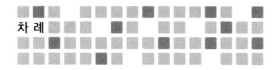

차 례

표 차 례

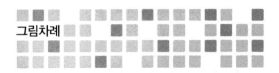

그림차례

1

어휘 교육의 토대

어휘를 어떻게 정의하느냐에 따라 어휘 교육의 내용과 방법은 그 차이가 크다. 어휘의 개별성과 체계성은 어휘가 지닌 속성인데 이 중 어느 면을 더 부각하는가에 따라 교육적 접근이 달라질 수 있다. 또한 어휘 교육의 내용을 무엇으로 선정하느냐 역시 어휘에 대한 교육적 접근에 큰 영향을 끼친다. 어휘 교육의 내용을 선정하고 어휘 교육의 방법을 탐색하기 위해서 어휘 교수법의 변천 과정을 고찰하여 그 답을 찾을 필요도 있다. 본 장에서는 어휘 교육의 토대가 되는 내용 즉 어휘의 개념, 의사소통 능력에서 어휘가 차지하는 위상, 어휘 능력의 구성 요인, 교수법의 변천에 따른 어휘 교육의 흐름에 대하여 논의하게 될 것이다.

1. 어휘와 어휘 능력

1.1. 어휘와 어휘 교육

어휘[1]는 일정한 범위 안에서 사용되는 단어의 집합으로 정의될 수 있다.

---

[1] 김광해(2008: 21-23)에 의하면 어휘는 어휘소(lexeme)의 집합인 lexicon과 어휘항목(lexical

이 어휘 안에는 실질적인 의미를 가지는 내용어뿐 아니라 접사, 어미 결합형, 조사 결합형 등 형식적 의미를 포함한 언어 단위가 포함되며, 연어구, 관용구와 같이 단어를 넘어선 단위도 포함될 수 있다. 어휘라는 집합체를 바라보는 시각에 있어서도 어휘 연구의 분야별 특징에 따라 어휘를 단어의 체계적인 장으로 보는 시각과 단어의 개별적인 집합으로 보는 시각으로 대별될 수 있다. 이는 어휘가 지닌 양면적인 성격으로 전자는 어휘를 체계적이며 조직적인 통일체로 보며 유의어, 반의어와 같이 어휘를 단어들과의 관계 속에서 정의하는 것인 반면 후자는 어휘를 계량이 가능한 단위로서 보아 궁중어, 심마니 말, 김소월 시에 등장하는 단어들과 같이 어휘를 낱낱이 셀 수 있는 개별적인 단어들의 집합으로 보는 것이다.

어휘에 대한 개념은 한국어 교육에서 어휘 선정과 관련하여 기초 어휘, 기본 어휘, 이해 어휘, 사용 어휘의 관점에서도 정리될 필요가 있다. 한국어 기초 어휘는 한국어의 근간이 되는 어휘이며 오랜 기간 동안에도 잘 변화되지 않은 채 일상적인 언어생활에 쓰이는 필수적인 단어에 해당한다. 일상생활에서 필요를 충족할 수 있는 1,000개 내지 2,000개 어휘를 최소한으로 선정한 뒤 이를 체계적으로 분류하여 제시한 것이다(조현용, 2000).

기본 어휘는 언어 사용의 국면이 다양한 여러 영역으로 분리될 수 있다는 것을 전제로 하여 분리된 영역에서 가장 기본이 되는 어휘의 집합이다(서상규 외, 1998). 가령 특정한 목적과 분야로 한국어 교육 분야에서 학문 목적을 위한 학습용 어휘를 선정하는 경우이다. 기본 어휘는 빈도, 중요도, 사용범위 등 객관적 기준에 의해 마련된 귀납적 목록이다.

이해 어휘는 학습자가 직접 사용하지는 못해도 그 의미나 용법을 아는 어휘로서 수동적 어휘 혹은 획득 어휘로 불린다. 반면 사용 어휘는 말하거

---

unit)의 집합인 vocabulary의 실질적인 지시 대상으로 볼 수 있다. 어휘소는 언어를 구성하는 작은 의미 단위를 뜻한다.

나 글을 쓸 때 사용이 가능한 어휘로 능동적 어휘 혹은 발표 어휘라 할 수 있다. 학습자들은 일반적으로 사용할 수 있는 어휘보다 이해할 수 있는 어휘가 더 많다. 이 외에도 김광해(1993)은 교육과 학습의 관점에서 일차 어휘와 이차 어휘를 구분한 바 있다. 일차 어휘는 체계적인 교육 활동이나 전문적인 훈련과 관계없이 일상생활을 통해 자연스럽게 습득된 어휘를, 이차 어휘는 의도적으로 인위적인 교육과 특수한 훈련 과정을 거쳐서 학습된 어휘를 뜻한다. 한국어 모어 화자들은 일상생활 속에서 자연스럽게 일차 어휘를 습득하지만 모어 화자들과 같은 절차적 학습을 할 수 없다. 따라서 외국어 혹은 제2언어로서 한국어를 습득하는 학습자들에게 한국어 일차 어휘는 중요한 학습 대상이 된다.

어휘에 대한 개념을 이해하는 것만큼 한국어 어휘가 지닌 특징을 이해하는 것도 한국어 학습에 있어 도움이 된다. 학습자들은 자신의 모어와 달리 한국어 어휘에 보이는 특징을 비교하고 대조하며 어휘 학습에 있어 유의할 사항을 점검할 수 있다. 한국어 어휘는 이충우(1997)에서 논의한 바와 같이 다음과 같은 특징을 지닌다고 할 수 있다. 첫째, 첨가어로서 조사에 의해 문법 관계를 나타내고, 선어말어미로 시제, 존경, 겸양, 추측, 회상을 표현하며, 다양한 어말어미로 문장의 유형을 나타내고 문장을 종결한다. 둘째, 고유어와 한자어 그리고 외래어의 3종 체계를 이루다보니 유의어가 많고 동음이의어도 많이 존재한다. 셋째, 높임과 겸양을 표현할 수 있는 어휘가 따로 존재한다. 넷째, 음운을 교체함으로 어감의 차이를 보이는 의성어와 의태어가 다양하게 존재한다. 다섯째, 기초 어휘에서는 고유어의 체계가 발달하였고 전문 어휘에서는 한자어가 발달하였다. 여섯째, 한국어 어휘는 대체로 2·3·4음절어로 표현된다.

어휘에 대한 개념은 어휘를 가르치는 방법과 밀접한 연관이 있다. 우선 어휘를 불규칙적인 집합으로 보는 관점은 암기 위주의 어휘 교육을 할 경향이 있으며 학습자들은 수동적으로 재미없고 지루한 방식으로 어휘를 대하게 될 수도 있다. 학습자가 어휘를 사용 맥락 속에서 다각적으로 접하며 능동적으로 사용하고 어휘 생성과 이해의 측면에서 새로움과 창의성을 느낄 수 있는 방안을 찾아야 할 것이다. 더불어 학습자들은 어휘의 양적 측면과 질적 측면 모두에서의 향상을 원하기 때문에 이해 어휘와 사용 어휘의 균형 있는 발달은 반드시 이루어야할 학습 목표가 된다.

어휘는 언어습득의 시작이며 의사소통의 필수 도구이다. 나아가 어휘 자체에 녹아 있는 언어·문화적 특성을 통해 언어 사용자의 문화도 알게 된다. 그러므로 어휘를 교육하는 것은 매우 중요한 일이라 하겠다.[2] 어휘 교육은 어휘에 대한 정확한 발음, 철자, 의미, 용법을 알아 적절하게 사용할 수 있도록 하는 것이다. 어휘소 하나하나가 지니고 있는 의미와 사용에 대한 정보는 단지 어휘소 자체의 언어적 학습만으로 습득되지 않고 학습자가 사회·문화적 배경 속에서 백과사전적인 지식을 습득하는 부단한 과정 속에서 터득되는 것이다. 뿐만 아니라 어휘가 지닌 의미는 학습자 개인 고유의 정서와 가치, 경험과도 밀접한 연관을 맺는다.

지식과 경험의 총체인 어휘를 습득하는 과정에는 어휘와 관련해서 축적된 정보를 적절하게 개념화하여 분류하기도 하고 통합하기도 하는 일련의 사고과정 또한 관여하게 된다. 어휘를 습득해서 어휘를 머릿속에 저장하였다가 적재적소에 사용할 수 있기 위해서는 그 어휘와 관련된 정보 중 무엇

---

2) 조현용(2000)의 어휘에 대한 학습자 반응은 어휘 교육의 필요성을 시사한다. 고급 학습자로 갈수록 어휘 학습의 중요도가 높아지는 것을 알 수 있다. 초급, 중급, 고급의 수준별 차이는 문법 지식보다는 학습자의 내적 어휘부의 크기와 관련되어 있는 것으로 보인다.

	한국어로 의사소통 시 어려움의 원인	한국어 능력 중 가장 중요한 요인
초급	문법(44%), 어휘(28%), 발음(28%)	어휘(46%), 문법(27%), 발음(27%)
중급	어휘(47%), 발음(30%), 문법(19%)	어휘(44%), 문법(28%), 발음(28%)
고급	어휘(64%), 문법(18%), 발음(18%)	어휘(72%), 문법(17%), 발음(11%)

이 어휘를 사용하고 있는 상황에 알맞은 의미와 용법인지를 판단해서 인출할 수 있어야 하고, 관련 어휘들 중에서 어째서 유독 그 어휘가 사용되기에 적합한지를 따져보는 탐색 과정을 거쳐야 한다. 이처럼 어휘 학습에는 판단, 조직, 분석, 적용, 비판하는 사고 기능이 관련됨을 알 수 있다.

한국어 학습자는 그들이 성장하는 과정에서 자신의 모어로 세상을 바라보는 시각을 갖추며 하나의 모국어 단어 속에서도 단어 자체가 지닌 본래 의미와 더불어 삶 속에서 체험한 개인적 경험, 사회·문화적 경험을 떠올릴 수 있다. 그러나 한국어 학습자가 지닌 이러한 경험과 지식은 한국어 어휘를 사용할 때 한계를 보인다. 학습자는 그가 속한 사회의 문화와 관습에 따른 경험적 지식이 축적되어 있기 때문에 한국인이 지닌 경험적 지식과 동일한 의미 부류를 통해 상황을 인식한다고 볼 수 없으며, 한국어 어휘가 지닌 의미를 깊이 있게 느끼기 어렵고, 어휘를 적재적소에 정확하게 사용하는 데에도 어려움을 느낄 수밖에 없다.

(1) 바나나를 발기다.(왕○○, 중국)
(2) 메마른 몸매, 메마른 생각……(이○○, 중국)
(3) 음식과 돈을 충족시키다.(바○○○, 몽골)
(4) 인라인스케이팅 동아리의 부회장이란 직위를 다녔습니다.(왕○, 중국)
(5) 선생님, 보고서를 언제까지 수리해서 제출할까요?(황○○, 중국)

위의 한국어 학습자에게서 보이는 어휘 오류는 언어와 어휘 선택에 있어 학습자의 어려움이 얼마나 큰지를 잘 보여준다. 이와 같은 한국어 학습자의 어려움을 줄이고 효과적으로 어휘를 학습하도록 돕는 방법은 학습자가 한국어 어휘가 사용되는 거시적인 맥락을 통해 어휘 유형을 학습하여 문화적 요소를 비롯해, 한국 사회의 특수성을 인지하도록 하고, 언어 기능 활동이나 의도적 어휘 학습을 통해 어휘가 지닌 세부적인 의미를 구체적으로 학습하도록 하는 것이다. 또한 한국어 학습자가 어휘의 가치를 의식하고, 말맛에 대한 감각을 지니며 한국어 어휘 의미를 보다 깊이 있게 처리하도록 도와야 한다. 학습자가 사전적 의미에 해당하는 지시적 의미를 습득하는 것을 출발점으로 하여 문맥 속에서 함축적 의미와 정서적 의미를 파악하고, 어휘를 창조적이고 능동적인 방법으로 사용할 수 있도록 해야 할 것이다.

요컨대 어휘에 대한 이해 교육에서 창조적이고 능동적인 어휘 사용으로의 심화를 이끌어 오는 어휘교육이 되기 위해서는 적어도 한국어 학습자가 한국인이 어휘를 어떠한 방식으로 인지하고 느끼는지에 관심을 가지도록 유도해야 한다. 이는 결국 한국인 모어 화자의 머릿속에 내재된 어휘 의미가 무엇인지 살펴보는 것과도 연관이 있다. 그러므로 한국어 학습자는 한국 사회와 문화, 한국어를 구사하는 한국인과의 상호 작용 속에서 끊임없이 어휘의 의미를 탐색하고 재구성해야 하는 인지적 부담을 가져야 하며 이를 의사소통 과정에서 성공적으로 수행하기 위해서는 어휘에 대한 지식에서 한걸음 나아가 어휘를 운용할 수 있는 전략을 학습할 필요가 있다.

1.2. 어휘와 의사소통 능력

한국어 교육의 목적은 한국어 능력의 향상이며, 다시 말해 한국어 의사소통 능력의 신장을 뜻한다. 한국어 교육에서 의사소통 능력에 대한 논의는 의사소통 능력이라는 용어를 만든 사회 언어학자 Hymes에게서 비롯된다고 할 수 있다. 그는 Chomsky가 등질적인 언어 사회와 이에 속한 이상적인 언어 화자를 상정하여 추상화된 통사 규칙, 문법적 능력을 언어 능력으로 규명하는 데 주력하고 인간이 실제로 생산하고 이해하는 발화 활동인 언어 수행은 불완전하다는 입장을 취한 것에 이의를 제기하였다. 개인이나 언어 집단의 획일적인 능력을 전제로 한 문법적 능력만으로는 실제 언어 사용에 대한 규칙을 설명할 수 없는 한계가 있다는 것이다. 통사론 지향적인 언어 연구에서 언어 사용자와 연관된 모든 문제가 언어 규칙과 사용에서 중요한 역할을 담당한다는 패러다임의 전환으로 인해 언어 연구와 교육은 문법적인 정확성뿐만 아니라 사회언어학적 적절성도 동시에 고려하게 되었다.

아울러 Habermas에 의하면 Chomsky의 언어 능력은 경험적 조건에 한정된 언어 능력의 적용으로서의 의사소통을 이해하는 데 미흡하며 정상적인 담화에 참여하려면 화자는 언어 능력에 부가해서 언어활동의 기본적 자질과 상징적 상호작용을 처리하는 자질을 갖추어야 한다고 하였다.3) 이는 의사소통 능력은 언어학적 요인뿐 아니라 언어 외적인 인지적, 감성적 요인들도 이해하고 사용할 수 있는 능력이어야 함을 시사한다.

또한 Hymes의 의사소통 능력을 확장시킨 Canale and Swain은 문법적 능력과 사회문화적인 능력만으로는 언어학습에 대한 의사소통적인 접근방법을 충분히 설명할 수 없고 한정된 언어 능력을 가진 화자가 의사소통 과정에서 발생하는 제반 문제점을 처리하기 위해 사용하는 다양한 전략을 구사하는 능력을 의사소통 능력에 포함해야 한다고 주장하였다. 이처럼 한국어 능력을 뜻하는 한국어 의사소통 능력의 개념을 구성하는 요인에는 문법 능력, 사회언어학적 능력, 언어 외적인(인지적 · 감성적) 요인, 전략적 능력과 같이 다층적이고 복합적인 개념이 관여하고 있기 때문에 의사소통 능력의 구성 개념을 어떻게 설정하는가는 다양한 면모를 보일 수밖에 없다.

Hymes(1972)에서 의사소통 능력은 인간이 특정 상황에서 메시지를 전달하고 해석하며 인간 상호 간에 의미를 타협하게 해주는 능력이라고 정의한 바 있다. 그의 논의는 Canale & Swain(1980)에서 확장 발전되었고 Savignon (1983)과 Bachman(1990)으로 이어진다.

---

3) 조명원(1982: 13) 참조

<표 1-1> 학자에 따른 의사소통 능력의 구성 요소

Hymes(1972)	Canale & Swain(1980), Savignon(1983)	Bachman(1990)
언어의 문법성에 관한 지식 언어 능력의 한계에 관한 지식 발화의 사회적인 의미 타당성에 관한 지식 발화의 사용 가능성에 관한 지식	문법적 능력 담화적 능력 사회언어학적 능력 전략적 능력	조직적 능력 화용적 능력

이 가운데 Canale & Swain(1980)에서 제시한 의사소통 능력의 구성 요소는 Hymes의 의사소통 능력에 대한 개념을 확장한 것으로 한국어 능력의 개념을 정의하는 근간이 되어 왔다.

<표 1-2> 의사소통 능력의 구성요소(Canale & Swain(1980)을 요약)

문법적 능력	어휘에 대한 지식과 형태론적, 통사론적, 의미론적, 음운론적 규칙에 관한 지식을 포함하는 의사소통 능력.
담화적 능력	문법적 능력을 보충해 주는 능력, 형태적인 응집성과 내용상의 일관성을 이루기 위해 아이디어를 조직하는 능력.
사회언어학적 능력	언어와 담화의 사회 문화적 규칙에 관한 지식으로 언어를 사용하는 사람들이 맡은 역할, 이들이 공유하는 정보, 이들 간에 이루어지고 있는 상호작용에 대한 이해.
전략적 능력	언어 수행상의 변인이나 불완전한 언어 능력 때문에 의사소통이 중단되는 경우 이를 보완하기 위해 사용하는 언어적, 비언어적 의사소통 전략

<표 1-2>에 제시된 Canale & Swain(1980)의 문법적 능력과 담화적 능력이 언어 체계에 대한 것이라면 사회언어학적 능력과 전략적 능력은 의사소통을 위한 기능과 연관이 있는 것으로 결국 Bachman(1990)과 같이 정리될

수 있다. <표 1-2>에서 어휘에 대한 부분은 문법적 능력 안에 지식적 요인
으로 제시되어 있다.

<표 1-3> 언어 능력의 구성 요소(Bachman, 1990: 87; 이홍수 외, 2010: 234에서 재인용)

언어 능력	조직적 능력	문법적 능력	**어휘**, 형태론, 통사론 음운론·필적학
		텍스트적 능력	결합성 수사적 조직
	화용적 능력	언표내적 능력 (언어 기능)	개념적 기능, 조작적 기능, 발견적 기능, 상상적 기능
		사회 언어적 능력 (언어 문화)	방언 등의 다양한 언어에 민감 언어 사용역에 민감 자연스러운 언어 구사에 민감 문화적 및 은유적 표현에 민감

Bachman(1990)에서는 언어 형식을 결정짓는 모든 규칙(문장 단위의 규칙과
문장의 연결 관계를 지배하는 규칙)을 조직적 능력으로 설정하였고 Canale &
Swain(1980)의 사회언어학적 능력을 화자/저자가 의도했던 의미를 전달하면
청자/독자가 그 의미를 이해하는 언어의 기능적 범주(언표내적 능력)와 사회
언어적 측면(언어의 문화적 측면)으로 구분하였다. 언표내적 능력에서 기능은
언어를 사용해 달성하려는 목적으로 언어를 외적으로 구현한 형태를 구체
적으로 실현한 것을 뜻한다. 전략적 능력은 의사소통 언어 능력의 독립적
요소로서 낱말과 구의 사용 방법, 의미 협상을 위해 사용하는 이해와 표현
방식을 최종적으로 결정하는 집행 기능을 수행하는 것으로 제시되고 있다.
 <표 1-3>에서 의사소통 능력을 구성하는 요소 중 어휘는 문법적 능력
안에 형태론적, 통사론적, 의미론적, 음운론적 규칙과 함께 기술되어 있다.
이는 의사소통 능력에서 언어 지식의 측면을 부각한 것이다. 따라서 Canale

& Swain(1980)이나 Bachman(1990)은 어휘를 지식 중심으로만 강조하였다는 인상을 준다. 어휘가 담화적 능력, 사회언어학적 능력, 전략적 능력과 어떠한 연관을 보이며 실제로 운용되는지 보여주지 못하는 면이 있다.

어휘는 의사소통 능력 및 언어 능력을 구성하는 모든 요소에 밀접한 관련을 맺고 있으므로 신명선(2008: 20)과 같이 Marconi(1997: 72)와 Bachman (1990)을 결합하여 어휘가 의사소통 능력에서 차지하는 위치를 설정하는 것이 타당해 보인다.

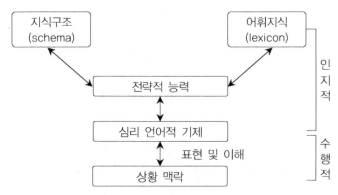

[그림 1-1] 어휘 능력의 구조(신명선, 2008: 20)

신명선(2008)은 [그림 1-1]과 같이 어휘 능력을 어휘에 관한 지식(lexicon)과 지식구조(schema)를 바탕으로 상황을 전략적으로 파악한 후 구체적으로 표현하고 이해하는 총체적 과정으로 보고 있다. [그림 1-1]과 같이 어휘를 언어 능력 내지 의사소통 능력의 구성 요인들과의 연관성 속에서 조명한 내용은 한국어 어휘 학습의 큰 틀을 제공하게 된다. 이를 바탕으로 한국어 학습자가 한국 사회와 문화라는 상황 맥락 속에 어휘가 담고 있는 음운, 형태, 통사적 지식을 끌어와, 한국인과의 상호 작용 속에서 끊임없이 어휘의 의미를 탐색하고 재구성해야 하는 인지적 부담을 전략적으로 해소하면서 상대방을 이해하고 자신의 의도와 감정, 정보, 생각을 표현하는 의사소통 과정을 성공적으로 수행할 수 있도록 하는 교육적 목표를 설정할 수 있다.

1.3. 어휘 능력

어휘 능력(Lexical competence)[4]은 어휘를 이해하고 구사하는 데 관련된 일체의 능력으로서 어휘 능력은 얼마나 많은 어휘를 알고 있는가의 양적 어휘력과 어휘의 형태, 의미, 화용에 대한 지식을 통해 어휘를 깊이 있게 처리하는 질적 어휘력으로 대별된다.[5] 이때 하나의 단어를 안다는 것은 단순히 학습자가 자신의 모국어 단어를 목표어에 대응시키는 것을 뜻하지 않고 단어의 음운, 형태, 통사적 결합 관계, 의미, 용법에 대해 아는 것으로 일회적인 앎이 아니라 지속적으로 앎의 과정을 확장해 가야 하는 것을 뜻한다. Nation(2001)은 단어를 아는 것에 연계된 지식이 어떠한 것인지 이해와 표현의 측면에서 구별하여 <표 1-4>와 같이 제시한 바 있다.

---

4) Richard(1976)에 따르면 모국어 화자는 성인이 되어서도 계속해서 어휘가 증가한다고 한다. 언어 사용자의 평균 어휘 수에 대해 알려진 것은 거의 없으나 수용 어휘는 대략 2,000~100,000개 정도의 어휘로 추정하고 있다. Richards(1976)에서는 단어를 안다는 것이 뜻하는 바에 대해 여덟 가지 가정을 제시하고 이 가정들이 어휘 교수에 있어 함의하는 바를 논하였다. Richards(1976)은 단어를 안다는 것이 발화나 인쇄물에서 그 단어를 마주칠 가능성의 정도, 기능과 상황의 변동에 따른 단어의 용법에 부가된 제약, 단어의 통사적 행위, 기저형과 파생형, 다른 단어와 결합하는 연결망, 의미적 가치, 그 단어와 결부된 많은 의미를 아는 것이라 하였다.

5) 이영숙(1996)은 어휘력을 양적 어휘력과 질적 어휘력으로 구분하였다. 양적 어휘력은 어휘의 양과 관련이 있으며 질적 어휘력은 어휘의 형태(발음, 철자, 단어 구조), 어휘의 의미(여러 가지 종류의 의미, 다른 단어들과의 의미 관계), 어휘의 화용(단어의 기능과 상황에 따른 사용의 제약, 적절하고 효과적인 언어 사용, 상황에 적절한 단어 의미 파악, 빠르고 효과적인 단어 처리)과 관련이 있다.

<표 1-4> 단어를 아는 것에 연계된 지식 Nation(2001: 27) R=이해 지식, P=표현 지식

형태	구어	R	어떻게 들리는가?
		P	어떻게 발음되는가?
	문어	R	단어가 어떻게 생겼는가?
		P	어떻게 쓰는가? 철자는 어떤가?
	단어 요소	R	단어에서 인식되는 요소는 무엇인가?
		P	의미를 나타내기 위해 필요한 단어 요소는 무엇인가?
의미	형태와 의미	R	단어의 형태 기호는 무엇을 의미하는가?
		P	의미를 나타내기 위해 사용되는 단어 형태는 무엇인가?
	개념과 지시	R	개념에 무엇이 포함되는가?
		P	개념이 지시하는 항목은 무엇인가?
	연상	R	이 단어가 상기시키는 다른 단어들은 무엇인가?
		P	이 단어 대신에 쓸 수 있는 다른 말은 무엇인가?
용법	문법 기능	R	어떤 구조에서 단어가 나타나는가?
		P	어떤 구조에서 단어를 써야 하는가?
	공기 관계	R	함께 나타난 단어와 단어 유형은 무엇인가?
		P	어떤 유형의 단어를 같이 써야 하는가?
	용법의 제약 (사용역/빈도…)	R	어디서, 언제, 얼마나 자주 이 단어를 만나겠는가?
		P	어디서, 언제, 얼마나 자주 이 단어를 사용하겠는가?

　　결국 <표 1-4>의 단어를 아는 것에 연계된 지식은 언어학에서 학문적 영역으로 구분해 놓은 음운, 형태, 의미, 통사, 화용과 관련된 모든 언어 지식과 단어를 운용하기 위해 필요한 세상 지식이 어우러져 있음을 알 수 있다. 그런데 어휘의 이해와 구사에 있어 필요한 지식과 경험은 개인마다 차이가 있기 때문에 어휘 사용자의 능력인 어휘 능력은 풍부함, 정교함, 미묘함에서 차이가 있게 된다.

　　Marconi(1997)에 따르면 어휘 능력은 첫째, 단어들 간의 연결망에 접근하는 것을 아는 것과 둘째 어휘항을 실제 세계에 사상하는 방법(명명하기)을 아는 것과 연관이 있다. 다시 말해 그는 어휘 능력을 추론 능력(inferential aspect of lexical semantic competence)과 지시 능력(referential aspect of lexical semantic competence)으로 구분하였다. 추론 능력은 언어내적 능력으로 특정한 단어가 사용되는 문장에 대한 지식이며 단어들 간의 연결망을 다룰 수 있는 능력을 뜻한다. 추론 능력은 의미 추론, 바꿔 말하기, 정의내리기, 단어의 정의를 듣고 형태를 떠올리기, 유의어 찾기와 같은 훈련을 통해 고양될 수 있다. 반면 지시 능력은 단어를 실제 세계에 적용하는 능력으로 어휘집에 범주화되어 있는 대상의 이름을 찾아내는 능력이며 대상에 부합하는 의미 표상을 회상하는 능력을 뜻한다. 지시 능력의 큰 축을 이루고 있는 적용(Application)은 단어를 대상에 사상(단어→대상)하는 것으로 유의어를 제시하거나 정의(추론)를 내려 단어를 이해하는 능력이며 명명(Naming)은 대상을 단어에 사상(대상→단어)하는 것으로 주어진 대상과 연계된 단어의 회상, 의미나 개념이 아닌 철자나 음상으로 회상하는 경우, 명명할 수 없지만 기능이나 설명, 제스처로 인식하고 있음을 보이는 능력과 연관이 있다. 적용과 명명하기는 단어와 연관된 구조적 정보에 더 의존적이지만 추론적 수행은 훨씬 더 광범위한 정보망에 의존적이다.

[그림 1-2] 어휘 능력의 구조(Marconi, 1997: 72)

Marconi(1997)의 추론 능력과 지시 능력은 신명선(2008: 19-26)에서 상징 능력과 지시 능력으로 제시되었다. 신명선(2008)은 Richards & Ogden(1959: 36)의 의미 삼각형에서 개념과 기호(언어)간에 존재하는 상징 관계와 개념과 지시물 간에 존재하는 지시 관계는 하나의 단어가 기능하는 국면을 체계화시킨 것으로서 어휘를 이해하고 표현하는 능력인 어휘 능력(lexical competence)의 두 가지 축인 상징과 지시를 추출할 수 있음을 보이고 어휘 능력의 구성 요소에 대한 논의를 이끌었다.

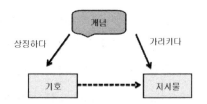

[그림 1-3] 의미의 의미(Richards & Ogden, 1959: 36)

신명선(2008)의 논의는 상징하는 언어 세계에 대한 구조주의적 연구와 인간이 가리키고 지시하는 소통 세계에 관한 기능주의적 연구가 상호 작용하여 상징과 지시 능력이 함께 어휘 능력을 구성하는 것으로 본 것이다.

<표 1-5> 어휘 능력의 구성 요소(신명선, 2008: 22)

상징 능력	지시 능력
주로 단어(어휘)의 형식과 내용과의 관계 탐구 → metalinguistics	주로 단어(어휘)의 내용과 세계와의 관계 탐구 → metapragmatics
정확성, 체계성, 과학적 개념 중시	적절성 중시, 비체계적, 일상적 개념
탈맥락적(의사소통 상황과 일정한 거리 유지)	맥락적(의사소통 상황 중시)
형태론, 음운론, 통사론, 의미론 등과 주로 관련	의미론, 화용론 등과 주로 관련

상징 능력	지시 능력
궁극적으로는 CALP(인지 학술적 언어 사용 능력) 추구 언어의식(language awareness)고양과 관련	궁극적으로는 BICS(기초적 의사소통 기술) 추구

<표 1-5>는 상징 능력이 어휘의 음운, 형태, 의미, 통사 화용에 관한 지식과 관련이 있으나 이 지식은 개인이 구체적인 삶 속에서 단어에 대해 경험하면서 알게 된 지식으로 사고의 발달과 함께 누적적으로 계속해서 발달함을 보여 주고 있다. 이러한 지식은 사회·문화적 지식으로 소통 맥락에서 용인된 지식이며 문맥 독립적 의미를 지닌다. 상징 능력은 단어 의미가 함의하는 행위를 수행할 수 있는 능력의 기반이 되며 규칙으로서의 기능을 지닌다.

이에 비해 지시 능력은 단어를 구체적으로 사용하는 의사소통 상황에서 이해하고 표현하는 언어활동에 초점이 주어진 능력이다. 개별 의사소통 상황의 특성을 파악하고 어떤 단어를 선택하여 사용할 것인지 결정하여 행동할 수 있는 능력이다. 여기서 단어를 사용하는 과정은 지식과 수행, 그리고 언어 사용의 개인적, 사회적 요소가 동시에 발현되는 과정으로 볼 수 있다.

어휘 능력은 상징 능력과 지시 능력의 상보적 관점에서 온전해질 수 있다. 정확하고 체계적인 언어 규칙에 근거하되 구체적인 의사소통 상황에 맞게 단어 사용 방식을 변용할 수 있어야 한다. 언어활동 속에서 단어를 학습하면서도 단어가 갖고 있는 속성에 주목하여 사고력을 기를 수 있는 인지적 학습을 병행해야 한다. 상징 능력과 지시 능력이 두루 발달할 수 있기 위해서는 단어 개념을 정교하게 구분하고 의사소통 상황에 적합한 어휘를 선택하고, 사회적 요구에 부합한 어휘를 사용하고 의사소통 상황에서 일어날 수 있는 여러 도전을 창의적으로 해결할 수 있는 어휘 사용이 이루어져야 한다.

상징 능력과 지시 능력의 조화로운 결합에는 사고와 개념 형성의 주체가 지시물과 단어 각각에 대해 가질 수 있는 정서적 요인에 대한 주목 역시 필요하다. 어휘를 정확하고 논리적으로 사용하면서도 말맛과 정서적 의미에도 관심을 기울여야 할 것이다. 박재현(2006: 16-17)은 어휘의 가치 문제에 주목한 지시 능력 교육의 필요성을 역설하였다. 단어를 인식적 차원에서만 구분할 경우는 '어휘 C는 어휘 B와 의미가 다르다'에 그칠 수밖에 없지만 어휘 능력의 테두리에 가치라는 인자를 포함시키면 'X와 같은 상황에서 E라는 어휘의 사용은 적절하다'와 같은 교육적 접근이 가능하게 된다고 하였다. 또한 전점이(2007)도 정서적 어휘는 앎이 아닌 느낌에 초점이 맞추어져 있고 삶에 밀착된 쉬운 어휘라는 이유로 정확성과 객관성을 중요하게 다룬 기존의 어휘 교육에서 제외되었지만 하나의 어휘를 얼마나 깊이 느끼는가, 얼마나 다양하게 맛볼 줄 아는가, 기존의 어휘를 활용해 얼마나 다양한 새로운 결합을 만들어 낼 수 있는가와 같은 점에서 정서적 어휘 교육은 지향해야 할 것임을 밝혔다. 끝으로 박수자(1998: 96)은 적절한 어휘의 선택은 언어 감각 중 특히 문화적 감각을 반영하는 것으로 보고 있다. 개별적으로는 언어적 사고력의 폭과 깊이를 확장시키고 동시에 사회구성원으로서의 문화적 인간을 길러낼 수 있다는 것이다.

비록 박수자(1998), 박재현(2006), 전점이(2007)의 논의가 국어교육의 관점에서 이루어진 것이긴 하지만 한국어 교육에서도 올바른 어휘 선택 능력을 배양하기 위해 어휘 의미가 지닌 가치에 주목해야 한다. 어휘가 지닌 어감과 말맛을 잘 이해하거나 표현하지 못해 의사소통에 실패하였을 경우 자칫하면 무례한 언어구사자가 될 수 있고 의사소통의 좌절을 감내해야 하는데 외국인 학습자에게 어휘의 내포적 의미와 정서적 의미를 적절하게 이해하고 표현하는 일은 그리 쉽지 않기 때문이다.

2. 어휘 교수법

이 절에서는 어휘 교육의 이론적 배경에 대해 살펴볼 것이다. Richards (1976)에서도 논의된 바가 있는 단어를 안다는 것이 무엇을 의미하고, 단어는 어떻게 기억되는 것이며, 단어 용법의 사회적 차원은 무엇인지에 대한 물음은 어휘 교육에서 심도 있게 다룰 핵심 논의라 할 수 있다. 이러한 질문에 답하기 위해 언어학, 심리학, 사회언어학의 학문 분야를 참조할 필요가 있다. 비록 여러 학문 분야의 이론이 시대와 사회적 환경에 따라 변하기도 하고 최근 이론이나 응용언어학의 업적을 고려하는 것이 언제나 어휘를 가르치는 새롭고 흥미로운 방법을 발견하도록 이끌지는 않을 수 있지만 적어도 어휘 교육의 틀을 제공하고 적합한 교수 방법을 선정하도록 도울 수 있는 배경 정보를 준다. 따라서 제2언어 교수법의 흐름을 검토하고 여러 학문적 성과를 통합적으로 수용하고 있는 인지언어학의 논의를 살펴보는 것은 어휘 교육에서 다루어야 하는 핵심 논의와 관련해서 큰 시사점을 제공할 것이다.

2.1. 교수법의 변천과 어휘 교육

제2언어 교수법의 변천 과정 속에서 어휘 지도는 어떠한 방법으로 이루어졌는지 살펴보기로 한다. 우선 문법번역식 교수법은 정확한 문법과 어휘 습득을 통한 번역이 주목적이기 때문에 문법과 어휘에 대한 설명을 자세히 제공하였다. 그러나 이러한 어휘 지도는 어휘의 구체적인 운용을 알려주는 것이기보다는 어휘를 암기해야 하는 것으로 다루었기에 어휘에 대한 진정한 지도가 이루어졌다고 할 수 없다.

문어 중심의 문법번역식 교수법과 달리, 구조주의 언어학과 행동주의 심리학에 바탕을 둔 청각구두식 교수법은 구어 중심의 교수법이다. 문법 규칙을 명시적으로 제시하지 않고 어휘와 표현을 대치하며 반복적인 문형 연습에 치중하였다. 문맥을 통해 어휘를 학습하며 읽기를 통한 어휘 확장을 강조한 면이 있으나 의사소통을 통한 어휘학습이나 어휘의 창조적인 사용에 대해서는 간과하였다.

이에 비해 촘스키의 생득주의와 인지심리학에 근거한 인지주의적 교수법은 모국어의 역할을 강조하며 모국어에서 습득한 규칙체계를 바탕으로 학습에 필요한 지식을 무의식적으로 습득하는 것으로 보았고 창조적인 언어 능력을 중시하였다. 모국어의 어휘 형성 원리를 근간으로 목표어의 어휘 학습 시 학습활동을 통해 자연스럽게 어휘 형성 원리를 터득하게 된다는 입장을 취한다.

이후 인지주의 교수법에서 제시한 언어 능력의 추상성에 의문을 제기하며 목표어 화자와의 의사소통 능력을 주요 목표로 하는 의사소통식 교수법이 등장하게 된다. 다양한 상황에서 적절한 언어를 사용할 수 있는 점에 초점이 있으며 역할놀이가 주된 학습활동이다. 실제로 의사소통을 가능하게 하는 점에서 문법보다 어휘가 더 중요하다고 인식하고 의사소통에 필요한 어휘목록을 제공하였다. 그러나 상황맥락에 좌우되는 어휘 교육이 아닌 체계적인 어휘 선정과 어휘 지도를 통해 학습자의 학문적 성취를 도모할 필요성이 있다. 의사소통식 교수법은 유창하게 언어를 사용하는 면을 강조하다보니 문법과 어휘를 정확하게 사용하는 점에 소홀했다.

끝으로 통합 교수법은 의사소통식 교수법에서 강조한 의사소통 능력의 유창성과 문법번역식 교수법의 강점인 문법적 정확성을 결합한 것이다. 난이도와 빈도에 의해 문법 구조를 배열하면서도 유의미한 환경 안에서 의미와 기능과 상황이라는 요소를 자연스럽게 통합한 교수법으로 의사소통식 교수법에서 주로 말하기, 듣기에 중점을 두었던 것과 달리 말하기, 듣기, 읽기, 쓰기의 모든 기능을 학습 초기부터 동시에 익힌다. 그러나 통합 교수법 내에 어휘 지도는 중요한 요소로 반영되어 있지 않다.

이와 같은 교수법에 따른 어휘 교육의 변화를 시대적 흐름에 따라 교수법의 변천을 의미와 형태라는 기준으로 대별한 Long(1991)의 세 가지 접근법에 대입하여 살펴보기로 한다. <표 1-6>에 보이듯 교수법의 변천 속에서 교수법은 크게 형태 혹은 의미 중심으로 이루어졌음을 알 수 있다. 현재는 형태 중심과 의미 중심 교수법을 절충한 통합 교수법에 비중이 있다.

<표 1-6> 의미와 형태를 중심으로 한 교수법의 갈래[6]

	형태 중심 교수법 Focus on FormS	의미 중심 교수법 Focus on Meaning	통합 교수법 Focus on Form
초점	1970년대 이전의 전통적인 문법 위주의 교수법	의미의 전달과 의사소통 위주의 교수법	1980년 중반 이후 문법이나 구조에 대한 관심과 초점을 반영
교수법의 유형	문법 번역식 교수법, 청화식 교수법, 침묵식 교수법, 전신반응식 교수법 등	Immersion 프로그램, 자연적 접근법이나, 의사소통 중심 프로그램	형태 중심 교수법과 의미 중심 교수법의 절충
교수요목	구조 중심 교수요목: 내용의 구조적 난이도에 의해 교수요목을 구성	절차적 교수요목: 실제 의사소통 상황과 유사한 상황에서 구체적인 표현을 반복적으로 연습함으로써 그 상황에 익숙하도록 함	내용중심 교수법: 내용 교과목에 관한 지식과 언어적 지식을 습득이 목표 과업중심 교수법: 과업을 해결해 가는 과정에서 문법구조에 관한 지식을 제공
접근법	종합적 접근법: 학습	분석적: 학습자는 문	분석적: 일상생활의

6) 황종배(2006: 153-170)의 내용을 필자가 표로 구성하고 어휘 관련 내용을 덧붙여 보았다.

	형태 중심 교수법 Focus on FormS	의미 중심 교수법 Focus on Meaning	통합 교수법 Focus on Form
	자들은 개별적인 문법 구조나, 어휘, 소리 등을 반복이나 암기, 연습을 통해 하나하나 받아들인 후 자신의 것으로 종합	맥 속에 사용된 언어 표현을 습득하지만, 각 낱말에 대한 지식과 문법 구조, 소리에 대한 지식으로 전체적으로 받아들이고 이를 분석하여 축적	의사소통 상황 위주로 전체적 의미에 초점을 두어 학습하고 학습 내용을 체계적으로 정리하여 분석하여 축적
특징	구조 중심 교수법의 강조로 개별적인 문법 구조의 습득에 효과적이고, 독해나 문법 문제 풀이에 강점이 있음 말하기 위주의 음성 언어 습득과는 커다란 거리가 있음	실생활에서 듣기, 말하기 능력에 커다란 발전을 보이나 원어민에 비해 표현의 다양성, 구문의 복잡성이 결여되어 있고 숙어적 표현도 사용하지 않음	의사소통 접근법을 취하되 학습자가 목표 언어의 문법 구조나 기타 형식적 측면에서 학습이 필요한 경우, 여러 다양한 방법으로 학습자의 관심과 주의력을 목표 형식에 끌어 들임
어휘	암기 위주의 어휘 지도 어휘의 구체적인 운용을 알려주지 않음 어휘의 창조적인 사용을 간과	의사소통에 필요한 어휘목록을 상황맥락 위주로 제공하여 보다 체계적인 어휘 선정이 필요. 문법과 어휘를 정확하게 사용하는 점에 소홀	어휘 지도를 중요한 요소로 다루지 않음

교수법의 변천이 주는 시사점을 고려하면 결국 어휘 지도는 일상의 의사소통 상황에서 의미적 접근을 하되 학습자의 주의력을 어휘 형태에 기울이는 노력을 하여 유창성과 정확성을 모두 추구하는 방향으로 이루어지는 것이 타당해 보인다.

이는 Nation(2008)에서 어휘 학습 프로그램을 의미에 초점을 둔 입력 (meaning focused input), 의미에 초점을 둔 산출(meaning focused output), 언어 초점 학습(language-focused learning), 유창성 개발(fluency development)이라는 네 가지 부문으로 나누고 의미와 형태에 대한 비율을 3 : 1로 나누지만 네 부문이 똑같은 비율로 수업 과정에 반영되어야 한다고 하는 것과도 일맥상통하는 면이 있다. Nation(2008)이 제시한 어휘 교수는 어휘의 의미를 이해하고 표현하는 것에서 균형을 이루고 어휘의 의미와 형태에 모두 초점을 두고 있으며 나아가 어휘 자체에 대한 학습 활동과 어휘를 실제로 언어 기능 영역 속에서 사용하는 활동을 통한 유창성 증진을 목표로 하고 있기에 이해와 표현, 의미와 형태, 의도적인 명시적 어휘 학습과 자연스런 암시적 학습의 조화를 이루고 있는 것으로 보인다.

(1) **의미에 초점을 둔 입력**: 학습자들은 새로운 어휘를 배우고 듣기와 읽기를 통해 전에 본적이 있는 어휘를 더욱 풍부히 하며 확실히 한다. 이 부문에서 학습자들은 읽고 들은 내용을 즐기고 이해하는 데에 초점을 두어야 한다. 그러기 위해서는 50개 단어 당 하나 정도의 모르는 단어가 있어야 한다. 대표적인 활동으로 확장 읽기, 이야기 듣기, 강의 듣기, 대화에 참여하기, 학문 목적을 위한 읽기가 있다. 잘 짜인 학습 과정에서 의미에 초점을 둔 입력을 위해 학습 시간의 약 1/4 정도가 주어져야만 한다.

(2) **의미에 초점을 둔 산출**: 이 부문에서 학습자들은 말하기와 쓰기를 통해 어휘 지식을 확충하고 공고히 한다. 학습자가 자신의 지식의 한계점에서 어휘를 사용하도록 이끌 수 있으나 많은 낯선 어휘를 사용하도록 하여 지나치게 부담을 주어서는 안 된다. 대표적인 활동은 준비된 대화, 읽은 내용에 대해 쓰거나 토론하기, 대화에 참여하기, 순서

매기기, 문제 해결하기, 역할극, 고쳐 말하기, 정보차 활동이 있다. 잘 짜인 학습 과정에서 의미에 초점을 둔 산출을 위해 학습 시간의 약 1/4 정도가 주어져야만 한다.

(3) **언어에 초점을 둔 학습**: 여기서 학습자들은 의도적으로 새 단어를 학습하고 전에 본 적이 있는 단어들에 대해 더 공부하며 교사는 어휘와 어휘 전략에 대해 의도적으로 주목한다. 이 부문은 특정 어휘에 대한 명확한 지식을 발달시키며, 단어의 의미, 형태, 용법에 주목하도록 하며, 학습자들로 하여금 4가지 주요한 어휘 전략인 문맥을 통해 추측하기, 단어 카드를 이용하기, 단어 구성 요소를 이용하기, 사전 이용하기를 훈련하도록 한다. 대표적인 활동은 집중 읽기, 말하기와 쓰기에 대한 피드백을 받기, 전략을 학습하고 연습하기, 어휘 연습 문제를 풀기가 있다. 잘 짜인 학습 과정에서 언어에 초점을 둔 학습을 위해 학습 시간의 약 1/4 정도가 주어져야만 한다.

(4) **유창성의 개발**: 여기서 학습자들은 그들이 기존에 알고 있던 단어를 사용해 숙달도를 더욱 높일 수 있다. 이 부문에서 학습자들은 모르는 어휘가 없어야 하며 듣기, 말하기, 읽기, 쓰기를 빠르고 효과적으로 수행하기 위해 메시지에 초점을 두어야만 한다. 유창성을 위한 활동은 매우 친숙한 내용으로 하는 것이 가장 좋다. 대표적인 활동은 속독, 쉬운 내용을 가지고 하는 확장 읽기, 4/3/2 활동, 토론으로 읽기가 연계되고 읽기를 통해 쓰기가 연계되는 것과 같은 기능 통합 활동, 반복 듣기 및 반복 읽기, 10분 쓰기가 있다. 유창성을 위한 활동의 특징은 첫째, 쉽고 익숙한 내용이어야 하며, 둘째, 빠른 수행을 위한 압력이 있어야 하며, 셋째, 메시지의 이해와 산출에 초점이 있어야 하며, 넷째, 반복적으로 사용되어야 한다는 것이다. 잘 짜인 학습 과정에서 유창성 개발을 위해 학습 시간의 약 1/4 정도가 주어져야만 한다.

Nation(2008)은 어휘 학습 프로그램에서 여러 방식으로 위의 네 가지 부문을 학습 과정에 포함할 수 있다고 한다. 어떤 과정은 각 부문이 분리된 수업과 분리된 숙제로 구성될 수 있다. 또 어떤 과정은 매 수업 시간이나 매 단원마다 네 가지 부문을 포함하려 할 것이고 어떤 과정은 여러 차시를 한 부문에 할애하고 다음에 다른 부문을 넣는 것과 같이 가령, 의미에 초점을 둔 입력이 끝나면 의미에 초점을 둔 산출, 연이어 언어에 초점을 둔 학습 그리고 유창성 개발로 이어지는 순환적 형태로 이루어질 수 있다. 각 부문이 조합되는 방식은 교사의 선호도, 교사들 간에 학습 과정이 어떤 방식으로 분담되었는지, 수업이 가능한 시수, 학습자가 숙제를 하려고 하는 의지, 교사와 학습자의 선행 경험과 같은 국부적인 조건에 따라 다를 수 있다. 다만 계획하기에서 중요한 것은 각 부문에 얼마만큼의 시간을 배분하는가가 아니라 하나를 강조하면서 다른 하나를 소홀히 하는 것 없이 모든 부문을 균등하게 배분하는 데 있다.

2.2. 인지언어학적 관점에서 본 어휘 교육

인지언어학(cognitive linguistics)은 변형생성문법으로 대표되는 객관주의 의미론과 자율적 통사론이 주도해 온 현대 언어학에 의문을 제기하며 1970년대에 등장한 이래 현재 중요한 언어 연구 이론으로 자리 잡았다. 언어 연구에 있어서 사용 주체인 인간 및 그 활동 배경인 문화적 맥락을 고려하지 않고서는 언어에 대한 참다운 이해에 이르기 어렵다는 한계를 인식하면서 인지언어학은 언어의 이해와 사용은 지식, 문화적 배경 등의 일반적인 인지능력과 불가분의 관계를 맺고 있음에 주목해 왔다. 그러므로 인지언어학은 세계에 대한 우리의 체험과 우리가 세계를 지각하고 개념화하는 방식에 의존하고 있는 언어 연구의 새로운 접근법이라 할 수 있다. 사람의 개념 체계는 지각과 신체활동 및 사회적 경험에 근거한다는 인지언어학적 관점은 어휘의 언어 내적 요소만이 아니라 어휘를 지각하고 사용하는 언어 사용자의 인지 체계에 관심을 끌어옴으로써 백과사전적 요인과, 신체 경험, 정서, 기억과 같은 여러 요인이 어휘 교육에 자연스럽게 결부될 수 있는 근거를 제시하고 있다.

인지언어학은 사람의 몸과 마음, 문화적인 배경을 포함한 인간적인 요소를 최대화하려는 인간 중심적 관점을 취한다. 인지언어학의 주요 특성을 **체험주의, 인지적 해석, 문화적 배경**의 측면에서 살펴보기로 한다. 체험주의, 인지적 해석, 문화적 배경은 서로 밀접한 상호 연관 속에 있는 것이나 어휘 교육과의 연계점을 부각하고자 개별적인 특징을 들어 논의하기로 한다.

첫째, 체험주의(experientialism)는 의미에 대한 경험적 접근을 뜻한다. 경험이란 우리 몸의 성질, 세계 속에서 몸을 사용하는 행동 양식, 사회·문화적 조직에 이르기까지 광범위한 인간 경험의 총체를 뜻한다. 인지언어학에서 의미는 개념 형성 이전에 신체적으로 경험한 물리적 개념인 선개념적(preconceptual) 경험[7])에 의해 부분적으로 구체화 된 것이다. 신체적으로 직접적으로 경험되는 물리적 개념은 은유적 확장을 일으켜 추상적 개념을 발생시킬 수 있다. Johnson(1987)은 '선개념적 영상도식'을 사람의 신체적 동작, 물체를 이용하는 방식, 개념적 상호작용 속에서 되풀이 되는 것으로 정의하며, 개념이 내적으로 구조화되어 있어 이 구조화로 인해 추론하고 이해하고

---

7) Lakoff(1987: 266-278)과 Johnson(1987: 208)에서는 선개념적 경험을 '기본층위구조(basic level structure)'와 '근육운동 지각적 영상도식 구조(kinesthetic image schematic structure)'로 구분한다. 기본층위구조는 Rosch의 '기본층위 범주'와 관련된 것으로서 사람의 게슈탈트 지각, 신체적 운동 능력, 풍부한 심상 형성의 능력이 집중하는 층위로 정의된다. 기본층위구조는 상위층위와 하위층위 범주로의 투사를 통하여 추상적인 개념을 발생시킨다. 근육운동 감각적 영상도식 구조는 일상의 신체적 경험에서 끊임없이 되풀이되는 단순구조로 정의된다. 영상도식에는 '그릇', '경로', '연결', '힘', '균형', '위-아래', '앞-뒤', '부분-전체', '중심-주변' 도식이 있다. 근육운동 감각적 영상도식은 신체적이고 물리적인 영역에서 추상적인 영역으로의 은유적 투사를 통하여 추상적인 개념을 발생시킨다. 임지룡(2002: 191-192) 참조.

지식을 얻거나 전달하는 일이 가능한 것으로 보고 있다.

언어의 의미가 세계 지식과 얽혀 있는 것으로 보는 백과사전적 모형은 실재를 바라보는 인간의 경험적 해석을 중시한 체험주의에 바탕하고 있다. 인지언어학은 의미론과 화용론의 명확한 구분을 부인한다. 또한 단어의 의미는 객관적이고 고정적이며 의미 성분을 분해해서 얻어지는 것이 아니라 단어의 의미는 유동적이며 불명확하며 전형적인 보기에 해당하는 원형에 의해 설명되는 것으로 본다. 단어의 의미는 범주 원소의 원형을 통하여 인지되며 범주의 판정은 참조점인 원형과의 대조를 통해 결정된다. 원형이론은 범주의 층위에서 '기본 층위'와 관련을 맺고 있으며 범주 구성원들 간의 비대칭 양상인 원형 효과를 발생시킨다. 원형이론은 의미의 본질, 다의어, 동의어, 의미 변화의 현상을 설명하는 데 발상의 전환을 가져왔다.

둘째는 인지적 해석의 측면에서 인지언어학은 언어의 구조와 규칙에 대한 지식이 마음과 뇌의 작용 방식을 반영하는 것으로 본다. 의미는 객관적 대상의 개념적 내용에 국한되지 않고 개념적 내용에 대하여 의미를 부여하는 인지 주체의 해석을 포함한다. 인간의 눈에 비친 현저성의 정도에 따라 정보의 선택과 배열이 결정되며 개념화의 과정에서 개념화 주체의 주의나 관심이 반영된다. 가령 동일한 별을 '개밥바라기'라고 할 때는 초저녁에 개에게 밥 줄 시간에 뜨는 별을, '샛별'이라고 할 때는 새벽에 볼 수 있는 별임을 인식하는 인지 주체의 해석이 담긴 것이다. 장면에 대한 해석에서 '전경'은 현저하고 초점이 되며 '배경'은 덜 현저하고 초점을 받지 못하는 것으로 보는데 이는 인지 주체의 선택에 따른 해석임을 알 수 있다8).

---

8) 이는 윤곽과 바탕의 설명에서도 동일하게 적용될 수 있다. 틀과 바탕(래내커의 용어), 영역(Fillmore & Lakoff)의 용어는 동일한 이론적 틀에서 경쟁적으로 사용되고 있다. 틀은 Fillmore(1985: 223)에 따르면 지식의 특이한 통합 체제 혹은 체험의 응집력 있는 도식화를 뜻한다. 즉 개념은 서로 관련된 체계를 만들며 존재하는데 이러한 개념 체계를 틀(frame)이라고 한다. 한 개념의 이해에는 그것을 포함한 체계 전체 구조의 이해가 전제된다. 틀은 낱말의 의미를 구조화하며 낱말은 틀을 불러일으킨다. 사람의 인지체계는 고립된 개념으로

또한 사고방식과 인지의 출발점이 자아 중심적인 경향을 띠기 때문에 지각적으로 더 현저한 요소를 앞자리에 놓는 어순이나, 장면이나 상황을 해석할 때 주관적 시점을 취하는 것도 인지 주체의 해석에 따른 것으로 볼 수 있다. 이 외에도 기본 층위9)는 사람들이 보편적으로 지각하고 개념화하는 층위로 머릿속에서 영상을 명확히 떠올릴 수 있기 때문에 인지의 기준점이 되며 경험, 지각, 주의력에 따른 인지적 경향성을 띤다. 다른 개념 영역 간에 유사성을 확보하여 구체적인 근원 영역(source domain)으로써 목표 영역(target domain)을 개념화하는 인지적 전략인 은유와 동일한 개념 영역 안에서 인접성을 확보하여 개념적으로 현저한 실체인 매체(vehicle)를 통해 다른 개념적 실체인 목표(target)에 정신적 접근을 제공해 주는 전략인 환유도 인지적 해석과 밀접한 관련이 있다.10)

인지적 해석에 대한 또 다른 측면은 정감적 요소인 가치에 대한 고려이다. 다양한 언어적 표현의 의미에 대한 연구를 가치의미론(axiological semantics)이라고 한다. 인지의미론에서 가치론의 의의를 재인식하게 되었는데 대표적인 논의는 Krzeszowski(199011), 1993)이 있다. Krzeszowski(1993: 307)은 Lakoff

---

조직되는 것이 아니라 내적으로 구조화된 체계인 틀과 사람의 믿음, 행동, 경험, 상상력의 긴밀한 집합들로 구성된 지식의 전체 덩어리, 장면으로 이루어져 있는데 어떤 경험을 틀에 넣는 방식은 해석의 문제이다.

9) 임지룡(2008: 211-212)에 따르면 기본 층위는 기능적인 측면에서 발생 빈도가 높으며 상위 층위보다 먼저 발달되며, 형태가 짧고 고유어로 되어 있다고 한다. 기본 층위는 범주의 계층 구조에서 가장 많은 양의 정보가 가장 적은 인지적 노력으로 획득되는 층위이므로 인지적, 기능적, 형태적으로 현저한 경향성을 보인다.

10) 일상 언어에는 은유와 환유가 무수히 나타나며, 은유와 환유는 수사법의 일종이 아니라 우리가 개념을 이해하고 사용하도록 돕는 사고 기제이다. 따라서 일상 언어의 은유와 환유는 비문법적이거나 일탈된 표현이 아니라 매우 자연스럽고 정상적인 문장이며 문학, 음악, 미술, 정치, 사회의 모든 영역으로 확장된다.

11) Krzeszowski(1990: 142-144)는 Tischener(1982)의 가치의 층위를 제시하였다. ① 감각적 가치(sensory value)-신체적 감각과 관련된 즐거움(소유하기를 바라는 경우 + ; 소유하기를 거부하는 경우 -), ② 생명적 가치(vital value) - 생명과 관련된 만족도(생리적이며 심리적인 측면에서 '건강'과 '삶' + ; 질병과 죽음 -), ③ 정신적 가치(spiritual value)- 정신세계와 관련된 행복함의 가치(정의, 고귀함 + ; 불의, 천박함 -)

& Johnson의 선개념적 영상도식에 가치론적 변수(axiological parameter)를 통합시켰다. 신체적 경험에 의한 영상도식은 '긍정(+)'과 '부정(-)'의 대립적 가치에 의해서 활성화되며 이러한 가치는 인습적이고 창조적인 언어 표현 깊숙이 투사되어 있다. 임지룡(2002: 196-208)에서는 영상도식의 가치 부여에 대한 설명을 다음과 같이 구체적 사례와 함께 제공하고 있다. '부분-전체' 도식(부분은 부정적이나 전체는 긍정적이다. 뭉치면 살고 흩어지면 죽는다.), '중심-주변' 도식(중심은 긍정적이나, 주변은 부정적이다. 중심인물, 중앙부서), '연결' 도식(연결은 긍정적이나, 분리는 부정적이다. 끈 떨어진 뒤웅박), '그릇' 도식(①그릇으로서의 몸: 안쪽은 긍정적이나 밖은 부정적이다-정신이 들다/나가다 ② 그릇 속의 몸: 안쪽은 긍정적이나 밖은 부정적이다-안쪽은 안전한 보호처. 안쪽은 부정적이나 밖은 긍정적이다. 열린 사고/닫힌 사고), '균형' 도식(균형은 긍정적이나 불균형은 부정적이다. 그는 너무 정직해서 살기가 어렵다.), '방향' 도식(위, 앞, 오른쪽은 긍정적이나 아래, 뒤, 왼쪽은 부정적이다. 오른팔, 왼소리(궂은 소리)

셋째, 인지언어학은 문화적 배경을 고려한 언어 연구라는 점이다. 인지언어학에 토대를 둔 인지모형(cognitive model theory)은 어떤 분야에 관해 저장된 지식에 대한 기본적인 심리적 견해를 보여 준다. 인간은 일상생활에서 부딪치는 온갖 종류의 현상에 대한 경험을 상호 연관된 문맥과 함께 저장된 지식을 갖고 있다. 인지범주들은 그들이 속한 인접 범주와 인접한 범주와 관련된 전체의 문맥에도 의존하고 있기 때문에 어떤 분야에 속하는 모든 저장된 지식은 하나의 모형을 이루고 있는 것으로 간주할 수 있다. 인간은 본래 잠재의식적으로 삶의 모든 부분을 다루기 위해 수많은 인지 모형을 만들게 된다. 이러한 모형들은 삶 속에서 터득한 체험적 관찰, 문화적 경험, 경험한 기억의 단편들, 그리고 어느 정도의 상상력이 복합적으로 통합된 혼합체이며 세상사에 대한 우리의 생각을 구체화해 준다.

문화적 모형(cultural model)은 한 문화권에 속하는 사람들이 공유하고 있는 인지 모형이다. 문화는 인지 모형을 형성하기 위해 우리가 체험해야 하는 모든 상황을 제공해 준다. 일례로 단어의 의미와 의미장만 살펴보더라도 문화 간 이질성이 언어에 어떻게 반영되어 있는지 알 수 있다. 언어 간에 개념적 의미가 같은 단어가 존재해도 그 단어의 내포적 의미는 동일하지 않을 수 있다. 의미장(semantic field)은 개별 언어의 의미 특성과 언어 공동체의 개념 체계가 반영되어 있기에 한 언어에서 존재하는 개념과 단어가 다른 언어에서는 존재하지 않을 수 있다. 한국은 농경문화가 우세한 지역이었기에 '벼, 밥, 쌀'과 같이 'rice'에 해당하는 어형이 분화되어 있다. 또 친족어 명칭도 세분화되어 있어서 영어의 'sister'는 언니, 누나, 여동생으로 구분되고 착탈어장에서 '입다' 관련 어휘는 '입다, 끼다, 쓰다, 신다, 매다, 두르다'와 같이 세분화된다. 한국에는 땡감과 같이 떫은맛을 느끼게 하는 먹거리가 있어 미각을 나타내는 어휘 '떫다'를 자연스럽게 이해하게 되지만, 영어권에서 이 떫은맛을 설명할 때는 애를 먹을 수 있다.

문화권마다 삶의 양식이 조금씩 달라서 의식주를 비롯하여 삶의 모든 영역에서 세계를 지각하고 표현하는 방식이 다를 수 있다. 한 문화권의 언중들이 일상생활 속에서 얻은 경험과 직관을 통해 형성해 온 상식적인 세계관도 동일하다는 보장이 없다. 한국에서는 여성이 결혼을 한다고 해서 성을 바꾸지 않는다. 족보를 중시해 온 한국의 문화에서는 성을 바꾸는 일은 그만큼 가능한 일이 아니었기에 관용표현으로 어떤 일을 다시는 하지 않겠다고 맹세하거나 어떤 것을 장담하는 경우에 '성을 갈다'라는 표현을 쓴다. 그러나 태국에서는 성을 언제든 어떤 것으로든 바꿀 수 있는 제도가 있다고 한다. 태국 사람에게 '성을 갈다'라는 한국어 표현이 지닌 의미와 어감을 전달시키려면 한국 문화에 대한 이해를 도와야 할 것임은 자명하다.

한국인이 생일에 미역국을 먹고 설날과 추석을 명절로 지내고 고개를 숙이며 인사를 하고 숟가락과 젓가락으로 밥을 먹는 것 등을 포함하는 삶의 총체인 문화는 한국어를 이해하고 사용하기 위한 거대한 맥락으로 작용하고 있으며 이는 어휘 교육에 있어서도 동일하다.

2

어휘 교육의 목표와 내용

1장에서 어휘 교육의 이론적 배경을 통해 어휘 교육의 목표와 내용의 근간이 되는 어휘 능력의 구성 요소를 탐색한 바 있다. 이에 근거하여 본 장에서는 어휘 능력을 구성하는 요인이 되는 언어적 요인, 인지적 요인, 사회·문화적 요인의 측면에서 어휘 교육 내용 요소를 구성해 보고자 한다. 또한 본장에서 설정된 어휘 교육 내용 요소를 국제통용 한국어 표준 교육과정에 제시된 어휘 교육의 목표 및 내용과 대비해 봄으로써 어휘 교육의 목표와 내용이 어떠한 방향으로 정립될 필요가 있는지 논의하기로 한다.

1. 어휘 교육의 내용 요소

앞서 1장에서 어휘 능력을 구성하는 요소와 인지언어학의 토대를 이루는 주요 내용을 살펴본 바 있다. 1장의 내용에 근거하여 어휘 교육의 토대가 되는 어휘 교육 내용 요소를 추출할 수 있게 되었다. 이에 본서는 Marconi(1997)과 Bachman(1990)을 결합하여 제시한 신명선(2008: 20)의 어휘 능력의 구조(그림 1-1)에 토대를 두면서 Richards & Ogden(1959: 36)의 의미 삼각형(그림 1-3)의 언어, 개념, 지시물의 세 축에 해당하는 언어, 인지, 세상의 측면을 부각하여 어휘 교육의 준거가 되는 내용을 [그림 2-1]과 같이 언어적 요인, 인지적 요인, 사회·문화적 요인으로 설정하고자 한다.

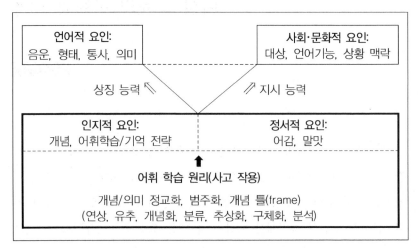

[그림 2-1] 어휘 능력 신장을 위한 어휘 교육 내용 요소

　이는 앞서 어휘 교육이 언어학, 심리학, 사회언어학의 통합적 관점을 수용하고 있는 인지언어학의 이론적 근거에서 이루어져야 함을 논의한 것과도 부합한다. Nagy(1997)도 비록 어휘 학습을 위한 문맥의 효과적인 사용에 대한 논의이긴 하나 동일한 관점에 서있다고 볼 수 있다. Nagy(1997)은 어휘의 효과적 사용을 위해 언어 지식, 세상 지식, 책략 지식이 필요함을 논하였다. 언어 지식은 통사적 지식, 적절한 단어 의미 제약, 단어 구조에서의 패턴, 주위 단어의 의미에 대한 지식이며, 세상 지식은 단어가 나타내는 개념의 이해, 관련된 개념적 구조에 대한 친밀도, 사회적 관련의 인식에 대한 지식이다. 책략 지식은 인지적 수단의 통제를 뜻한다. 이는 본서에서 어휘 교육의 내용으로 선정된 언어적 요인, 사회·문화적 요인, 인지적 요인과 상통하는 것이다.

1.1. 언어적 요인

어휘 교육의 내용이 되는 언어적 요인은 목표어의 음운, 형태, 통사, 의미와 관련한 언어적 지식이다. 목표어의 형식과 내용을 탐구하기 위해 필요한 이러한 지식은 단일 단어에서 뿐만 아니라 관련어휘와의 결합에도 적용된다. 모어 화자를 위한 어휘 교육과 달리 외국인 학습자에게는 모국어의 영향 관계를 고려해야 한다. 학습자는 자신의 모국어 체계와도 다르고 목표어를 모국어로 사용하는 사람들이 갖고 있는 체계와도 다른 학습자의 목표어 지식 체계가 있다.

이러한 학습자 언어는 항상 변해 가는 특성(transitional competence), 특정 개개인이 보여 주는 언어적 특성(idiosyncratic dialect), 불완전한 상태에서 완전한 상태로 발달해 가는 언어 체계(approximative system), 학습자의 모국어 체계와 목표어 체계의 중간 단계에 속하는 언어(interlanguage)로서의 특성을 보인다.[12] 1970년대 이후 모국어가 목표어 습득에 있어 더 이상 긍정적인 전이나 부정적인 방해라는 두 가지 양상으로 영향을 미치는 것이 아니라, 모국어의 전이 현상은 학습자의 인지적, 심리적 요소가 개입되는 창조적인 과정이며 다양한 변수가 개입되는 복잡한 과정으로 인식되었다.

Kellerman(1979)는 영어를 학습하는 81명의 네덜란드인 대학생들에게

---

12) 학습자 언어 특성에 대한 용어의 출처는 황종배(2006: 43-44)에 의한 것이다. 학습자 언어는 transitional competence(Corder, 1967), idiosyncratic dialect(Corder, 1971), approximative system(Nemser, 1971), interlanguage(Selinker, 1972)로서의 특성을 보인다. 모국어가 목표어 습득에 끼치는 영향을 황종배(2006: 44-54)를 중심으로 정리하면 다음과 같다. 첫째, 학습 속도 면에서 모국어는 목표어를 학습하는 속도에 차이를 가져올 수 있다. 둘째, 학습 경로에서 차이가 있다. 중국어를 모국어로 하는 아이들은 the 대신에 this를 주로 사용하고 the보다는 this의 발달이 선행하는 경향을 보인다. 셋째, 유표성 효과(novelty effect)가 있어 Kleinmann(1977)에 따르면 학습자들은 모국어에는 존재하지 않는 목표어의 구조를 더 빨리 습득할 수 있다. 넷째, Kellerman(1979)는 문법 구조나 어휘의 의미, 발음 등에서 학습자가 느끼는 모국어와 목표어의 거리감 혹은 중심거리(coreness-빈도, 구체성, 언어 사전의 수록 여부 등에 의해 결정됨)가 목표 언어 습득에 중요한 영향을 미친다고 하였다.

'breken'의 여러 의미가 어느 정도로 영어 'break'로 번역될 수 있는지를 조사하였는데 어휘의 의미에 따라 번역 가능성에서 상당한 차이를 보였다. 의미가 구체적인 사물이나 사람의 신체와 관련된 것들, 혹은 개인적인 감정의 경험인 경우는 전이 가능성이 높고 추상적인 의미나 사회적으로 특수한 상황에 사용되는 의미들은 전이 가능성이 낮은 것으로 나타났다.

비록 학습자의 모국어가 절대적인 영향을 끼치는 것은 아니어도 위의 사례가 보이듯 학습자는 자신의 모국어의 영향 속에 목표어를 학습하게 된다. 한국어 단어 학습에 있어서도 학습자가 특정 발음에 어려움을 겪어 회피하는 단어가 있는가 하면 모국어의 의미장과 한국어 단어가 지닌 의미장의 대응에 실패하여 어휘 선택에 있어 오류를 보이는 사례가 발견된다. 학습자는 어휘 학습을 위해서 목표어인 한국어 어휘를 학습하면서 부딪치는 어려움이 무엇인지 찾아야 할 것이다. 이를 위해 목표어의 의미와 형태, 용법의 측면에서 모국어와의 관련성을 통한 어휘 학습 방향을 제시한 Nation(2008)을 참조할 필요가 있다. Nation(2008)에 보이는 형태에는 음운적 요소가 포함되어 있고 용법에는 문법적 제약과 문법 패턴, 연어와 같은 통사적 내용이 주를 이루고 있어 음운, 형태, 통사, 의미와 관련된 언어적 요인이 잘 반영되어 있다.

<표 2-1> 학습 부담을 찾기(Nation, 2008: 100)

의미	형태와 의미	단어가 모국어에서 차용어인가?
	개념과 지시	대체로 동일한 의미를 지닌 모국어가 있는가?
	연상	유사한 의미를 지닌 모국어와 짝지을 수 있는가?
형태	구어	단어를 들으면 정확하게 따라할 수 있는가?
	문어	단어를 들으면 정확하게 적을 수 있는가?
	단어 구성 요소	단어에서 알고 있는 접사를 확인할 수 있는가?
용법	문법적 기능	단어가 예측되는 문법 패턴에 적합한가?
	연어	유사한 의미의 모국어 단어와 같은 연어를 가지는가?
	용법상의 제약	유사한 의미의 모국어와 같은 제약을 보이는가?

학습자가 목표어를 능숙하게 구사하게 됨에 따라 목표어 지식 체계 안에서 <표 2-1>에 보이는 형태, 의미, 용법에 적확하게 목표어의 형식과 내용을 연결 짓는 능력이 향상될 것임은 분명하다. 그럼에도 한국어 학습자가 유독 어휘 의미에서 어려움을 겪게 되는 것은 거의 모든 단어가 여러 의미를 지니고 있기 때문이기도 하고, 단어가 사용되는 상황에서 창조되거나 변형될 뿐만 아니라 여러 의미를 지닌 단어들이 서로 연결 관계를 맺으며 역동적인 모습을 보이기 때문인 것으로 보인다.13)

1.2. 인지적 요인

인지적 요인이 되는 어휘 학습 내용 요소는 학습자들이 목표어의 어휘에 대해 무엇을 알고 있으며, 어떻게 그 어휘들을 배우며, 왜 이러한 특정한 발달과정을 거치는지를 발견하여 학습자에게 알맞은 학습 전략을 제공하는 것과 연관이 있다. 그리고 무엇보다도 인지적 요인에 의한 어휘 학습 내용은 어휘 학습에서 어떻게 의미를 정교화하며 개념을 범주화하고 실제 세계의 대상을 분류하여 범주화하며, 사회·문화적 배경, 어감과 말맛이 어휘 사용에서 어떠한 맥락으로 작용하는지를 학습자의 인지 과정 속에서 살펴볼 때 관련되는 내용일 것이다.

정서적 요인은 인지 주체가 언어와 지시물에 대해 갖는 태도와 느낌으로 박재현(2006)에서 언급했듯이 지시 능력에 결부하여 교육하는 것이 타당하다고 간주하여 인지적 요인에 종속된 것으로 본다(그림 2-1). 인지적 요인에는

---

13) 이찬규(2002c: 18-19)에서도 외국어를 배울 때 가장 어려운 것 중의 하나가 의미의 뉘앙스를 포착하는 일이라고 하였다. 뉘앙스가 생기는 원인으로 첫째, 문장 가운데 단어나 구 또는 문장의 표현처리가 사전적으로 매우 어려운 경우, 둘째 사전에는 표기되어 있지 않으나 실제로 각 분야별로 통용되는 경우, 셋째, 문맥에 따라 달리 쓰이는 유사어가 있는 경우를 들고 있다.

어휘 학습 전략에 대한 내용이 포함된다. 인지 주체의 사고 작용과 연관된 어휘 학습 원리는 언어적 요인을 세밀화하고 정교화하는 방법이면서 사회·문화적 요인을 개념 틀로 가져올 수 있는 원리이다. 또한 지시물, 대상에 대한 백과사전적 정보를 추론하고 분석하고 재구조화하는 방법이기도 하다.

모국어가 다른 학습자는 단어를 인식(perception)하는 데 다른 전략을 이용하는 경향이 있다. 영어 화자가 단어를 인식하는 데 있어서 강한 음절에 집중하는 전략을 사용하나 중국어 화자는 영어 화자보다 단어의 끝에 더 많이 집중한다고 한다. 단어 인식은 일반적으로 진행 중인 발화를 이해하는 과정에서 중요한 역할을 한다. 단어가 정확히 인식되지 않는다면 청자는 그 발화의 의미를 결정할 수 없음을 뜻한다. 대화를 따라가기 위해 실제 제2언어 상황에서 충분한 단어를 이해하기 위해서는 그 언어에 대한 상당한 지식과 훈련을 필요로 한다. 학습자는 의사소통 과정에서 개개의 단어에 주목하기보다는 전체 발화가 주는 의미적 총체성으로부터 의사소통 과정을 수행한다.

의사소통 과정에서 단어를 인식하여 총체적 발화 의미를 이해하는 것은 의사소통 과정에 필요한 지식의 끊임없는 생성과 재배열로 볼 수 있다. 이 지식이 언어체계가 학습자의 마음에 그려지는 방식이라면 의사소통 상황에서 지식을 재배열하고 적절하게 처리하는 것은 의사소통을 실제로 수행하는 방식을 뜻한다. 의사소통 상황에서 어휘가 생성되고 처리되는 것, 이해되고 표현되는 것은 생성적 지식(productive knowledge)과 수용적 지식(receptive knowledge)의 경계를 교차하는 역동적인 과정이고 아주 극명하게 구분되기 어렵지만 외국인 학습자에게 생성되는 표현 어휘와 수용되는 이해 어휘의 구분은 어휘 운용의 전략을 교수하는 면에서 유용하게 보인다. 언어 기능의 면에서 말하기, 쓰기와 같은 표현 영역에 주안점을 둘 때 강조하는 점이 다를 수 있고 어휘의 내적 발달에 있어서도 우선 표현 어휘의 양을 늘리고 이해 어휘량을 늘리는 교수 방법이 행해지는 점에서 그러하다.

 의사소통 상황에서 학습자가 지식을 재배열하고 적절하게 처리하기 위해서 필요한 능력은 추론 능력이다. 하나의 단어는 여러 의미를 가지고 있으나 단어가 쓰이는 실제 상황에서는 그 중에서 가장 적합한 의미를 고를 수 있어야 하며, 실제 상황에서 가질 수 있는 다양하고 미묘한 해석을 고려하기 위해서는 실제상황에 대한 지식과 함께 추론 능력이 필요하기 때문이다. 유능한 모국어 화자의 어휘 지식을 모방하기 위해서는 언어지식, 뉘앙스에서부터 상황에 대한 정보에 이르기까지 막대한 양의 정보가 요구된다. 만일 학습자가 단어의 의미를 정교하게 다루기 위해 단어의 개념을 범주화하고 실제 세계의 대상과 연결 지을 수 있고, 사회·문화적 배경이 어휘 사용에서 어떠한 맥락으로 작용하는지를 추론하고 해석할 수 있다면, 그리고 그 해석이 보편적으로 용인 가능한 경우라면 학습자는 성공적으로 의사소통할 수 있을 것이다.

 학습자는 의사소통 상황에서 추론 능력을 활용하는 것뿐만 아니라 여러 가지 전략을 취할 수 있다. Ellis(1994: 546)는 노련한 학습자의 특성으로 언어 형태에 관한 관심(의미에도 집중), 의사소통에 대한 관심, 과제에 대한 적극적인 태도, 학습 성과의 자각, 과제를 수행하는데 유연성 있는 전략 사용을 들고 있다. 성인들은 통합적인 전략을 아동들은 반복 전략을 많이 사용하며 여성은 남성보다 사교적 전략과 정의적 전략을, 듣기 과제에서 초인지적 전략을 많이 사용한다고 하였다. 목표어의 성공적인 학습에는 학습자의 나이, 적성, 동기14), 인지 유형15), 성격16), 학습 전략과 같은 학습자 요인이 관련되어 있다.

---

14) Oxford & Ehrman(1993), Dörnyei(2001)는 동기의 구성요인으로 ① 중요한 목표나 필요성 ② 목표를 이루고자 하는 바람 ③ 제2언어 학습이 목표를 달성하는 것과 관련이 있거나 필요성을 충족한다는 견해 ④ 제2언어 학습의 성패에 대한 믿음 ⑤ 잠재적 결과 또는 보상의 가치를 들고 있다.

15) 장 의존적(FD) 학습자는 고도의 문맥상의 상호작용인 의사소통 경험과 인지 유형이 잘 맞아 제2언어 습득에서 더 성공적인 성취를 하는 것으로 간주되며, 장 독립적(FI) 학습자는 상황적이지 않은 분석적인 방법과 형태에 초점을 둔 교육에서 더 도움을 받는다(이흥수

1.3. 사회·문화적 요인

언어와 사회와의 긴밀한 관련성에 근거하여 언어의 다양한 변이적 양상
에 주목하고 언어 사용의 사회·문화적 맥락을 반영하는 것은 어휘 교육
내용에 있어서 중요하다. 이런 사회적이고 문화적인 배경의 차이는 한 사회
가 통시적으로 누적해 온 결과물이다. 사회·문화적 요인은 어휘를 구사함
에 있어 고려할 언어 기능과 상황 맥락이라 할 수 있다. 먼저 언어 습득에
있어 언어 기능, 언어를 사용하는 것, 의미를 나타내는 방식에 대한 Halliday
(1973)의 언급에 주목할 필요가 있다.

> 언어 습득은…… 언어 기능의 숙달로 볼 필요가 있다. 자신의 모국어를
> 배우는 것은 언어를 사용하는 것과 그것에서 연상되는 의미 또는 가능한
> 의미를 배우는 것이다. 구조, 단어 및 소리는 이러한 가능한 의미가 구체적
> 으로 실현된 것이다. 언어를 배우는 것은 어떻게 의미를 나타내는지 배우는
> 것이다.(Halliday 1973: 345)

언어 습득을 위해서는 의미를 나타내는 방식인 언어의 기능을 숙달해야
한다. 언어 기능은 의사소통에 의해 달성되는 목적으로 볼 수 있다. Halliday
(1973)은 다음과 같은 7가지의 언어 기능을 제시하고 있다. 도구적 기능은
환경을 조작하여 어떤 사건이 발생하게 하는 역할이며 규정적 기능은 동의,
반대, 행동 통제, 법률 및 규칙의 제정 등을 위해 언어를 사용하는 것으로
어떤 사건을 통제하는 기능이 있다. 표상적 기능은 그대로의 현실을 표현하
기. 진술하기, 사실과 지식을 전달하기, 설명하거나 보고하기와 관련이 있
다. 상호 작용적 기능은 속어, 은어, 농담, 민속적 풍습, 문화적 풍습, 공손

외 공역, 2010: 124-131).
16) 임병빈 외 옮김(2008: 115)는 자신감 있는, 모험을 감행하는, 모험적인, 상상력이 풍부한,
감정 이입적인, 애매함을 잘 참는 성격 요인이 성공적인 학습과 연관이 있다고 하였다.

함, 격식과 같은 사회적 교류에 필요한 것을 알고 사회적 관계 유지를 위해 언어를 사용하는 것이다. 개인적 기능은 자신의 감정이나 느낌, 개성, 본능적인 반응을 표현하는 것이고 발견적 기능은 지식을 습득하고 환경에 대해 배우기 위해 언어를 사용하는 것이다. 마지막으로 상상적 기능은 상상의 체계나 아이디어를 창조하게 하는 기능이다. 동화나 농담 말하기, 소설 쓰기, 말장난하기와 같은 사례를 들 수 있다. 이 일곱 가지 기능은 서로 분리된 것이 아니며 배타적인 것이 아니다. 이홍수 외(2010: 236-238)에서는 Halliday (1973)의 언어 기능을 다음과 같이 요약하여 제시하고 있다.

① 도구적 기능: 일을 성취하기 위한 수단으로 사용되는 언어(I want)
② 규제적 기능: 다른 사람의 행동을 규제하기 위해 사용되는 언어(Do as I tell you)
③ 상호작용적 기능: 자신과 타인 사이의 상호작용에서의 언어 사용(me and you)
④ 개인적 기능: 언어를 자신의 정체성 형태로 자각함(here I come)
⑤ 발견적 기능: 사물에 관해 배우는 방법으로서의 언어(tell me why)
⑥ 상상적 기능: 언어를 통해 자신의 세계 창조하기(let's pretend)
⑦ 표상적 기능: 제안을 표현하거나 어떤 것에 관해 의사소통하는 수단(I've got something to tell you)

어휘가 사용되는 상황 맥락 또한 중요한 요소이다. 어휘가 사용된 텍스트나 담화의 구성 양식을 포함하여 어휘가 사용되는 장면의 사회적 요소, 문화적 지식과 관점에 주목하여야 어휘를 적재적소에 사용하고 어휘가 지닌 말맛을 느낄 수 있는 여건을 갖추게 되기 때문이다.

2. 표준 한국어 교육과정의 어휘 교육 목표와 내용

어휘는 한국어를 학습하는 데 있어 학습자의 학습 목적이 학문 목적이든 일상적 의사소통을 위한 일반 목적이든 관계없이 모든 학습자가 발달시켜야 하는 중요한 언어 지식이다. Meara(1984: 229)는 어휘적 오류가 제2언어 학습자 사이에서 가장 일반적인 오류로서 문법적 오류보다 3배나 많다고 하였고 Gass(1988)는 문법적 오류가 일반적으로 이해 가능한 것으로 귀결되지만 어휘적 오류는 의사소통을 방해할 여지가 많다고 하여 어휘 교육의 중요성을 역설한 바 있다. 조현용(2000)의 어휘에 대한 학습자 반응(각주2)을 살펴보더라도 학습자들은 한국어 수준이 높아지면서 어휘에 대한 중요성을 절실하게 느끼고 있고 한국어 구사에 있어 어휘로 인해 어려움을 겪고 있는 것으로 보인다. 어휘가 한국어 학습의 난도와 중요도에 있어서 우선순위가 될 수밖에 없는 이유는 어휘가 지닌 다차원적인 면에서 고른 학습이 이루어져야 하며 학습자 수준이 높아지면서 더욱 정교한 어휘 구사 능력이 필요하기 때문인 것으로 볼 수 있다.

그렇다면 한국어 학습에서 차지하는 비중이 결코 작지 않은 어휘를 어떻게 지도하는 것이 바람직한지 고심하지 않을 수 없게 된다. 본 절에서는 한국어 교육에서 어휘 교육이 실제로 이루어지는 방식을 가늠해 보기 위해 한국어 교육과정의 어휘 교육 목표와 내용을 검토하고 앞 절에서 논의한 어휘 교육 내용 요소와의 연관성에 대해 논의하기로 한다.

2.1. 표준 한국어 교육과정의 어휘 교육 목표

2010년 국립국어원은 한국어 학습 목적이 다양해지고 중·고급 수준으로 한국어 학습자가 증가하는 현실에 부응하여 국제 통용 한국어 교육 표준 모형(이하 표준 한국어 교육과정으로 기술한다.)을 개발하였다. 국내외 기관에서 규범 적으로 참조할 수 있는 표준 한국어 교육과정이 구축된 것만으로도 큰 의의 가 있다. 표준 한국어 교육과정은 학습자의 요구를 바탕으로 한국어 교수 및 학습 능력을 제고할 수 있도록 다양한 변인에 맞게 변환하여 사용될 수 있다.

표준 한국어 교육과정에는 <표 2-2>와 같이 주제 영역, 언어 기술 영역, 언어 지식 영역, 문화 영역의 4가지 등급 기술 영역이 있다. 그 중 어휘는 언어 지식 영역에 문법, 발음, 텍스트와 함께 속해 있다.

<표 2-2> 표준 한국어 교육과정의 등급 기술 영역

등급기술 영역	주제 영역	언어기술 영역	언어지식 영역	문화 영역
하위 요소	화제	말하기/듣기/읽기/쓰기/과제	**어휘**/문법/발음/텍스트	문화지식/문화실행/문화관점
기술 방법	세부적 기술	추상적 기술	세부적 기술	추상적 기술

교육과정의 어휘 영역에는 어휘 교육의 목표와 내용이 상세하게 기술되 어 있는데 우선 등급별 총괄목표와 등급목표를 살펴보기로 한다. 총괄목표 는 등급 학습의 완료 시 학습자가 도달해야 하는 목표이며 이를 중심으로 각 등급의 목표가 기술되었다. 어휘 영역의 등급목표는 총괄목표와의 연계 도 중요하지만 동일 급 안에서 화제, 문법, 발음, 텍스트 영역과의 관계도 고려하면서 실제 말하기, 듣기, 읽기, 쓰기, 과제에서 수행되는 점도 살펴볼 필요가 있다. 그러나 여기에서는 총괄목표와의 관계만 언급하기로 한다.

<표 2-3> 표준 한국어 교육과정의 초급 총괄목표와 어휘 영역의 등급 목표
(국립국어원, 2010. 밑줄 필자)

초급	1급	총괄목표	인사하기, 소개하기 등 일상적인 화제로 의사소통을 할 수 있으며, 요일, 시간, 장소 등의 기본적인 화제로 구성된 과제를 해결할 수 있다. 일상생활에 관한 간단한 대화를 듣고 이해할 수 있으며, 구, 절 단위 혹은 짧은 문장 단위의 매우 간단한 문장들을 이해하고 쓸 수 있다. 자신의 생활이 중심이 되는 주변 사물과 장소 등과 관련된 어휘를 이해하고 사용할 수 있으며, 자모의 음가, 한국어의 음절 구조, 한국어 기본 문장의 억양을 원어민 화자가 알아들을 수 있을 정도로 발음할 수 있다. 더 나아가 가장 기본적인 한국의 일상생활 문화를 이해할 수 있다.
		등급목표	1. 일상생활에 필요한 기초적인 어휘를 이해하고 사용할 수 있다. 2. 자신의 생활이 중심이 되는 주변 사물과 장소 등과 관련된 어휘를 이해하고 사용할 수 있다.
	2급	총괄목표	슈퍼, 식당 등 일상적인 공공장소에서 자주 접하는 화제로 의사소통할 수 있으며, 우체국, 은행 등의 공공장소에서 일어날 수 있는 일반적인 상황들로 구성된 과제를 해결할 수 있다. 공공장소에서 이루어지는 대화뿐만 아니라 친교, 문제 해결 등의 특정 상황에 대한 대화를 듣고 이해할 수 있으며, 일상적인 주제와 관련된 짧고 간단한 글을 읽고 쓸 수 있다. 슈퍼, 식당, 은행, 우체국 등의 공공장소에서 사용되는 어휘를 이해하고 사용할 수 있으며, 복잡한 음운 변화를 이해하여 천천히 발화하면 비교적 정확하게 발음할 수 있다. 더 나아가 한국 사회에 대한 기본적인 이해를 바탕으로 개인 생활을 유지할 수 있다.
		등급목표	1. 일상생활에 필요한 기본적인 어휘를 이해하고 사용할 수 있다. 2. 공공장소(은행, 우체국 등)에서 사용되는 어휘를 이해하고 사용할 수 있다.

<표 2-3>에서 보이듯 표준 한국어 교육과정의 어휘 영역의 초급 등급목표는 총괄목표를 잘 반영하고 있다. 초급에서는 일상생활에서 필요한 기초적인 어휘를 이해하고 사용하는 것을 교육목표로 제시하고 있다. 학습자의

주된 일상 생활환경에서 필요한 기초적인 어휘를 우선 학습하고 일상생활과 접점이 있는 슈퍼, 식당, 은행, 우체국과 같은 공공장소에서 필요한 어휘를 학습하는 순서라 하겠다.

표준 한국어 교육과정의 어휘 영역의 중급 목표 역시 총괄목표의 내용을 비교적 잘 반영하고 있는 것으로 보인다. <표 2-4>에서 보이듯 3급에서 일상생활에 필요한 어휘를 대부분 이해하고 사용할 수 있게 되면 4급에서 친숙하지 않은 일상생활 어휘를 사용하도록 하는 등급목표가 제시되었다.

<표 2-4> 표준 한국어 교육과정의 중급 총괄목표와 어휘 영역의 등급 목표
(국립국어원, 2010. 밑줄 필자)

중급	3급	총괄목표	일상생활에서 접하는 대부분의 상황에서 별 어려움 없이 의사소통에 임할 수 있으며, 직업, 사랑, 결혼 등의 비교적 친숙한 사회적 소재와 자신의 관심 분야에 대해 최소한의 의사소통을 할 수 있다. 일상적이고 친숙한 소재에 대한 대화를 듣고 이해할 수 있으며, 개인적이고 친숙한 내용의 글을 읽고, 간단하게 설명하는 글을 쓸 수 있다. <u>일상생활에서 사용되는 대부분의 어휘를 이해하고 사용할 수 있으며,</u> 단어 경계를 넘어선 단위에서 음운 변동 규칙을 스스로 적용하여 개별 음운을 정확하게 발음할 수 있다. 더 나아가 <u>한국인의 일상생활에 반영된 한국의 전통 문화</u>를 이해하고, 나이, 성, 지위 등 <u>특수한 상황에서 나타나는 문화적 특징</u> 등을 이해할 수 있다.
		등급목표	1. 일상생활에서 사용되는 대부분의 어휘를 이해하고 사용할 수 있다. 2. 빈도수가 높은 관용어를 이해할 수 있다.
	4급	총괄목표	공적인 맥락과 상황에서 의사소통을 할 수 있으며, 직장 생활 등 기본적인 사회적 관계에 필요한 과제를 해결할 수 있다. 임무나 공적인 관계에서 이루어지는 대화를 듣고 이해할 수 있으며, <u>직업, 사랑, 결혼 등의 친숙한 사회적 소재</u>에 대한 글을 읽고 쓸 수 있다. 일상생활에서 사용되는 친숙하지 않은 어휘

		를 사용할 수 있으며, <u>빈도수가 높은 관용어, 사자성어, 속담 등을 이해하고 사용할 수 있다.</u> 문어와 구어의 기본적인 특성을 이해하고 사용할 수 있으며, 음운 변동을 능숙하게 적용하여 원어민도 쉽게 알아들을 수 있을 정도로 발음과 억양을 구사할 수 있다. 공적이고 격식적인 한국문화를 이해할 수 있으며, 대중문화를 이해하고 즐길 수 있다.
	등급 목표	1. 일상생활에서 사용되는 친숙하지 않은 어휘를 사용할 수 있다. 2. 친숙한 사회적 소재(직업, 사랑, 결혼 등)와 관련된 어휘를 이해할 수 있다. 3. 빈도수가 높은 관용어를 사용할 수 있다. 4. 자주 쓰이는 사자성어, 속담 등을 이해할 수 있다.

4급에서 총괄목표에 제시된 공적인 맥락과 상황 혹은 직장 생활에서 의사소통을 할 수 있다는 목표는 어휘 영역의 4급 목표로는 제시되어 있지 않다. 3급과 4급의 차이점은 3급에서 빈도수가 높은 관용어를 이해하고 4급에서는 사용할 수 있도록 이해어휘와 표현어휘의 차이를 둔 것이다. 또한 4급에서는 자주 쓰이는 사자성어와 속담의 이해를 등급목표로 하고 있다.

<표 2-5>는 고급과 최상급의 어휘 목표를 제시한 것이다. TOPIK에서 제시된 초급, 중급, 고급과 달리 표준 한국어 교육과정에서 최상급을 둔 이유는 중·고급 수준의 한국어 학습자가 많아지면서 전반적으로 한국어 학습의 수준을 하향 조정한 데 있다. 교육 내용을 좀 더 세분하여 쪼개는 방식은 한국어 교육 현장의 다양한 수업 환경을 고려할 때 학습 내용을 수업 시수와 연계하는 다양한 방식이 존재할 수 있게 하여 실용적이다.

<표 2-5> 표준 한국어 교육과정의 고급 및 최상급 총괄목표와 어휘 영역의 등급 목표(국립국어원, 2010. 밑줄 필자)

고급	5급	총괄 목표	<u>정치, 경제, 사회 등 사회적 소재를 중심으로 의사소통을 할 수 있으며, 자신의 전문 분야에서의 연구나 업무 수행에 필요한 언어 기능을 어느 정도 수행할 수 있다. 사자성어, 속담, 시사용어, 자신의 전문 분야에서 자주 쓰이는 어휘를 이해하고 사용할 수 있으며,</u> 문법의 미묘한 의미 차이를 이해하고 비교적 유창하게 사용할 수 있다. 억양에 나타난 의미 차이를 파악하여 발화 상황에 맞게 어조를 바꾸어 말할 수 있다. 한국 문화 속에 반영된 한국인의 가치관과 사고방식을 이해할 수 있으며 한국 문화와 자국의 문화를 비교하여 문화의 다양성과 특수성을 이해할 수 있다.
		등급 목표	1. 자주 쓰이는 사자성어, 속담 등을 사용할 수 있다. 2. 자주 쓰이는 시사용어를 이해할 수 있다. 3. 자주 쓰이는 시사용어를 사용할 수 있다. 4. 자신의 전문 분야(직업적, 학문적 영역 등)에 쓰이는 대부분의 어휘를 이해하고 사용할 수 있다. 5. 친숙하지 않은 사회적 주제(정치, 경제, 환경, 과학 기술 등)와 관련된 어휘를 이해할 수 있다.
	6급	총괄 목표	<u>사회적, 추상적 주제를 다루는 의사소통에 참여하여 자신의 의사를 표현할 수 있으며, 자신의 전문 분야나 친숙하지 않은 사회적 소재들로 이루어진 글이나 발표, 토론, 대담 등을 이해할 수 있다. 예시, 비유 등 다양한 기법을 활용하여 폭넓고 다양한 주제에 대한 글을 쓸 수 있으며, 어려운 사자성어, 속담, 사회적 주제와 관련된 대부분의 어휘를 이해하고 사용할 수 있다.</u> 한국의 대표적인 방언을 듣고 이해할 수 있으며, 대부분의 문법을 맥락과 상황에 따라 적절히 구분하여 사용할 수 있다. 성취문화, 제도문화, 생활문화에 대한 이해를 바탕으로 사회·문화적인 내용을 이해하고 사용할 수 있다.
		등급 목표	1. 비교적 어려운 사자성어, 속담을 이해할 수 있다. 2. 자신의 관심분야(직업적, 학문적 영역 등)에 쓰이는 대부분의 어휘를 이해하고 사용할 수 있다.

			3. 친숙하지 않은 사회적 주제(정치, 경제, 환경, 과학 기술 등)와 관련된 어휘를 사용할 수 있다.
최상급	7급	총괄목표	정치, 경제, 사회, 문화의 폭넓은 주제에 대해 분명하고 상세하게 의사표현을 할 수 있으며, 의견 조율, 협상 등의 다소 복잡한 과제를 해결할 수 있다. 발표, 토론, 업무 보고서 등 자신의 전문 분야와 관련된 학술 활동과 업무 활동을 수행할 수 있다. 거의 오류 없이 대부분의 문법을 사용할 수 있으며, 별 어려움 없이 어감 차이를 고려하여 맥락에 맞는 적절한 어휘를 선택하여 사용할 수 있다. 매우 제한적인 경우를 제외하고는 원어민에 가까운 발음과 억양을 구사할 수 있다. 한국의 경제, 문화, 과학, 교육 등의 다양한 분야에서의 논의와 성취를 이해하고 평가할 수 있다.
		등급목표	1. 비교적 어려운 사자성어, 속담을 사용할 수 있다. 2. 별 어려움 없이 어감 차이를 고려하여 맥락에 맞는 적절한 어휘를 선택하여 사용할 수 있다.

　고급 및 최상급의 등급목표 역시 총괄목표를 충실히 반영하고 있다. 등급목표는 자주 쓰이는 빈도와 학습자의 어휘 사용 환경을 반영하는 빈도, 친숙도, 난도를 반영하여 수준차를 나타내고 있다. 5급에서 자주 쓰이는 사자성어, 속담, 시사용어를 학습한다면 6급에서는 비교적 어려운 사자성어와 속담을 학습하여 어휘의 빈도와 난도를 반영하고 있다. 또한 5급에서 자신의 전문분야와 관련한 어휘를 이해하고 사용한다면 6급에서는 좀 더 범위를 넓혀 관심분야의 어휘를 이해하고 사용하게 된다. 5급에서는 친숙하지 않은 사회적 주제와 관련된 어휘를 이해하고 6급에서는 사용할 수 있도록 이해어휘와 표현어휘에서 차이를 두었다. 최상급은 어휘 사용에 있어 별다른 어려움을 겪지 않는 수준으로 거의 모어 화자 수준의 어휘 구사 능력을 지닌 학습자가 이에 해당한다고 볼 수 있다. 최상급에서는 어감 차이를 고려한 맥락에 맞는 어휘 사용을 목표로 제시하고 있다.

2.2. 표준 한국어 교육과정의 어휘 교육 내용

지금까지 표준 한국어 교육과정에 제시된 어휘 교육 목표에 대해 알아보았
다. 급별 총괄목표와 등급 목표의 연관성을 검토하는 것으로는 어휘 교육에서
다루는 세부적인 내용을 알기 어렵다. 이에 표준 한국어 교육과정의 어휘 영역
의 등급 목표와 교수 내용을 연관지어 <표 2-6>에 제시하고 검토하기로 한다.

<표 2-6> 표준 한국어 교육과정의 어휘 교수 목표 및 내용
(국립국어원, 2010: 149, 166-167)

등급	목표	내용
1급	1. 일상생활에 필요한 기초적인 어휘를 이해하고 사용할 수 있다. 2. 자신의 생활이 중심이 되는 주변 사물과 장소 등과 관련된 어휘를 이해하고 사용할 수 있다.	1. 자신의 생활과 관련된 주변의 사물 어휘를 알고 바르게 사용한다. 2. 위치어를 알고 바르게 사용한다. 3. 가장 기본적인 의사소통(인사, 소개 등)에 필요한 기본 어휘를 알고 바르게 사용한다. 4. 감정을 표현하는 가장 기본적인 어휘(기쁘다, 슬프다 등)를 알고 사용한다.
2급	1. 일상생활에 필요한 기본적인 어휘를 이해하고 사용할 수 있다. 2. 공공장소(은행, 우체국 등)에서 사용되는 어휘를 이해하고 사용할 수 있다.	1. 일상생활에 필요한 기본적인 어휘를 알고 사용한다. 2. 공공장소에서 사용되는 기본 어휘를 알고 사용한다.
3급	1. 일상생활에서 사용되는 대부분의 어휘를 이해하고 사용할 수 있다. 2. 빈도수가 높은 관용어를 이해할 수 있다.	1. 자신의 전문 분야(직업적, 학문적 영역 등)와 관련된 어휘를 안다. 2. 외모, 성격 등을 표현하는 어휘를 안다. 3. 공적인 상황에서 사용하는 기본적인 어휘를 안다. 4. 빈도수가 높은 관용 표현을 안다.

등급	목표	내용
4급	1. 일상생활에서 사용되는 친숙하지 않은 어휘를 사용할 수 있다. 2. 친숙한 사회적 소재(직업, 사랑, 결혼 등)와 관련된 어휘를 이해할 수 있다. 3. 빈도수가 높은 관용어를 사용할 수 있다. 4. 자주 쓰이는 사자성어, 속담 등을 이해할 수 있다.	1. 자신의 관심 분야(직업적, 학문적 영역 등)와 관련된 어휘를 사용한다. 2. 사회현상과 관련한 기본적인 어휘를 안다. 3. 빈도수가 높은 관용 표현을 맥락에 맞게 사용한다. 4. 빈도가 높은 비유적 표현을 안다.
5급	1. 자주 쓰이는 사자성어, 속담 등을 사용할 수 있다. 2. 자주 쓰이는 시사용어를 이해할 수 있다. 3. 자주 쓰이는 시사용어를 사용할 수 있다. 4. 자신의 전문 분야(직업적, 학문적 영역 등)에 쓰이는 대부분의 어휘를 이해하고 사용할 수 있다. 5. 친숙하지 않은 사회적 주제(정치, 경제, 환경, 과학 기술 등)와 관련된 어휘를 이해할 수 있다.	1. 자신의 전문 분야(직업적, 학문적 영역 등)와 관련된 어휘를 알고 사용한다. 2. 정치, 사회, 문화 전반과 관련된 어휘를 안다. 3. 신문기사, 논설문 등에서 자주 사용되는 어휘를 안다. 4. 사회 현상을 나타내는 추상적인 어휘를 안다. 5. 자주 쓰이는 시사용어를 안다. 6. 빈도가 낮은 어려운 한자어를 안다. 7. 자주 쓰이는 사자성어, 속담 등을 알고 사용한다. 8. 빈도가 높은 속어, 유행어 등을 안다. 9. 감탄사, 접속 부사 등의 독립어(어머, 저기, 뭐 등)를 이해하고 상황에 맞게 사용한다. 10. 빈도가 높은 신조어, 약어 등의 의미를 안다.
6급	1. 비교적 어려운 사자성어, 속담을 이해할 수 있다.	1. 정치, 사회, 문화 전반과 관련된 어휘를 적절하게 사용한다.

등급	목표	내용
	2. 자신의 관심분야(직업적, 학문적 영역 등)에 쓰이는 대부분의 어휘를 이해하고 사용할 수 있다. 3. 친숙하지 않은 사회적 주제(정치, 경제, 환경, 과학 기술 등)와 관련된 어휘를 사용할 수 있다.	2. 신문기사, 논설문 등에서 자주 사용되는 어휘를 사용한다. 3. 사회 현상을 나타내는 추상적인 어휘를 사용한다. 4. 자주 쓰이는 시사용어를 사용한다. 5. 빈도가 낮은 어려운 한자어를 사용한다. 6. 신문기사, 논설문 등에서 사용되는 어휘를 대부분 안다. 7. 사회 현상을 나타내는 추상적인 어휘를 대부분 안다. 8. 자주 접하지 않는 속어, 유행어, 신조어, 약어 등의 의미를 추측하여 안다. 9. 대부분의 맥락에서 비유적 표현의 의미를 안다. 10. 사고 도구어와 전문어의 의미를 안다.
7급	1. 비교적 어려운 사자성어, 속담을 사용할 수 있다. 2. 별 어려움 없이 어감 차이를 고려하여 맥락에 맞는 적절한 어휘를 선택하여 사용할 수 있다.	1. 신문기사, 논설문 등에서 사용되는 어휘를 대부분 사용한다. 2. 사회 현상을 나타내는 추상적인 어휘를 대부분 사용한다. 3. 자주 접하지 않는 속어, 유행어, 신조어, 약어 등을 추측하여 사용한다. 4. 사고 도구어와 전문어를 사용한다.

표준 교육과정에서 제시한 어휘 교육의 목표와 내용은 등급별 위계화를 위해 이해 어휘가 표현 어휘가 되도록 어휘 교육 내용을 구성하고 있으며 어휘가 사용되는 맥락은 친숙한 영역에서 덜 친숙한 영역으로, 사적인 영역에서 공적인 영역으로 확장되도록 하고 있다. 어휘 교육의 목표에서 제시한 어종에 따른 어휘 분류는 어휘가 사용되는 맥락에 따라 어휘 교육 내용에

서 좀 더 세부적이 되었고 어휘의 형태적 분류 및 내용어로서 어휘의 속성에 따른 분류가 제시되어 있다. 위의 <표 2-6>을 어휘가 사용되는 맥락과 유형, 용법에 따라 필자가 간략하게 <표 2-7>과 같이 정리해 보았다.

<표 2-7> 맥락과 어종, 용법에 따른 표준 교육과정의 어휘 교육의 목표와 내용

	목표	내용
맥락	• 일상생활에 사용되는 기초적인 어휘, 기본적인 어휘 • 공공장소에서 사용되는 어휘 • 친숙한 사회적 소재와 관련된 어휘 • 친숙하지 않은 사회적 주제(정치, 경제, 환경, 과학 기술 등)와 관련된 어휘 • 전문 분야(직업적, 학문적 영역 등)에 쓰이는 어휘	• 일상생활에 필요한 기본적인 어휘 • 공공장소에서 사용되는 기본 어휘 • 전문 분야(직업적, 학문적 영역)와 관련된 어휘 • 공적인 상황에서 사용하는 기본적인 어휘 • 사회현상과 관련한 기본적인 어휘 • 사회 현상을 나타내는 추상적인 어휘 • 정치, 사회, 문화 전반과 관련된 어휘 • 신문기사, 논설문 등에서 자주 사용되는 어휘
어종	• 관용어 • 사자성어, 속담 • 시사용어	• 한자어, 신조어, 약어(**어종**) • 감탄사, 독립어(**기능**) • 관용 표현, 비유적 표현, 사자성어, 속담, 속어, 유행어, 시사용어, 사고 도구어, 전문어, 사물 관련 어휘, 위치어, 외모, 성격을 표현하는 어휘, 인사, 소개 등(기본적인 의사소통)에 필요한 기본 어휘, 감정을 표현하는 가장 기본적인 어휘(**표현 및 양상**)
용법	• 어감 차이를 고려하여 맥락에 맞는 적절한 어휘를 선택하여 사용	×

<표 2-7>을 보면 맥락에 대한 어휘 교육 목표와 내용은 비교적 상세하게 제시되어 있다. 일상생활, 공적인 영역에서의 장면, 사회적 소재나 전문

분야와 같은 어휘 사용 환경에 대한 내용이 주를 이룬다. 아쉬운 점은 Halliday(1973)에서 제시하였던 의사소통에 의해 달성되는 목적인 7가지의 언어 기능을 나타내기에는 많이 부족하다는 것이다. 특히 진술하기, 사실과 지식을 전달하기, 설명하거나 보고하기와 관련이 있는 표상적 기능이나 상상의 체계나 아이디어를 창조하게 하는 기능으로 동화나 농담 말하기, 소설 쓰기, 말장난하기와 관련이 있는 상상적 기능이 그러하다. 이는 말하기, 듣기, 읽기, 쓰기와 같은 언어기능 영역 내에서 어휘가 다루어지면서 상당 부분 해소될 수 있을 것으로 보인다.

그러나 유형과 용법에 있어서는 어휘 교육 목표와 내용이 체계적으로 제시된 것 같지 않다. 유형의 경우는 어휘 교육 내용에서만 제시되었고 고유어나 외래어에 대한 언급이 없다. 용법의 경우는 어휘 교육 목표에 제시된 내용조차도 어휘 교육의 등급별 내용 부문에 제시되어 있지 않다. 어휘 교육의 내용에 괄호로 제시한 '어종, 기능, 양상'은 필자가 적어본 것인데 그 내용이 어휘의 형태, 기능, 내용에 따라 체계적으로 구성되어 있지 않음을 알 수 있다. 의미장에 따른 범주이든, 어종이나 어휘 기능에 따른 분류이든 어떠한 기준에 의해 유독 제시된 내용만을 다루었는지를 알 수 없다. 그 기준이 무엇이든 이를 대변한다고 볼 수 없을 정도로 소략화되어 있다.

게다가 학습자가 어휘를 이해하고 사용하는 방식에 대한 교육 내용은 거의 전무하다고 할 수 있다. 오직 어감의 차이를 고려하는 것과 맥락에 맞는 적절한 어휘를 선택하기가 어휘 교육 목표에만 제시되어 있을 뿐 어휘 교육 내용 요소로는 어떠한 것도 제시된 바가 없다. 어휘 교육과 관련하여 학습자가 어떠한 인지적 전략을 학습할 수 있는지 어휘 교육에 필요한 사회·문화적 맥락 요소는 무엇인지, 어떠한 방식으로 어휘의 의미 관계가 형성되는지, 깊이 있는 의미처리는 어떻게 해야 하는지, 얼마나 많은 양의 어휘를 학습해야 하는지는 제시되어 있지 않다. 각 등급에 따른 어휘의 양과

질적 수준을 결정하는 구체적인 기준과 범위가 더 명시적으로 제시될 필요
가 있다고 본다.

지금까지 표준 한국어 교육과정에 제시된 어휘 교육의 목표와 내용에 대해
살펴보았다. 이제 앞에서 어휘 교육 내용 요소로 설정하였던 언어적 요인, 인
지적 요인, 사회·문화적 요인에 대비하여 <표 2-8>과 같이 정리하기로 한다.

<표 2-8> 표준 한국어 교육과정의 어휘 교육 내용 요소

언어적 요인:	사회·문화적 요인:
• 한자어, 신조어, 약어**(어종)** • 감탄사, 독립어**(기능)** • 관용 표현, 비유적 표현, 사자성어, 속담, 속어, 유행어, 시사용어, 사고 도구어, 전문어, 사물 관련 어휘, 위치어, 외모, 성격을 표현하는 어휘, 인사, 소개 등(기본적인 의사소통)에 필요한 기본 어휘, 감정을 표현하는 가장 기본적인 어휘**(표현 및 양상)**	• 일상생활에 필요한 기본적인 어휘 • 공공장소에서 사용되는 기본 어휘 • 전문 분야(직업적, 학문적 영역)와 관련된 어휘 • 공적인 상황에서 사용하는 기본적인 어휘 • 사회현상과 관련한 기본적인 어휘 • 사회현상을 나타내는 추상적인 어휘 • 정치, 사회, 문화 전반과 관련된 어휘 • 신문기사, 논설문 등에서 자주 사용되는 어휘

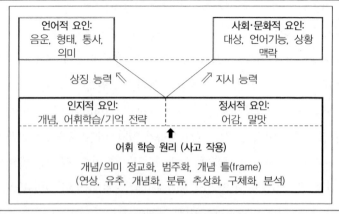

언어적 요인:
음운, 형태, 통사, 의미

사회·문화적 요인:
대상, 언어기능, 상황 맥락

상징 능력 ⇖   ⇗ 지시 능력

인지적 요인:
개념, 어휘학습/기억 전략

정서적 요인:
어감, 말맛

어휘 학습 원리 (사고 작용)

개념/의미 정교화, 범주화, 개념 틀(frame)
(연상, 유추, 개념화, 분류, 추상화, 구체화, 분석)

인지적 요인(⊃정서적 요인):
• 어감 차이를 고려하여 맥락에 맞는 적절한 어휘를 선택하여 사용

  표준 교육과정은 언어적 요인의 내용을 체계적으로 정비하고 인지적 요
인의 교육 내용을 더 상세화 하여 보완할 필요가 있다. 사회·문화적 요인
의 경우에도 텍스트나 사용 맥락에 대한 내용에만 국한하지 말고 언어 기
능과의 연관성을 보일 필요가 있다.

  더불어 표준 교육과정에 수록된 어휘 목록에 대한 논의를 덧붙이기로 한
다. 표준국어대사전에 수록된 어휘가 50만 여개에 해당한다고[17] 할 때 교
육용 어휘로 선정된 기초 어휘나 기본 어휘의 양을 정하고 그 정해진 어휘
가 어느 정도의 대표성을 나타내는지에 대한 면밀한 연구는 아직 부족하다.
일반적으로 사용범위, 빈도, 한국어 학습 동기, 전문성, 관심 영역을 고려하
여, 사용 범위가 넓고 조어력이 높은 어휘를 교육용 어휘로 선정하고 있으
나 어휘 평가를 위해서는 선정된 어휘가 갖는 의미가 구체적으로 기술되어
야 할 것이다. 국립국어연구원은 한국어 학습용 어휘로 A수준 982개, B수
준 2,111개, C수준 2,872개 총합 5,965개의 어휘를 선정한 바 있다. 그러나
한국어 어휘 5,000개가 지니는 점유율은 한국어의 81%에 그쳐 타 언어에
비해 낮기 때문에 한국어 학습용 어휘의 수는 더 필요할 것으로 보인다.

<표 2-9> 언어권에 따른 어휘의 점유율(송영빈, 2009: 38)

어휘량 \ 언어	영어	프랑스어	스페인어	독일어	러시아어	중국어	한국어	일본어
1~500				62.8	57.5	63.1	51.3	51.5
1~1000	80.5	83.5	81.0	69.2	67.46	73.0	61.4	60.5
1~2000	86.6	89.4	86.6	75.5	80.0	82.2	71.2	70.0
1~3000	90.0	92.8	89.5	80.0	85.0	86.6	75	75.3

17) 웹에서 제공하고 있는 표준국어대사전의 등재어는 계속해서 증가하고 있다. 서울대학교
   국어교육연구소에서 선정한 어휘목록 중 별(*)이 붙은 1~3등급 어휘 수는 1만 4,432개이
   며 국내 한국어 과정(1급~6급)의 습득 어휘는 6,000~1만 2,000개 혹은 1만 4,000개라고
   한다.

언어 \ 어휘량	영어	프랑스어	스페인어	독일어	러시아어	중국어	한국어	일본어
1~4000	92.2	94.7	91.3		87.5	89.7	79.9	77.3
1~5000	93.5	96.6	92.5	88.13	92.0	91.7	81.3	81.7

　이러한 점에서 국립국어원(2011)의 국제 통용 한국어 교육 표준 모형 개발 2단계에서 제시한 11,118개(초급 1,683개, 중급 3,007개, 고급이상 6,428개)의 어휘 선정은 학습용 기본 어휘, 한국어 사전, 한국어 평가, 교재를 통한 어휘 사용역을 고려한 것으로 현장에서 매우 유용하게 사용될 목록이다. 어휘 빈도의 근거가 된 '강범모·김흥규(2009), 한국어 빈도 조사'에서 다룬 11,950개의 단어는 실질 어휘 누적 빈도는 한국어의 90%를, 문법 어휘를 포함한 누적 빈도는 94%를 차지하고 있어 학습자의 숙달도 향상에 큰 기여를 할 수 있는 목록으로 보인다.

　한국어 교육에서 어휘 교육은 단지 많은 어휘를 습득하는 것에 국한된 것이 아니다. 학습자의 어휘망을 확장시키고 어휘들의 관계를 이용해 학습자의 사고 확산을 도모하여 효율적인 의사소통을 이끌 수 있기 위해서는 한국어 학습자가 좋은 어휘부를 형성 할 수 있도록 도움을 주도록 어휘 교육이 설계되어야 할 것이다. 따라서 학습자가 깊이 있는 의미 처리를 할 수 있도록 어휘 의미에 대한 교육 내용이 세밀하게 조직될 필요가 있다.

3

어휘 교육의 나아갈 방향

　어휘를 교육하기 위해서는 어휘의 특성, 교수·학습 상황, 학습 목적, 학습자의 나이나 관심사, 지적 수준 등 고려할 사항이 많다. 학습자의 모국어와 목표어인 한국어의 비교나 대조를 통해 학습할 내용을 점검하고 지도하는 것도 유익하다. 또한 학습자의 인지적 부담을 덜기 위해 학습할 어휘의 양, 질, 순서의 조절이 필요하다.

　일반적으로 사용 빈도가 높은 어휘는 초급에서 가르치고 중·고급으로 갈수록 사용빈도가 낮은 어휘를 교수한다. 초급에서는 다의어의 기본의미를 중·고급으로 갈수록 이미 구축된 어휘를 이용한 확장의미, 반의어, 유의어를 교수하는 것이 좋다. 합성어에 자주 등장하는 어휘를 초급에서 가르쳐 중·고급에서 이를 활용할 수 있도록 지도하고, 중급부터 파생어와 합성어를 중심으로 어휘 생성 원리를 지도하기도 한다. 학습 수준에 따라 기본 어휘의 활용도, 발음의 난이도, 새로 나오는 어휘의 수를 적절히 고려하여 어휘를 지도할 필요가 있다. 초급에서는 일상회화의 어휘를 중심으로 가르치기 때문에 고유어가 많이 제시되지만 중급부터는 차차 한자어의 비중[18]

---

18) 국립국어연구원(2003)의 어휘 목록에서 한자어는 대략 3,300개로 약 55% 수준이지만 1만 2,000개까지 빈도순위를 확대하면 한자어는 76~77%를 차지하게 되어 중급부터는 자연스럽게 한자어의 비중이 늘어나게 되어 있다.

을 높일 필요가 있다. 고급에서는 다양한 분야에서 사용하는 어휘들 및 전
문 용어의 비중이 높은데 이때에도 한자어가 차지하는 비중이 상당하다.

초급에서는 표현 어휘로서 학습이 이루어지지만, 고급으로 갈수록 이해
어휘에 대한 학습이 이루어지기 때문에 학습 어휘가 증가한다. 이해어휘가
표현어휘가 되도록 학습자가 집중하고 반복할 수 있는 기회를 많이 제공해
야 한다. Graves(1987: 167-172)에서는 단어 학습의 단계를 다음과 같이 제시
하고 있다.

첫째, 아는 단어를 읽는 것 배우기
둘째, 아는 단어의 새로운 의미 배우기
셋째, 아는 개념을 나타내는 새로운 단어 배우기
넷째, 새로운 개념을 나타내는 새로운 단어 배우기
다섯째, 아는 단어의 의미를 분명히 하고 풍부하게 하기
여섯째, 이해 어휘에서 표현 어휘로 옮기기

Graves(1987: 167-172)의 단어 학습 단계를 살펴보면 어휘의 양과 어휘의
질적인 측면의 고른 발달이 필요함을 알 수 있는데 특히 어휘의 질적인 측
면에서의 신장을 꾀하기 위해서는 어휘의 의미를 분명하고 풍부하게 다루
어야 함을 알 수 있다. 앞서 2장에서도 한국어 어휘 교육은 많은 어휘를 습
득하도록 하는 것뿐만 아니라 학습자가 습득한 어휘를 사용하여 효과적인
의사소통을 수행하고 깊이 있는 의미 처리를 할 수 있도록 습득된 어휘들
의 관계망을 촘촘하게 발달시키는 것이어야 함을 논의한 바 있다.

이에 본 장에서는 한국어 학습자가 모어 화자에 버금가는 좋은 어휘부를
형성하기 위해서는 의미 중심 어휘 교육과 연상을 활용한 어휘 교육이 필
요함을 논의하게 될 것이다.

1. 의미 중심 어휘 교육

언어학적 이론들은 의미의 고정성과 유동성 혹은 객관성과 주관성에 대해 각기 다른 입장을 가지고 있다. 전통적 객관주의에 의하면 세계는 인간의 경험과 이해와 독립적으로 존재한다. 이는 자율언어학을 대변하는 촘스키의 관점에서도 맥을 같이한다. 언어지식과 세상지식을 구분하고 언어 능력과 언어 수행을 구분하여 나아가 의미론과 화용론을 구분한다. 의미는 추상적인 기호와 세계 속의 대상과의 관계를 바탕으로 성립하기 때문에 객관적이다. 사고는 신체와 분리되어 있는 것으로 본다.

이에 비해 신체화된 경험에서 생겨나는 상상력과 이해의 구조에 관심을 가지는 체험주의에 철학적 기반을 두고 있는 인지언어학의 경우는 의미는 개념화와 동일시되어 인지과정으로 설명된다. 의미 구조는 관습화된 개념 구조이기 때문에 각 언어마다 관습이 다르므로 동일한 개념에 대한 의미 구조는 언어 특정적일 수밖에 없다는 관점을 취한다. 인지의미론은 언어 사용에 주안점을 두고 의미론과 통사론을 구분하지 않으며 객관적인 상황을 여러 가지로 구조화하거나 해석하는 능력을 중시하여 동일한 객관적인 현상이나 장면에서 어느 요소가 두드러지느냐에 따라 다른 의미 구조를 지닌다고 보는 주관주의 의미론이다.

이와 같이 의미를 객관적인 실체로 규정할 것인가 혹은 상황과 언어 사용자에 따른 주관적인 요소로 볼 것인가에 대해서 논란이 있어 왔지만 인지언어학이 등장한 이후에는 Labov(1973)의 그릇 모양(꽃병과 사발 명명) 실험이나 Wittgenstein(1956)의 가족닮음 유사성 이론을 통해 의미의 경계는 모호하며 단어 의미에 대한 지식과 백과사전적 지식의 분리는 어려운 것으로 보고 있다. 즉 <표 3-1>에 제시된 의미의 분류19)는 명확하게 구분될 수 있

---

19) Cruse(1990)은 의미를 기술적 의미(descriptive meaning), 표현적 의미(expressive meaning)

는 것이 아니라는 것이다.

<표 3-1> 의미의 유형(Leech, 1981: 23)

1. 개념적 의미	논리적, 인지적 또는 지시적 내용
연상적 의미 2. 내포적 의미	언어가 지시하는 것에 의해 전달되는 것
3. 사회적 의미	언어 사용의 사회적 환경이 전달하는 것
4. 정서적 의미	말하는 이/글쓴이의 감정과 태도가 전달되는 것
5. 반사적 의미	같은 표현의 다른 의의와의 연상을 통해 전달되는 것
6. 연어적 의미	다른 낱말과의 연합에 의해 전달되는 것
7. 주제적 의미	어순이나 강세를 사용하여 메시지를 구성하는 방법으로 전달

아울러 의미를 어떻게 찾아낼 수 있는가에 대해서도 여러 방법을 고려해야 할 것이다. 전통적인 객관주의 의미론은 주로 다루었던 성분분석과 같이 단어를 의미성분으로 쪼개 보는 분석 과정에 의해서 단어 의미가 도출될 수 있다고 보았다. 또한 단어가 다른 단어와 맺는 관계, 단어보다 더 큰 언어 단위의 일부분으로서 결합되어 있는 합성 과정에 의해서도 의미는 도출될 수 있다. 뿐만 아니라 단어를 사용하는 언어 사용자의 인지 구조 안에 의미가 있다고 할 수 있다. 언어 사용자는 문맥에서 의미 관계를 살펴 선택 가능한 의미를 포착하고 추론할 수 있는데 이러한 언어 사용자의 주체적인 노력이 없다면 의사소통이 이루어지는 일은 불가능하게 될 것이기 때문이다. 마지막으로 언어 사용자가 속해 있는 사회와 문화적 관습이 의미를 해

환기적 의미(evocative meaning)로 구분하였고 Nida(1975: 25-30)는 인지적(cognitive)의미와 정서적(emotive) 의미, 언어외적(extralinguistic)의미와 언어내적(intralinguistic)의미로 구분하였다. McNeil(1984)는 어휘의 의미는 끊임없이 재정의 되는 것으로 보았다. Aitchison (1994: 202)은 단어의 의미는 lemma(추상적 의미) + word form(낱말 부류)으로 보았으며 Katz & Fordor(1963)은 핵심 부분(언어학적 사전)+ 부가적인 부분(백과사전)의 결합으로 보고 있다.

석하고 추론하는 데 영향을 끼칠 수 있음을 주지해야 할 것이다.

단어를 안다는 것이 그 의미를 구체적으로 어느 정도로 깊이 안다는 것인지 논의하기 위해서는 우선 의미가 무엇이며 깊이 있는 앎을 세분화했을 때 의미의 층위에 대해 살펴보아야 할 것이다. Leech(1981: 23)은 고정되어 있는 중심적 의미를 개념적 의미로, 설명하기 힘든 의미는 연상적 의미 혹은 주제적 의미로 구분하였으나 인지언어학의 모호성이론(fuzzy theory)이나 Labov 그릇 모양 실험, Wittgenstein(1956) 가족 닮음 증후군을 통해 볼 때 개념적 의미와 비개념적 의미 사이의 경계는 모호한 것으로 볼 수 있다. Aitchison(1987) 역시 낱말이 고정된 의미를 갖지 않기 때문에 원형적인 보기를 통해 단어의 의미를 이해해야 한다고 한다. Taylor(1995)는 모든 의미는 어떤 의미에서 화용적이라고 하였다.

의미의 경계가 모호하다면 단어 의미에 대한 지식과 단어 지시 대상에 대한 백과사전적 지식을 분리하기는 힘들다. 실제 의사소통에서 사람들은 사전에 등록된 의미에만 국한하여 단어를 사용하지 않는다. 기호의 의미는 주변 세계와의 상호작용을 통한 인간의 신체적, 사회 문화적 체험에서 발생하는 것으로 보는 것이 타당하다. 그러므로 구체적인 의사소통 상황에서 사용되는 어휘들의 체계에 대한 지식에 비중을 둘 필요가 있다[20]. 단어의 의미는 단어의 속성 정보뿐만 아니라 어휘 체계에 대한 정보로 구성되어 있다. 정보처리 이론의 인지 구조 및 단어의 저장 상태와 관한 논의는 각 단어가 타 단어들과의 친밀도 혹은 긴밀도에 따라 체계적으로 저장되어 있으며 하나의 망을 형성하고 있기에 단어의 의미를 안다는 것은 단어와 관련된 지식의 틀을 알고 있다는 뜻이기도 하다.

---

20) 최경봉(1998: 7-9)의 논의대로 의미장 이론은 내용 중심 언어학의 '언어적 중간 세계'라는 개념과 관련되어 모국어 화자의 정신세계를 규명한다는 점에서 인지 이론적으로 의의가 있다고 볼 수 있다. 그러나 의미장 이론은 언어 외적 지식을 배제하고 언어 내적 맥락에서 의미를 분석함으로써 상황에 따른 의미의 다양한 측면을 포착하여 기술하지 못한다.

이에 [그림 2-1]에서 어휘 능력 신장을 위한 어휘 교육 내용 요소로 선정하였던 언어적 요인, 인지적 요인, 사회·문화적 요인과 궤를 같이하여 언어적 의미, 인지 구조에 의한 의미, 사용 문맥에 의한 의미를 통해 교육 내용으로서의 어휘 의미의 유기적 관련성에 대해 논의하고자 한다.

1.1. 언어적 의미

구조주의 언어학의 관점에서 의미는 단어의 분포와 배합에 근거를 두고 단어가 사용되는 문맥의 총체를 뜻한다. 단어가 지닌 자체 의미, 사전적 의미, 외연, 지시적 의미를 탐구 대상으로 한다. 의미 관계에 초점을 두며 어휘적 의미를 의미성분으로 설명한다. 의미에 대한 구조주의 개념은 어휘소의 의미를 독립적으로 결정할 수 없다는 점에서 근본적으로 관계적이다. 의미 관계는 이른바 어휘장이라는 더 큰 구조에 기대어 어휘소가 대립 관계, 하의 관계, 부분 관계와 같이 다른 어휘소와 맺는 관계에 따라 대치될 수 있는 계열적 관계와 어휘소가 속한 더 큰 구성체 안에서 다른 구성소와 맺는 관계인 통합적 관계로 나뉜다.

이렇게 언어 단서만으로 주어지는 의미를 언어적 의미라고 할 수 있다. 언어적 의미는 비교적 명확하고 사전을 참고하여 파악할 수 있다. 그러나 한국어 학습자와 같이 다른 언어권에서 자라 새로운 언어를 학습해야 하는 경우는 언어 단서만으로도 의미 파악이 쉽지 않은 경우가 많다. 언어 기호는 음성 형식과 의미로 구성된다. 음성형식과 언어 기호의 관계는 자의적이어서 문화권이 다른 경우에는 각각의 언어 관습에 따라 동일한 지시물이 다른 음성 형식으로 표현될 수 있다. 한 언어에는 하나만 있는 음성 형식이 다른 언어에는 둘 이상 있을 수 있다.

게다가 한 언어에는 하나만 있는 의미가 다른 언어에는 여러 의미가 있을 수 있다. 대부분의 단어는 여러 개의 의미를 지니고 있기 때문에 각기 다른 두 언어를 의미적으로 대비한다면, 단어 의미의 다의 관계까지 완전히 동일한 단어를 발견하기는 쉽지 않을 것이다. 문화권에 따라 유사한 상황이 다른 방식이나 다른 관점으로 표현될 수도 있고 어떤 단어는 다른 언어에서 대응하는 짝을 찾을 수 없기도 하다. 언어 기호가 가리키는 지시물이 없거나, 개념이 없거나, 개념이 있더라도 사회적·문화적 의미 차이가 존재하기 때문이다.

1.2. 인지 구조에 의한 의미

인지언어학은 인간의 마음이 어떻게 감각을 통해서 환경으로부터 정보를 받으며 지각되는 것을 인식하고 그것을 사전지식과 비교, 분류하고 기억하여 이 정보를 어떻게 처리하는지에 관여한다. 인지언어학은 언어 사용자의 마음속에 있는 거대한 복합적 구조인 어휘부에 관심이 있다. 언어 사용자가 언어지식을 백과사전적 정보와 연관시키는 것, 문화 공동체에 공유하는 풍부한 의미를 외연(지시물)에 연결하는 것, 외연에 상응하는 개념이 어떻게 마음속에서 표상되는지에 대해 초점이 있다. 인지의미론은 [그림 3-1]과 같이 우리가 사용하는 개념과 범주의 탐구를 강조한다.

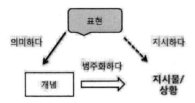

[그림 3-1] 기호 삼각형의 인지적 버전(Sebastian Löbner, 2002)[21]

21) 인지 의미론에서 의미와 지시의 관계를 살펴보는 [그림 3-1]은 시사점이 많다. 임지룡·

단어의 의미는 실제 범주에 대한 우리의 개념과 일치하지 않는다. 우리에게 개념이 있는 모든 범주에 대해 단어가 존재하지 않기 때문이다. 우리가 지닌 개념의 적은 부분만이 언어로 표현된다고 볼 수 있다. 언어 사용자는 이원적인 가부 방식으로 범주화된 의미를 적용한다기보다는 상황에 따라 의미를 유연하게 사용한다. 단어의 의미를 고립적으로 보지 않고 다른 단어와의 관련성을 강조하며 언어 사용자의 배경지식, 사전 경험을 충분히 끌어와 해석한다는 점에서 의미는 언어 사용자의 머릿속에서 구성된다고 해도 과언이 아니다. 실제로 언어 사용자는 사전에 등록된 단어 의미만 가지고 의사소통을 하지 않고 특정한 발화 문맥에 맞게 의미를 조정하기 때문이다. 이처럼 언어 사용자가 다양한 개념적 관계들로부터 의미를 추론하고, 모호한 의미를 보류하기도 하고, 오인한 의미를 취소하거나 변경하는 능동적인 역할을 수행하면서 조정하는 의미를 인지 구조에 의한 의미라고 할 수 있다.

단어의 의미에는 단어의 속성 정보뿐만 아니라 어휘 체계에 대한 정보가 포함되어 있다. 각 단어는 타 단어들과의 친밀도 혹은 긴밀도에 따라 체계적으로 저장되어 있으며 하나의 망을 형성하고 있다. 단어가 형성하고 있는 망은 단어 자체의 의미를 넘어서서 단어와 관련된 지식의 틀을 환기할 수 있다. 언어 사용자는 주변 세계와의 상호작용을 통한 신체적, 사회 문화적 체험에서 터득한 지식과 연관된 의미를 떠올릴 수도 있지만 언어 사용자에게만 나타날 수 있는 지극히 개인적 느낌이나 태도, 감각을 표현하는 주관적인 의미를 떠올릴 수도 있다. 가령 단어 '돼지'의 의미를 '더러움, 풍요로움, 막내딸'과 같은 단어들과 연계하여 생각할 수도 있다. 그러나 이는 실제 사전에 기술된 의미의 일부가 아니라 부차적 의미로서 관습적인 연상이나

김동환 옮김(2010: 345)에서 재인용

돼지라는 외연(지시물)에 의해 얻게 된 내포적 의미라고 할 수 있다.

1.3. 사용 문맥에 의한 의미

단어의 의미는 그 자체가 지닌 의미와 언어 사용자의 머릿속에 존재하는 의미와 별개로 의사소통이라는 좀 더 거시적인 맥락에서 특정한 상황과 결부하여 발견되기도 한다. 이러한 사용 문맥에 의한 의미는 의사소통에서 언어 사용자들이 보이는 역동적인 의미 재구성 과정에서 발생하는 것이기 때문에 맥락에 한정된 것이고 경우에 따라서는 맥락을 떠나면 사라질 수도 있다. 그러므로 언어 사용자는 의사소통에서 설정된 맥락이 얼마나 창조적이냐 혹은 관습적이냐에 따라 의미를 적절히 찾고 조절하는 능력을 보이게 될 것이다.

단어가 서로 결합하여 새로운 의미가 생성되는 경우도 본래의 의미가 단어 속에 내재되어 있었다기보다는 단어의 합성 과정에서 발생한 것으로 창조적인 맥락으로 볼 수 있다. 가령, 교복과 체중계가 합성되어 '교복 체중계'라는 표현이 의사소통 상황에 사용되었을 때 이를 교복 모양의 체중계나, 교복을 맞출 때 쓰는 체중계로 이해하지 않고 '교복을 입어보면 체중이 늘고 늘지 않음을 알 수 있어 교복이 체중계 역할을 한다'는 것을 상황에서 추론하여 알 수 있는 경우이다.

단어가 사용되는 의사소통 상황과 사회적 문맥을 고려하게 되면 문화적 지식의 관여를 배제할 수 없다. [그림 3-2]에서 문화적 범주는 단어의 실제 외연과 개략적으로 동일하며 우리가 실제 생활에서 접하거나 접할 것으로 생각되는 전체 외연의 구성원이다(Sebastian Löbner, 2002[22]). 다시 말해 문화적 범주는 단어의 모든 잠재적 지시체의 하위집합이다. 또한 문화적 개념과 대

---

22) 임지룡·김동환 옮김(2010: 366)에서 재인용

비해서 단어 의미는 안정성, 추상성, 의사소통적 경제성, 의미 관계의 단순
성에서 우위를 차지한다고 보고 있다.

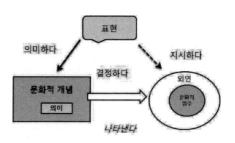

[그림 3-2] 문화적 지식을 통합하는 기호 삼각형(Sebastian Löbner, 2002)

의사소통에 참여하는 언어 사용자는 문맥에서 의미를 고정하게 되고 이
고정된 의미가 관습적이 되면 그 언어 사회에서 언중이 공인하는 의미가
될 수 있다. '미역국 먹다'가 시험에 낙방하다는 의미로 사용되기도 하지만,
생일날 잘 대접을 받았는지를 묻는 표현이 되기도 하는데 이는 생일에 미
역국을 먹는 한국의 문화적 관습과 미역의 미끈거리는 속성을 떨어지는 것
으로 인지하는 사회적 맥락이 반영된 것으로 볼 수 있다.

이상의 논의를 종합하면, 교육 내용으로서 어휘 의미는 구조주의 의미론
과 인지의미론의 상보적 관점에서 언어적 의미, 인지 구조에 의한 의미, 사
용 문맥에 의한 의미를 복합적으로 고려해야 함을 알 수 있다. 구조주의 의
미론은 의미 관계에 초점을 두고 단어의 의미는 어휘장 안에서 다른 단어
와 맺는 관계들의 합이라고 주장하지만 인지의미론에서 논의하는, 언어 사
용자의 인지 구조 속에 언어적 의미(개념)와 배경지식이 결부되어 어휘망으
로 조직된, 더 복합적인 층위의 의미를 보지 못하는 면이 있다. 인지의미론
은 단어 간의 결합과 문장에서의 의미 합성에 대한 설명이 필요하고 문화
적 지식을 결합하는 논의 역시 단어 의미 관계와 언어 사용자의 인지 구조

가 적절히 결합될 때 온전한 의미에 대한 논의가 될 것이다.

1.4. 의미복합체

이에 단어의 의미는 단어 자체가 지닌 의미, 다른 단어와 맺는 관계에서 발생하는 의미와 더불어 언어 사용자가 단어에 대해 인지하는 모든 의미, 그리고 단어가 실제로 사용되는 문맥에서 갖게 되는 모든 의미의 복합체로 규정될 수 있다. 또한 지시적 의미, 문맥적 의미, 창조적 의미, 정서적 의미는 외연의 한정과 내포 의미의 확장에 따라 단어의 의미도 분화되는 영역이 다양하게 존재한다고 본다.

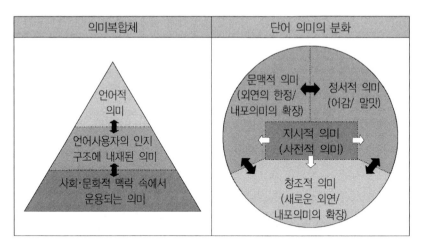

[그림 3-3] 의미복합체와 단어 의미의 분화

[그림 3-3]에 제시된 의미복합체에서 언어 사용자의 인지 구조에 내재된 의미는 언어의 내적 체계에서 발생하는 의미와 사회·문화적 맥락에서 운용되는 의미를 중재하는 역할을 한다. 하나의 단어가 통시적으로 의미 변화

를 일으키고 공시적으로 의미 분화를 하는 가장 주된 요인은 언어 사용자
가 그 단어를 어떠한 방식으로 인지하고 사용하는가와 연관이 있다. 동일한
상황에서도 언어 사용자가 그 상황을 어떻게 해석하는가에 따라 의미는 역
동적인 모습으로 때로는 창조적인 모습으로 생성될 수 있다.

언어적 의미와 언어 사용자의 인지 구조에 내재된 의미, 그리고 사회·문화
적 맥락 속에서 운용되는 의미는 하나의 유기적인 복합체를 이룬 것으로 단어
가 사용되는 환경에서 복합적으로 활성화된다고 본다. 다만 의미 영역의 분화
에 있어서 과학, 의학, 법률 용어와 같이 명료한 지시적 의미가 중시되고 정
서적 의미가 배제되는 경우가 있고 문맥이 주어져 외연이 한정되면서 내포적
의미가 확장되며, 정서적 의미도 나타나는 경우가 있을 수 있다. 또한 기존에
주로 주어지던 문맥 환경이 아닌 새로운 외연을 갖게 되면서 외연이 바뀌고
내포 의미도 확장되는 창조적 의미가 발생하고 정서적 의미도 관여하는 경우
가 있다고 본다. [그림 3-3]의 단어 의미의 분화에서 점선은 의미의 영역이
서로 넘나들 수 있음을 표현하는 것인데, 의미가 복합적으로 작용하여 만들
어지는 영역의 분화는 의미 영역의 크기를 어떤 방식으로 분할하는가에 따라
위에서 언급한 세 가지 경우보다 더 다양한 관계가 있을 수 있다고 본다.

다음 사례는 인터넷 사이트에서 '착하다'를 검색해서 얻은 예문이다.

  (1) 사람은 着하게 살아야 복을 받는다.
  (2) 파주보건서 "着한 몸매 만들기 주부 건강 교실" 운영
      여드름 없애고 着한 얼굴 만들까?
      맛도 가격도 着한 고기를 소개합니다.
  (3) 着한 코코아, 着한 설탕(상품명)
  (4) 억지 편집, 억지 감동, 자극을 추구하던 예능에서 점점 '着한 예능'으로

예문 (1)은 '착하다'의 사전적 의미인 '언행이나 마음씨가 곱고 바르며 상

냥하다'가 적용된 것이다. 이에 비해 예문 (2)~(4)는 문맥에 따라 확장된 내포 의미를 지닌다. (2)는 착한 얼굴/몸매/가격은 광고를 통해 사회적으로 보편화된 예문이라고 할 수 있다. '착한 가격'이 가격이 저렴하면서 품질이 괜찮은 경우에 쓰인다면 (3)의 경우는 공정 무역이라는 한정된 상황 맥락에서 공정한 가격이기 때문에 소비자가 인권을 존중하고 올바른 소비를 하고 있다는 함축적 의미를 전달하고 있어 정서적으로 긍정적인 이미지를 전달한다. (4)는 지극히 개인적인 표현으로 글쓴이의 설명이 요구되는데 그가 쓴 글에서 의미를 알 수 있는 표현을 찾아보니 '편안함과 소소한 재미를 추구하는 진솔한' 예능이 되어야 한다는 것이었다. 사람들이 쓰는 '착하다'라는 표현을 예능에 결부하는 창의적인 면이 보이는 것이라 하겠다.

언어 표현은 언어가 사용되는 맥락에서 축자적 의미 이외에 내포적 의미를 지닌다. 어휘를 소통 맥락에 맞게 능숙하게 사용한다는 것은 어휘의 내포 의미를 정확히 이해하고 필요한 경우에 사용할 수 있는 능력을 갖추었다는 의미이기도 하다. 예문 (2)~(4)는 '착하다'가 사용된 맥락이 친숙하고 보편적인 것이라기보다 새로운 외연에 적용된 것이다. (2)~(4)를 대비할 때 (4)의 경우가 가장 참신하지만 이에 비례하여 의사소통 면에서는 전달력이 가장 떨어짐을 알 수 있다.

'착하다'의 의미가 의사소통 상황에 따라 어느 정도까지 사회·문화적으로 용인될 수 있는지 알기 위해서는 의미가 일시적으로 사용되는 것인지 보편적으로 용납될 수 있는 것인지 판단할 근거를 위한 전략을 갖추고 있어야 할 것이다. 더욱 외국인 학습자는 예문 (2)의 '착하다'가 맺는 연어 구성('착한 몸매/가격/고기/얼굴')이 적용되는 범위를 발견하는 데 어려움을 겪는다. 가령 한국인은 '문, 입, 마음, 컴퓨터 파일, 서랍, 가게, 청문회……'를 여는('열다') 대상으로 인식한다. 그러나 한국인처럼 오랜 시간 한국어를 체험적으로 경험하지 못한 한국어 학습자는 '여는 행동'이 지닌 인지적 개념을 어떤 대상에 어떻게 적용('입(열다), 눈(뜨다), 주먹(펴다)')할 수 있는지, '열다'의 의미는 어느 정도까지 확산되는지 판단하기 어려울 수밖에 없다.

2. 연상과 어휘 교육

2.1. 연상에 대한 이론적 논의

1) 연상에 대한 철학적·심리학적 논의

연상에 대한 연구는 철학적 접근에서 비롯되었는데 철학적 연구에서는 연상 법칙에 대한 논의가 주를 이루었다. 1700년 John Locke가 처음으로 '연상'이란 용어를 사용한 것으로 알려졌다. 철학자들은 일찍부터 연속된 사고 관계에 관심을 가지고 있었는데 고대로 거슬러 올라가면 아리스토텔 레스가 유사성, 대조성, 근접성을 일차적 연상법칙으로 제시한 바 있다. 후에 1820년 Brown이 지속 기간(duration), 선명도(vividness), 빈도, 최신성(recency), 경쟁하는 연상으로부터 자유로운 정도, 기질의 차이, 시간에 따른 정서적 변이, 건강상태, 이전 일상사(日常事), 사고의 경향을 이차적 연상법칙으로 제시하게 된다. 18, 19세기 영국 철학자들은 "연상은 마음의 기본 기제(basic mechanism)이다. 모든 지식의 근원은 외부 세계의 영향으로부터 생기는 감각(sensation)이다. 감각과 심상, 개념이 동적인 연상과정의 갈고리(hook)에 걸린다"고 하면서 사고과정의 다양한 면모를 밝히려 하였다.[23]

연상에 대한 심리학적 연구는 정신의학에서 환자들의 진단을 위해 도입되었다. Francis Galton은 연상이 사고의 이면을 모두 보여 줄 수 있다고 생각하여 75개의 명사를 가지고 직접 연상 실험을 하여 연상 반응시간을 측

23) 이부영·서국희(1995: 1-2) 참조.

정하고 연상 자료를 양적으로 다루어 연상을 과학적으로 접근하였다. 이후 Galton에 의하여 고안된 단어 연상 테스트는 심리학자들에 의해 받아들여져 억제되거나 일탈된 감정을 임상적으로 감지하기 위한 장치로 표준화되었다. 비슷한 시기에 Wundt 역시 연상을 통해 단어가 서로 연관되는 방식, 연상의 언어적 형태와 연상 지속 시간에 관심을 가졌다. Wundt의 제자인 Kraepelin은 정신과 환자들의 진단을 목적으로 정신의학 분야에 단어 연상 검사를 도입하였으며, Jung은 같은 목적으로 이 검사를 1903년에 스위스에 도입한다. 19세기의 연상에 대한 연구는 크게 Jung과 같은 정신의학자들에 의해 진단 목적으로 인간 사고의 이면을 밝히고자 한 연구와 언어심리학자, 인지심리학자들에 의한 기억, 단어 사이의 연상에 대한 연구로 대별된다.

의미와 관련하여 연상에 대한 두 가지 관점이 존재한다. 첫째는 Ogden & Richards(1936)의 의미 삼각형에서 기호와 지시 대상은 사고를 매개로 해서만 서로가 관계를 맺는다는 심성적인 견해이다. Titchener(1909)는 관념이 심상(mental imagery)으로 되어 있다고 하였으며 James(1890)은 한 사실이 여러 다른 사실과 마음속에서 연합되는데 하나하나의 연상들은 그것이 걸어지는 갈고리(hook)가 되어 사고의 전체 조직을 짜임새 있게 하는 그물망(network)이 된다고 하였다. Titchener와 그의 제자들은 마음속에 무엇이 일어나는가에 대해서 잘 내성하였으나 보고된 심상은 지극히 개인적인 것이며 사람마다 달라서 특정한 대상에 대해서 사회적으로 공통된 의미를 어떻게 지니는가를 설명할 수 없는 것이었다.

둘째는 행동적인 견해로 Watson(1924)이 대표적이다. 의미하는 것은 무언가를 하는 것이며, 마음의 연합 이론이 자극-반응의 행동 이론이 된 것이다. 자극어와 연상 반응어의 가설적인 결합으로 의미를 규정하는 점에서 이론적으로 행동적인 견해로 볼 수 있다. Watson 이후 Osgood(1952)을 위시한 신행동주의에서는 의미를 어떤 자극 사건과 반복해서 접촉하는 자극단어와 조건

형성이 된 무조건적인 중개반응으로 보는 대표적 중개가설로 설명하였다.[24]

한국에서 언어에 대한 심리학자들의 관심은 해방 후 1960년대에 본격적으로 시작되었는데 그때의 연구들은 한국어 어휘의 의미 분석, 연상, 단어 인지, 언어 학습 등에 대한 것이었다. 이러한 연구 주제들은 Wundt이래 전통적인 언어심리학의 주제들이기는 하지만 당시에는 신행동주의적 영향 아래에서 연구가 이루어지고 있었다. 자극 단어를 들려주거나 보여주고 가장 먼저 머리에 떠오르는 단어를 보고하도록 하는 연상 과제가 실시되었다. 이는 지금으로 말하자면 심성어휘집의 어휘항목 간 관계를 연구하는 것인데 조명한(1970)의 '단어 자유연상에 대한 상대적 거리의 개념과 연상적 의미' 가 하나의 예로서 한국어 단어들 사이의 집단화(grouping)에 기여하는 요인 들을 밝히고자 한 것이다(조명한 외, 2003: 26). 연상은 단어 간 관계의 반영으로서 따라서 심성어휘집의 구조와 관련하여 여전히 중요한 언어심리학적 주제이다. 연상에 대한 국내의 대표적인 심리학적 논의는 조명한(1969)을 들 수 있다.[25]

---

24) 연상 반응을 의미론적 관점에서 고찰한 사람은 Deese(1965)와 Noble(1963)이다. Deese와 Noble은 자극어와 연상 반응어의 가설적인 결합으로 의미를 규정한다는 점에서 이론적으로 행동적인 견해이다. 그런데 Noble은 연상개수를 중시하고 계속 연상 사태에서 반응을 얻었으며 일차적으로 학습속도를 적절하게 예언하는 단어 속성은 무엇인가에 관심을 가진 것에 반해 Deese는 연상분포와 연상어 자체를 주요 측정으로 삼고 반응어들의 잠재적인 분포를 강조하면서, 문맥에 자유로운 자유 연상 상태에서 반응을 얻었다. 한 단어와 다른 단어가 어떻게 대체될 수 있는가에 관심을 두었다. Deese(1965)는 연상적 의미를 연상적 분포 자체라고 규정하고 의미집합의 부차적 집합이라고 한 바 있다(조명한, 1969: 53). 이는 연상으로 얻어진 반응어들이 자극어의 의미와 동일한 것으로 여길 수 없다는 뜻이다. 그러나 자극어에 대한 연상의미로 자극어가 지닌 부차적 의미를 찾을 수 있을 뿐만 아니라 연상에 의해 연결된 단어들의 관계를 통해 자극어의 중심 의미에도 다가갈 수 있음을 알 수 있다. 이인섭(1981: 389)는 자극어 '부인'에 대해 연상 분포가 '여자, 남편, 아내'의 순으로 이루어진 경우, 이들 연상 분포가 자극어의 사전적 의미를 기술하는데 유용한 기준이 될 수 있다고 하였다.

25) 이 외에도 C. G. Jung 단어 연상 검사의 연상 규준을 비교 연구한 서국희·이부영(1997) 이나 한국어 단어 연상 빈도와 심상가를 조사한 박태진(2004), C. G. Jung 단어 검사에 토대를 둔 한국형 단어연상검사의 임상적 유용성을 알아보고자 사례연구를 실시하여 단어

조명한(1969)을 위시한 그의 일련의 연구는 연상이 이루어지는 과정, 정신적 과정에 주목하고 있다. 연상 과정은 자극어를 문맥 단서로 하여 자극어의 관념이 활동화하여 떠오르게 된 것을 언어로 추상화한 것이다. 추상화된 언어 반응은 자극어가 어떤 환경에 관련되어 있는가를 보여주는데 연상자의 연상 내용에서 볼 수 있는 차이는 학습 경험, 지식, 생활 반경에 기인하는 것으로 보고 있다.[26] 연상어는 자극어의 문맥이며 연상 강도는 이 문맥적 빈도에 달려 있다. 문맥은 단어에 내재적으로 준거함으로 내포적인 의미를 지니기 때문에 한 단어의 쓰임새를 나아가서 다른 단어와 연관을 맺고 있는 관계를 연상지도로 그릴 수 있다. 조명한의 연구에서 연상과정은 어떤 하나의 의미에서 다른 의미로 옮아가는 과정이 아니라 하나의 개별적인 단어가 의미적으로 충만해지는 과정, 즉 한 관념의 의미가 획득되는 과정이다.

그러므로 조명한(1969)에서 연상적 의미란 연상과정에서 의미의 인식기능을 대표하는 의미이다. 연상과 의미에 대한 기본적인 가정은 기호와 대상과의 동형 가설[27]이다. 이는 사물과 단어가 별개의 것이라 하더라도 사람이 단어에 대해서나 사물에 대해서나 마찬가지의 의미를 인식한다는 것이다. 연상 반응이 연상의 실체도 아니고 연상어가 자극단어의 의미도 아니지만 의식이나 관념이 없으면 연상 반응도 없음을 전제하고 관념의 활동으로 인해 단어나 사물에 의미가 주어지는 것으로 본다.

연상검사가 콤플렉스간의 연결을 설명해주는 것을 입증한 박현순(2005)이 있다.

26) 연상 의미가 정립되기 위해서는 연상과정의 성질, 연상 강도의 기능, 연상어 자체의 속성에 대해 규명되어야 할 것이다.

27) 이는 언어 기호(아빠, 아버지, 부친)에 대해서 연상이 일어나는 것과 마찬가지로 지시대상(젊고 면도를 한 30대 젊은이, 수염 기른 70대 노인)으로부터도 동일한 연상 의미(엄격하다, 인자하다)가 생성됨에 주목한 것이다. 지시대상과 기호는 독립적으로 변할 수 있으며 지시대상이 바뀌거나 지시 대상의 태도가 달라져 의미가 바뀔 수는 있으나 의미가 달라졌다고 해서 언제나 지시대상이 변하지 않는다.

2) 외국어 학습에 연상을 적용한 논의

외국어 학습의 관점에서 진행된 국내외 연상 관련 연구는 연상 실험을 통한 연상 반응을 탐색한 연구나 연상을 활용한 어휘 지도 방법 연구에 의한 것으로 대별된다. 연상 실험에 의한 외국어 학습자의 연상 반응에 대한 조사 연구는 Clark(1970), Meara가 제시한 일련의 논의(1978, 1980, 1982, 1984, 1992, 2002), Wilks & Meara(2007), Fizpatrick(2009), 김혜란(2000), 박선옥(2008), 김은혜(2012)가 있다.

Clark(1970)은 단어 연상 실험은 개념이 어떻게 마음속에서 관계를 맺고 있는가, 어떠한 환경에 있는 낱말들이 서로 관계를 맺게 되는가를 잘 보여 준다고 하면서 연상의 반응 유형을 계열적 반응과 결합적 반응으로 나누어 그 원리를 정리하고 있다. 계열적 반응의 원리는 최소 대조 규칙(minimal-contrast rule), 유표 규칙(marking rule), 성분 삭제 규칙(feature deletion rule), 성분 첨가 규칙(feature addition rule)이고 결합적 반응은 계열적 반응에 비해 연상 강도가 느슨할 뿐 아니라 연상의 원리도 분명하지 않지만 원리는 선택적 성분 실현 규칙과 관용어 완성 규칙이 있다고 한다.[28]

Meara가 제시한 일련의 논의는 제2언어 학습자의 머릿속 어휘의 연결 방식을 살펴보는 것과 어휘 교수 학습 방법에 대한 시사점을 발견하는 것 나아가 어휘 평가에 대한 해답을 찾기 위한 논의로 이어지고 있다. Meara(1978)는 불어 학습자가 연상 실험에서 불어 모국어 화자와 차이점이 있음을 논의하고 있다. 불어 모국어 화자는 의미적 요인에 근거해서 어형변화적(paradigmatic) 연상과 구조변화적(syntagmatic) 연상을 제시한 반면에 불어 학습자들은 음성학적 유사성에 근거해서 반응을 나타내는 경향을 보였는데 이

---

28) Clark(1970)이 제시한 연상의 반응 유형에 대한 자세한 설명은 3장의 2.2. 연상 관계에 초점을 둔 어휘 학습의 (2)통사적 배열 관계에 의한 연상과 (3)의미 관계에 의한 연상에 제시하였다.

는 제2언어에서 유창한 단어 연상에 필요한 관계망을 구축하지 못했기 때문이라는 것이다. Meara(1980, 1982, 1984)에서도 제2언어 학습자는 자극 단어와 의미적으로 전혀 관련이 없지만 음상이 유사한 단어로 반응('clang' association)하는 경향이 있다고 하였다29).

Meara(1992: 69)는 연상은 개인이 특정 단어에 대해 얼마나 잘 아는지를 유용하게 평가할 수 있지만 어휘집이 어떻게 작동하는지를 알게 해주지 않기 때문에 어휘구조를 탐색하기 위해 연상 연결고리(chains)를 살펴보는 것이 유용하다고 하였다. 가령 'cold'와 'desire'를 연결하는 연상을 실시하여 'cold→ hot → passion → desire'의 내용을 얻는 것이다. Meara(1992)에서 제시했던 모어 화자의 연상 연결고리가 제2언어화자의 것보다 짧고 밀도가 높을 것이라는 가설은 그렇지 않은 것으로 판명되었는데 참여자들이 개성적이고 예측 불가한 반응을 보였기 때문이었다. 좀 더 정교한 실험이 요구되었고 Wilks & Meara(2002)는 '무작위로 선택된 5개의 불어 단어가 있는 40개 쌍에서 연상 관계에 있는 두 개의 단어에 동그라미 치기'를 하도록 하였다. 그 결과 모어 화자는 L2학습자보다 두드러지게 동일한 결과를 보였다. 그러나 이 실험에서 단어는 연상 강도에 있어 다양하고 연결망에서의 중심성에 있어서도 다양함을 확인하게 되었다.

Wilks & Meara(2007)은 연상에서 개인적 선호도를 살펴봄에 있어서 더 복합적인 요소(창의성, 인지능력, 기억 유형)를 고려할 필요가 있음을 제안하였

---

29) Sökman(1993)은 성인 모어화자와 외국어 학습자의 연상 반응은 통합적 반응보다 계열적 반응을 더 선호함을 보인다고 하였다. 이는 1960년대 Ervin(1961), Entwisle(1966) 아동의 모어 단어 연상에서 통합적 연상에서 계열적 연상으로 전환하는 시점을 발견한 논의와 부합한다. 그러나 Kruse et al(1987)에서는 숙달도와 모어화자와 유사함 사이에는 상관관계가 없다고 하였고 Orita(2002)도 학습자의 숙달도 보다는 자극어의 선택과 상관이 있다고 하였다. Nissen & Henriksen(2006)은 숙달된 학습자일수록 통합 관계보다 계열 관계 반응이 우세한지 모르겠다는 결론을 내렸다(Tess Fizpatrick(2009: 38-39 참조). 본서의 토대가 된 김은혜(2012)는 연상 실험 결과로 Sökman(1993)과 동일한 결론을 얻었다.

다. 모르는 단어나 부분적으로 아는 단어의 연상은 어렵기 때문에 결국 L2
에 노출된 정도, 선택된 단어, 모국어의 간섭, 실험 참여자가 연상검사에 대
해 느끼는 의구심이 연상 실험에 영향을 끼칠 수 있다고 하였다. Fizpatrick
(2009) 또한 연상 실험에 내재된 방법적 문제로 연상자의 설명 없이 단어 연
상 반응을 통합적, 계열적, 음상요인으로 범주화하기 어려운 점과 명확하게
범주를 구분하기 어려운 연상 요인, 연상 실험에 자극어로 사용된 단어의
선택과 수가 연상 실험에 영향을 끼칠 수 있다고 하였다. 이에 Fizpatrick
(2009)는 고빈도 단어가 자극어로 선택된 경우는 모어화자와 비모어화자에
게서 예측가능하고 유사한 반응을 보일 것이기 때문에 저빈도어를 포함하
여 실험을 구성할 필요가 있다고 하면서 고빈도 어휘가 아닌 Academic
Word List(AWL)를 이용하고 구체명사는 아주 조금만 다루어 연상 실험을
실시하였다.

   Fizpatrick(2009)는 영어와 웨일즈어 모두에서 고급 숙달도를 보이는 37명
에게 영어 AWL 100개와 이를 웨일즈어로 번역한 100개의 단어를 자극어
로 제시하였다. 웨일즈어와 영어 학술어 간에 동족어가 거의 없었기 때문에
두 언어의 연상 내용을 대조하기에 좋았다. 실험에 참여한 사람들은 모두
고급 숙달도를 보였으나 언어 이력은 다양한 것으로 나타났다(한 피험자는 5
살에 웨일즈어를 학습했다가 은퇴 후 학습하여 고급 숙달도를 보였다). 실험은 모어
에서 선호하는 연상 반응이 있다면 제2언어에도 그 선호도가 그대로 적용
될 것인가, 제2언어의 숙달도가 향상될수록 제2언어에서 보이는 개인의 연
상 반응이 모국어의 연상 반응과 비슷할 것인가에 대한 연구 주제를 살피
는 것이었는데 웨일즈어와 영어 연상 실험에서 차이가 보이는 연상 반응은
유의어와 개념적 연상이었다. 연상 자료에서 피험자 내의 인접성, 피험자
간의 인접성에 대한 거리를 조사한 결과 제2언어 숙달도가 높아질수록 제2
언어에 대한 연상 반응이 모어화자와 비슷해진다는 결론을 얻었다.

김혜란(2000)은 불어 학습자 30명을 대상으로 불어로 된 명사, 동사, 형용사 자극어를 각각 20개씩 제시하여 단어의 의미 관계 및 단어 부류 관계를 밀도 있게 분석하였다. 명사의 경우 대부분 자극어로 주어진 단어의 의미장에서 반응어가 선택됨을 보여 주제에 따른 단어의 제시가 효율적이며, 동사의 경우 행위의 결과가 가져오는 느낌이나 상태를 나타내는 반응어를 상당수 발견하는 것으로 보아 어휘적 속성 외에도 통사적 속성을 파악하도록 지도할 필요가 있다고 하였다. 형용사는 연상 결과 반응어 중 60%가 반의어임을 고려할 때, 언어 관계와 반의 관계에 기초한 단어 연결 구성이 주된 관심사가 되어야 함을 논의하였다.

박선옥(2008)은 한국인 200명과 중국인 200명을 대상으로 20개의 제시어에 대한 연상 실험을 실시하였다. 중국인은 중국어로 된 자극어를 보고 중국어로 연상하여 연상 실험을 실시하였다. 연상 실험 결과 상이한 언어문화권의 특징을 분석할 수 있었다. 박선옥(2008)에서 중국어를 한국어로 번역하는 과정을 거친 점은 한국인이 이해할 수 없는 중국인의 머릿속 사전을 설명하는 점에서 이롭지만 한국어 학습자가 한국어로 연상했을 경우에 어떤 내용을 연상할 것인지에 대해 설명할 수 없는 한계가 있다.

김은혜(2012)는 한국인과 고급 한국어 학습자의 머릿속에 단어들이 어떠한 모습으로 연결되어 있는지, 혹 그 연결 방식에 차이가 있는지를 알아보고자 명사, 동사, 형용사, 부사로 구성된 모두 50개의 자극어 각각에 하나의 연상어를 적는 연상 실험을 실시하고 그 결과를 분석하였다. 한국인과 고급 한국어 학습자의 연상 반응에서 보이는 공통점과 차이점을 밝히는 연상 실험 결과 외국인 학습자는 한국인 학습자보다 응집성 있는 연상 반응을 보이지는 않았다. 그러나 외국인 학습자는 고급 수준의 한국어를 구사하기까지의 학습 과정에서 자연스럽게 한국의 문화와 사회적 배경에 접하게 되고 어휘 지식도 누적되어 왔기 때문에 실험 결과에서 한국인의 연상 내

용과 합치되는 면이 많았다. 다만 한국인에 비해 유의, 하의 관계와 같이
개념의 세밀화가 요구되는 부분이나 개념이 지닌 속성을 발견하기, 사회·
문화적으로 가까운 거리에 있는 것으로 인지되는 요소들에 대한 반응, 관용
표현, 정서적 의미와 같은 내용에서 저조한 연상 결과를 보였다.

아울러 김은혜(2012)의 연상 실험에서 자극어 품사에 따른 반응어의 총합
을 살펴보면 흥미로운 점을 발견하게 된다(표 3-2).

<표 3-2> 품사에 따른 반응어의 총합[30]

반응어 자극어	명사		동사		형용사		부사	
	한국인	외국인	한국인	외국인	한국인	외국인	한국인	외국인
명사	742 (74%)	584 (58%)	81	147	163	246	13	14
동사	784 (76%)	653 (65%)	149	223	55	103	9	17
형용사	757 (76%)	710 (71%)	62	101	173	180	8	4
부사	**459** **(46%)**	320	254	**334** **(33%)**	65	105	214	218

Aitchison(1987: 160)에 의하면 성인들은 자극어와 같은 범주에 속하는 단
어를 답으로 선택하여 명사는 명사를 형용사는 형용사를 이끌어 내는 성향
이 있다고 하였으나, <표 3-2>에서 자극어의 품사와 동일 계열의 품사를
연상어로 제시하였는가를 살펴보았을 때 한국인과 외국인 모두 명사 자극
어의 경우만 동일 계열의 명사 연상어를 제시하는 수치가 높았다. 명사 자

---

30) 명사는 모두 20개의 자극어에 대해 연상 실험을 실시하였기에 다른 품사와 비교하기 위해
평균을 내어 대조하였다. 자극어에 따라 품사 의존도는 개별적이지만 평균적인 경향을 언
급한다.

극어에 대한 총 1,000개의 연상어 중 한국인은 742회, 외국인은 584회 명사 연상어를 제시하여 한국인이 외국인보다 명사 의존도가 높음을 알 수 있다. 이러한 현상은 동사, 형용사, 부사 자극어가 명사 연상어를 제시한 빈도를 대조하였을 때도 동일하였다. 한국인이 명사 연상어의 비중이 높은 연상을 보이는 것과 달리, 외국인은 한국인보다 동사, 형용사, 부사 연상어의 수치가 거의 2배 높게 나타나 다양한 품사의 연상어를 제시하였다.

동사와 형용사 자극어에 대한 연상어는 한국인과 외국인 모두 명사 연상어를 제시하는 빈도가 높았다. 그 뒤를 이어 동사 자극어는 형용사와 부사 연상어보다는 동일한 품사의 동사 연상어를 많이 제시하였고, 형용사 자극어는 동사와 부사 연상어보다 동일한 계열의 형용사 연상어를 제시한 것으로 나타났다.

명사, 동사, 형용사 자극어에 대한 연상어의 품사별 총합은 한국인과 외국인이 비슷한 경향성을 보였으나 부사 자극어의 경우는 한국인과 외국인에게서 차이가 보였다. 한국인은 부사 자극어에 대한 명사 연상어의 빈도(459회)가 가장 높았으나 외국인은 동사 연상어의 빈도(334회)가 가장 높게 제시되었다. 부사 자극어는 명사와 동사 연상어 다음으로 부사 연상어를 연상하는 빈도가 높았으며 형용사 연상어를 제시하는 빈도가 낮았다. 명사는 통사적 결합에 대한 요구에 동사와 형용사만큼 민감한 반응을 보이지 않아 독립적인 성향이 강한 것으로 보인다. 부사는 동사와 형용사, 부사를 수식하는 기능이 있기 때문에 이들에 대한 연상어 빈도가 높을 것으로 예상하였으나 형용사 연상어는 빈도가 낮고 오히려 명사 연상어를 제시하는 경우가 많았다. 부사에 제시된 명사 연상어들은 통사적 결합 요소(갑자기⇒비)도 있었지만 한국인의 사례에서는 자극어 부사가 지닌 속성을 나타낸 경우(갑자기⇒돌발, 항상⇒일관성)가 많았기 때문이다.

요컨대, 한국인은 품사별 연상에 있어서 선택 관계에 의한 명사 연상, 통사적 틀을 채우기 위한 동사와, 형용사에 의한 결합적 연상, 부사의 의미를 깊이 있게 처리한 연상을 보인 반면 외국인은 결합 관계에 의한 명사 연상, 선택 관계와 결합 관계를 고려한 동사 연상, 선택 관계를 고려한 형용사 연상, 통사적 요소에 의한 부사 연상을 보인다고 하겠다.

한 단어의 성분 목록에는 그 단어의 잠재적 맥락 의미를 규정한 선택 성분이 있다는 선택적 성분 실현 규칙은 품사에 따라 결합 반응의 수가 다름을 설명해 준다. 명사는 동사, 형용사 및 다른 범주와 달리 선택적 성분을 갖지 않는다고 한다. Deese(1962)의 연상 실험에서 명사의 경우 21%의 결합 관계 반응을 보인 반면 동사는 48%, 형용사는 50%, 부사는 73%의 결합 관계 반응을 보였다고 한다(임지룡, 1993: 251에서 재인용). Deese(1962)는 자극어가 제시한 품사별 연상어에서 결합 관계를 보이는 것만을 대상으로 하기 때문에 연상어의 품사만으로는 이들이 결합 관계를 맺고 있는지 알 수 없다. 이로 인해 김은혜(2012)에서도 연상 관계를 분석했을 때 자극어와 연상어가 수식과 서술 관계에 의한 것만을 추려 Deese(1962)의 연구 결과와 대비했을 때 한국인보다는 외국인이 Deese(1962)와 비슷한 결과를 보임을 알수 있었다.

외국인은 전반적으로 한국인보다 높은 결합 반응을 보이는데 그 차이가 명사보다는 동사에서 동사보다는 형용사, 형용사 보다는 부사에서 두드러져 나타나고 있다. 다만 부사 자극어의 경우는 한국인과 외국인 모두 Deese(1962)의 결과와 큰 차이를 보였다. 외국인의 경우는 형용사 자극어와 부사 자극어는 높은 결합 반응을 보이지만 한국인은 동사나 형용사 자극어보다 부사 자극어의 경우가 결합 반응이 더 적음을 알 수 있다. 한국인의 경우에는 부사 자극어에 대한 연상에서 언어 외적인 요소(항상⇒망부석, 해, 부모님, 소나무)나 부사의 의미 속성(항상⇒성실, 유지, 일관성, 지속, 믿음, 반복, 습관, 영원, 일상, 평일)을 연상한 경우가 많았기에 부사가 동사, 형용사, 또 다른 부사와 맺는 통사적 관계가 연상 실험에서는 그다지 활발하지 않은 것으로 보인다. 그러나 한국인처럼 부사의 의미를 깊이 처리할 수 없고 상황에 결부할 능력이 부족한 외국인의 경우는 부사를 처리함에 있어 통사적 결합 관계에 의존하였다.

Rogers(1969)는 어휘의 품사가 학습에 영향을 미치는데 명사가 가장 배우기 쉽고 형용사, 동사, 부사 순으로 점점 배우기 어려워진다고 하였다. 명사가 가장 배우기 쉽다는 논리는 어린이들이 다른 품사를 배우기 전에 명사를 먼저 습득하는 경험적 사례나 Genter(1982)에서 언급한 바와 같이 명사가 영상성과 직결되어 있어서 일반적으로 동사보다 이미지를 떠올리기 쉽기 때문일 수 있다. 그러나 명사가 동사나 형용사보다 학습이 더 잘되지만 학습자의 언어 능숙도가 높아질수록 품사로 인한 차이는 감소한다는 주장이 제기되었고 한국어를 습득하는 아동의 초기 심성 어휘집에는 동사도 명사만큼 자주 나타나고 중국어(만다린)를 습득하는 아동의 초기 심성 어휘집에는 동사가 명사보다 더 많다는 일련의 연구 결과가 보고되고 있다(Choi & Gopnik, 1995; Tardif, 1996).[31]

그러므로 목표어의 언어적 특성에 따라 품사별 어휘 학습의 난도에 대한 결과가 달라질 수 있을 것으로 보이므로 이에 대해서는 후속 연구가 필요하다고 본다. 그러나 김은혜(2012)에 국한해서 생각해 보면 외국인이 부사 학습에서 통사적 요인에 치중하고 있어 문장에서 부사와 관계를 맺고 있는 단어들의 의미를 정확하게 찾아낼 필요가 있고 그 과정이 구체적이기 보다는 메타언어적 성향이 강한 추상적 활동일 가능성이 높기 때문에 외국인 학습자에게 부사의 의미 습득은 가장 어려운 것으로 보인다.

연상을 활용한 어휘 지도 방법을 논의한 연구는 이창학(2007), 박선옥(2008),

---

31) 박영신 외 옮김(2007: 206-207) 참조.

이종철(1996)이 있다. 이창학(2007)은 등위 관계, 연어 관계, 상위 관계, 동의 관계, 부분 관계를 통해 어휘 학습을 시키는 것이 우리의 머릿속 사전의 작용과 가장 부합하는 효과적인 영어 어휘 교육 방안임을 제시하고 학습자가 의미정보에 대한 연결 관계를 파악해 보도록 유도할 것을 주장하였다.

박선옥(2008)은 연상을 통한 학습자의 능동적인 참여 학습을 제안하였다. 학습자 3~4명을 한 조로 구성하고 브레인스토밍을 통해 의미 그룹별로 단어 연상을 하여 사전을 찾거나 그림이나 기호를 이용해 모르는 단어를 표현할 수 있도록 격려하고 조별로 구성한 내용을 발표하고, 교사는 적절한 결합을 이룰 수 없는 단어들을 지적하거나 정감적 관계어와 상징 의미에 대한 설명을 부가하고 간단한 형성평가를 통해 학습이 잘 이루어졌는지 확인하였다.

이종철(1996)은 연상을 통한 의미 관계를 어휘 학습에 연계하는 방안을 제시하였는데 학습하기 쉽고 사용 빈도수가 높은 의미 관계 순으로 가르치는 것이 타당하다고 하면서 비유 관계> 반의 관계> 유의관계> 상하의 관계> 부분-전체 관계의 순서를 제안하였다.

2.2. 연상 관계에 초점을 둔 어휘 학습

연상에 의해 촉발되는 내용은 자극어에 의해 촉발되어 머릿속에 자유롭게 떠오르는 연상어 및 연상어가 주는 의미로 볼 수 있다. 자극어에 대해 관련 어휘를 떠올릴 수도 있고 학습자 개인에게만 국한되는 사적인 느낌이나 이미지가 떠오를 수도 있으며 언어 사용자의 사회·문화적 환경이 전달하는 내용을 떠올릴 수도 있다. 연상에 의해 이루어지는 내용이 종이책 사전에 기술되어 있는 것과 같이 음운, 형태, 통사, 의미 관계에 의한 것일 때 언어 내적 요인에 의해 연상이 이루어진 것으로 보며, 백과사전적 지식과 개인의 체험과 관련하여 연상이 이루어졌다면 언어 외적 요인에 의한 연상으로 본다. 종이책 사전은 단어를 찾을 때 표제어의 순서에 따라 찾고 단어를 얼마나 빨리 찾는가는 종이책 사전의 표제어 목록에 영향을 받을 것이나 머릿속 사전은 우리가 하나의 단어에 대해 얼마나 많은 양을 알고 있는가와 연관이 있다고 할 수 있다. 종이책 사전이 사회·문화적으로 합의된 보편적이고 추상적인 내용의 언어 의미를 알려준다면 머릿속 사전은 개인적 정의라고 할 수 있는 의미와 세상사 지식을 포함하고 있다. 머릿속 사전은 언어 내적 관계에서 밀접하지 않은 단어들이 인접성과 유사성과 같은 인지적 관계에 의해 얼마든지 결합되어 나타날 뿐만 아니라 그 결합의 강도와 연결 가능성에 있어서 유연하고 관련어의 범위가 명확하지 않은 것처럼 보인다.

종이 사전에서 제시하는 언어 내적 관계에 의한 것이든 종이 사전을 넘어선 언어 외적 요인에 의한 것이든 연상을 통해 보이는 자극어와 연상어의 관계는 한 언어 공동체 내에서 대체로 통일적이며 고정적인 경향을 보일 수 있다. 언어 내적 요인과 언어 외적 요인을 엄밀하게 구분하기는 사실상 어려운 일이나 논의의 편의를 위해 이를 구분하고 연상 관계에 의한 어휘 학습이 어휘 의미 교육에 있어 어떠한 함의를 갖는지에 중점을 두기로 한다.

1) 언어 내적 요인에 의한 연상

단어는 고립되어 존재하지 않고 다른 단어와의 관계 속에서 적확하게 정의되고 이해될 수 있다. 언어 내적 요인에 의한 연상은 자극어 단어에 대해 음상 및 형태, 배열, 의미에 초점을 두고 연상되는 것을 뜻한다.

(1) 음상 및 형태적 요인에 의한 연상

음상 요인에 의한 연상은 자극어의 음상이 연상 요인이 된 경우로 일반적으로 자극어와 반응어는 의미적 연관이 없다. 예를 들면 자극어 '개'에 대해 반응어로 '게'를 제시하는 경우나 자극어를 한 단어의 일부로 인식하여 부사 자극어 '다'에 대해 '다라', '다리미', '다시다'를 연상하거나 부사 자극어 '아마'에 대해 '아마존', '아마추어'와 같이 의미적 연관성 없이 연상이 이루어진 경우를 들 수 있다. 또한 자극어 '비(rain)'에 대해 날씨와 연관된 반응어가 아니라 가수 '비(정지훈)'와 같이 동음이의어를 연상하는 경우가 있다.

형태적 요인에 의한 연상은 자극어의 품사를 바꾼 것이나 활용형이 제시된 경우이다. 가령 '먹다'에 대해 '먹음', '먹이', '먹었다', '먹겠다'와 같은 반응어를 연상하는 것이다. 음성적으로 유사한 단어들이 사용 환경에서 혼동되는 일이 있어 어휘 학습에서 주목해야 할 사항이기는 하나 연상을 활용한 어휘 교육에서는 학습자의 연상 반응이 단어의 의미를 알지 못해 일어난 것인지를 점검하는 일에서 시작해야 할 것이다. 연상 관계에서 의미적 개입이 거의 없다는 것은 학습자가 어휘를 깊이 있게 처리할 수 없음을 방증하는 것일 수 있기 때문이다.

이와 관련해서 Meara(1978)의 실험 사례는 흥미롭다. 불어 학습자와 불어 모국어 화자를 대상으로 한 연상 실험이 다른 결과를 가져온 것이다. 모국어 화자는 의미적 요인에 근거해서 어형변화적(paradigmatic) 연상과 구조변화적(syntagmatic) 연상을 제시했는데 불어 학습자들은 음성학적 유사성에 근거해서 반응을 나타내는 경향[32]이 두드러졌다. 이는 제2언어에서 유창한 단어 연상에 필요한 관계망을 구축하지 못했다는 뜻으로 볼 수 있다.

---

32) Meara(1980, 1982, 1984)에서는 제2언어 학습자가 자극 단어와 의미적으로 전혀 관련이 없지만 음상이 유사한 단어로 반응하는 경향을 clang association(공명연상)이라고 언급한다. 대체로 학습자가 자극 단어의 의미에 대한 지식이 부족한 경우 형태와 음운에 근거한 연상을 하는 경향이 있다. 그러나 김은혜(2012)에서 실시한 실험은 고급 학습자를 대상으로 하였기에 외국인 학습자가 형태와 음운에 근거한 연상보다 의미와 언어 외적 요소에 기반을 둔 다양한 연상 반응을 보였다.

(2) 통사적 배열 관계에 의한 연상

통사적 배열 관계에 의한 연상은 단어가 통사적으로 요구하는 부분을 채우는 관계의 형식으로 결합적 반응을 보이는 수식 관계나 서술 관계로 집약될 수 있다. 그런데 수식과 서술 관계로 요구되는 자극어와 반응어의 관계에는 의미 부류에 따른 언어 사용자의 인식이 관여한다. X가 Y하다의 서술 관계에서 X에 해당하는 단어류가 '새, 개, 돼지, 소, 호랑이'이고 Y에 해당하는 단어류가 '울다, 지저귀다, 노래하다, 짖다, 으르렁거리다, 포효하다'와 같다면 이들을 짝 지을 수 있는 것은 서술어의 의미적 요소도 관여하지만 X에 해당하는 단어에 대한 경험적 지식이 있어야 함을 알 수 있다.

Clark(1970)은 연상 반응에서 결합적 반응을 보이는 원리로 자극어와 다른 통사범주를 지닌 반응어로 연상이 이루어지는 것으로 크게 선택적 성분 실현 규칙과 관용어 완성 규칙을 들고 있다. 선택적 성분 실현 규칙은 한 단어의 성분 목록에는 그 단어의 잠재적 맥락 의미를 규정한 선택 성분이 있다는 것이다. '어리다[+Noun, +Animate]'의 반응어는 [+Noun, +Animate, −Adult]로 성분을 추가한 것이다. 관용어 완성 규칙은 자극어가 관용어를 이루고 있는 경우라면 '개밥-도토리, 우물-개구리'와 같이 반응어는 관용어 속의 한 성분이 되는 경향이 우세하다는 것이다.

언어 내적 요소에 의한 배열 관계는 의미 자질에 근거하여 통사적 관계에서 의미적으로 합치되는 낱말들끼리만 함께 연결되어 사용된다는 좁은 의미에 의한 것이다. 예를 들어 '약속을 지키다, 밥을 먹다, 잠을 자다, 공부가 어렵다, 돈이 없다'와 같은 서술 관계나 '똑바로 가다/걷다/앉다/서다'와 같은 수식 관계가 그러하다. 어휘 학습에서 단어를 통사적 맥락에서 운용할 수 있다는 것은 실제로 어휘를 사용할 수 있다는 뜻이기에 매우 중요한 의미를 지닌다.

Meara(1978)에 의하면 발달 과정(development sequence)에서 어린아이들은 통

사적 결합 관계를 보이는 데 더 우세한 면이 있다가도 발달 과정이 지속되는 과정에서 나이가 들면서 계열적 반응에서 더 우세함을 보이는 명백한 전이(shift) 시기가 존재한다고 하였다. 이는 사고가 발달하면서 개념을 더 세밀하고 조직력 있게 다룰 수 있음을 근거로 한다면 어휘 발달 과정에서 계열적 반응이 더 성숙된 상태에서 나타나는 것으로 가정할 수 있겠다. 따라서 학습자가 단어에 적합한 구문을 사용하는 능력은 뛰어나지만 그 단어와 유사한 개념을 지닌 계열 단어에 대한 지식이 없다면 미묘하고 세밀한 의미를 표현할 수 있도록 계열적 어휘 지식을 확충하도록 도와야 할 것이다.

(3) 의미 관계에 의한 연상

대표적인 의미 관계에 의한 연상은 자극어와 의미 관계를 맺고 있는 유의어, 반의어, 상위어, 동위어, 하위어와 같은 단어들이 연상되는 경우이다. 의미 관계에 의한 연상은 연상 실험에서 상당한 일치를 보이며 전형적인 반응 쌍으로 나타난다(Miller, 1996; Aitchison, 1994; 김혜란, 2000). 전형적인 자극어와 반응어의 관계는 김혜란(2000)에서 보이듯 소년-소녀(반의), 기후-날씨(유의), 꽃-장미(상·하의), 탁자-의자(등위) 관계와 같은 단어 관계로 조직되어 있음을 알 수 있다.

Clark(1970)이 제시한 계열적 반응의 원리를 임지룡(1992: 246-252)에서 정리한 바 있다. 계열적 반응의 원리는 자극어와 동일한 의미 범주를 지닌 반응어로 연상이 이루어지는 것으로 최소대조 규칙(minimal-contrast rule), 유표 규칙(marking rule), 성분 삭제 규칙(feature deletion rule)과 성분 첨가 규칙(feature addition rule)에 의해 일어난다. 최소대조 규칙은 자극어와 공통적인 의미 성분을 최대한 많이 가진 낱말로 반응을 보인다. 'man[+HUMAN] [+ADULT] [+MALE]'과 최소 대립을 이루는 것은 'boy'가 아니라 [+MALE]이 주대조 성분이어서 'woman'이다. 유표 규칙은 무표항에서 유표항을 연상하는 것보다 유표항에서 무표항이 연상되는 경향이 많다는 것으로 '깊다'에서 '얕다'를 연상하는 것보다 '얕다'의 연상어로 '깊다'가 제시될 가능성이 더 높다는 것이다. 이는 다의어와 단의어의 경우 단의어가 다의어를 연상하는 쪽이 쉬울 것이라는 임지룡(1985: 487)과도 맥을 같이 한다. 성분 삭제 규칙과 성분 첨가 규칙은 성분 삭제 규칙이 성분 첨가 규칙보다 우세하다는 것이다. 성분의 삭제는 '사과'로부터 상위어 '과일'을 , 성분의 첨가는 '과일'로부터 하위어 '사과'를 연상하는 것인데 상위어가 거느리고 있는 하위어가 많기 때문에 '사과'에서 '과일'을 연상하는 속도가 빠르다고 한다.

연상을 통한 의미 관계를 어휘 학습에 연계하는 방안은 이종철(1996)을 근거로 살펴보지 않을 수 없다. 이종철(1996: 146-153)은 학습하기 쉽고 사용 빈도수가 높은 의미 관계 순으로 가르치는 것이 타당하다고 하면서 비유 관계> 반의 관계> 유의관계> 상하의 관계> 부분-전체 관계의 순서를 제안하였다. 비유표현은 매체(vehicle)의 선택은 매체의 연상적 의미에 의하여 결정되므로 단어의 연상적 의미가 활발하게 활용되는 영역으로 일상의 언어활동에서 흔히 쓰이고 간단한 비유 표현은 쉽게 학습할 수 있으므로 먼저 가르칠 필요가 있다고 한다. 다음으로 반의 관계는 연상적 의미도 반의로 나타나는 경우가 많기 때문에 언어 대중이 쉽게 인식할 수 있고 두 개 이상의 단어가 공통적인 개념 의미를 지니고 있는 관계인 공유 관계도 연상적 의미가 현저한 단어들만 쓰기 때문에 쉽게 인식할 수 있다. 세 번째로 개념적 의미는 동일한데 연상적 의미가 다른 유의관계를 들었다. 통상적으로 사용되는 단어 대신에 그것의 상의어나 하의어를 사용하는 경우 단어가 지닌 추상의 높낮이에 의한 내포적 의미가 다르게 된다. 이 추상의 층위는 화자나 필자의 의도에 따라 통상적으로 예상되는 정도에서 벗어나 어느 정도 가변성을 띨 수 있고 청자나 독자는 그런 정도의 추상의 층위를 선택한 의도를 맥락적 지식을 전제로 하여 추리할 수 있기 때문에 더 복잡한 양상으로 연상 의미가 활용된다. 마지막으로 부분-전체 관계는 연상적 의미보다는 단어 지식이 상대적으로 많이 요구되기 때문에 가장 나중에 지도하는 것이 좋은데 일반적으로 부분을 가리키는 단어를 선택해야 정확한 의미를 전달하지만 부분이 가리키는 내포적 의미로 말미암아 부분이 속한 전체를 가리키는 단어를 선택하는 경우에 초점을 둘 수 있다.

종합하면 학습자가 내포적 의미나 연상적 의미를 부각하려는 경우와 내포와 연상이 주는 부정적 환기를 없애려고 하는 경우, 정확한 의미전달과 적절한 의미 전달 사이에서 연상적 의미를 어떻게 활용할 것인가에 대해 탐구하는 과정을 거치면서 어휘 학습은 촉진될 수 있을 것이다.

2) 언어 외적 요인에 의한 연상

연상에 의해 단어들 간의 관계를 살펴보는 언어 내적 요인을 탐구하는 것 못지않게 다른 한 편으로 한 어휘에 대해 사람들이 어떤 경험을 했으며 그 경험을 수평적으로 또는 수직적으로 어떻게 발달시켜 가는가 하는 심리적 과정을 살피는 것도 중요하다고 할 수 있다. 반응어가 모어화자의 공통 경험을 반영하는 객관적인 내용이거나, 반복적으로 제시되었거나, 목표어 문화권의 특성을 반영하거나 모어화자의 인지 방식을 반영하는 일은 흔하다. 특히 하나의 단어에 대해 여러 개의 단어가 결합되는 방식('먹다'와 '마시다', '드시다', '잡수시다'의 연상 관계)을 고찰하는 것은 어휘 사용에 있어서 심리적 요인(정서, 내포 의미)과 단어들이 맺는 통사·의미적 관계에 대한 상당한 양의 정보를 준다. 이와 같은 지식은 언어 사용에 있어 단어를 선택할 때, 문맥에서 올바른 단어를 찾아낼 때 유용하다.

(1) 인지적 유사성 및 인접성에 의한 연상

인지적 유사성에 의한 연상은 하나의 단어가 지닌 개념과 연관하여 또 다른 개념을 연상하는 것인데 가령 자극어 '인생'에 대해 '마라톤'을 연상하는 것이다. 단어 '인생'의 의미 관계나 통사적 결합 요소와는 관련이 없고 개념적 유사성에 의해 연상이 이루어지는 것이다. 이는 자극어에 대해 지시적 의미와 별도로 개념적 정의를 내리는 경우라 하겠다. 이러한 개념적 정의는 '인생은 마라톤이다'와 같이 사회적으로 보편적 합의를 이룰 수 있는 내용도 있지만 '아버지는 버팀목이다, 친구는 보험이다'와 같이 다소 개인적인 내용도 있다.

인지적 인접성에 의한 연상 관계는 X와 인지적으로 인접해 있는 Y를 연상함으로 이루어지는 경우가 있다. 이러한 연상 관계는 자극어를 대표하는 특정한 대상을 연상하는 경우, 또 자극어와 연상어의 관계가 부분-전체, 시간, 공간, 인과, 수단과 같은 인접성에 의한 경우가 그러하다. 자극어 '장미'에 대해 '5월'을 떠올리거나 자극어 '머리'에 대해 '머리카락'을 연상하는 예를 들 수 있다.

경험적 인식 범주에 속하는 단어의 연상도 넓은 의미에서는 인지적 인접성에 의한 연상으로 볼 수 있다. '빨강'을 자극어로 주었을 때 색채어에 속하는 주황, 노랑, 초록, 파랑, 남색, 보라를 연상한 경우는 앞서 언급한 자극어와 의미 관계에 있는 동위어가 제시된 경우이다. 그러나 단어에 의한 연상은 의미 관계에 기초를 둔 어휘장에 속한 단어뿐만 아니라 언어 사용자의 머릿속에 같은 범주로 묶여 인지되는 단어들도 연상된다. 가령 '지하철'에 대해 '손잡이, 문, 광고, 신문, 조는 사람, 안내 방송'과 같은 단어를 연상할 수 있는데 이들 단어는 '지하철'의 의미적 속성이 아니라 지하철을 타고 다니면서 경험하고 인식한 지하철에 대한 부분적 지식이다. 따라서 지하철이 없는 나라에서 온 학습자에게 지하철에 대한 사전적 의미를 연상하게 할 수는 있지만 지하철에 대한 경험적 인식 범주에 속하는 단어를 연상하게 할 수는 없다. 그렇기 때문에 어느 정도 제2언어 어휘 학습에 경험적 인식 범주에 속하는 단어 부류를 포함하고 한국어 모어화자의 인지 방식을 연계할 필요가 있다.

(2) 개인적 경험에 의한 특수 연상

개인적 경험에 의한 연상은 연상자에게만 생각나는 느낌이나 이미지를 가진 단어를 연상하는 것으로 대체로 이러한 연상어는 다른 연상자에게서 동일하게 연상되지 않는다. 즉 이러한 연상어들은 지극히 개인적인 체험과 관련이 있다. 자극어 '기차'에 대해 '정동진, 부산, 춘천, 대천'과 같은 여행지를 떠올린다거나 자극어 '생일'에 대해 '부침개'를 떠올리는 경우가 있다. 연상자가 기차로 여행한 장소이기 때문에 여러 연상자가 보편적으로 떠올리는 연상 내용이 될 수 없으며, 생일에 부침개를 먹었던 개인적 경험도 마찬가지 경우라 하겠다.

개인적인 경험에 의한 연상은 자극어에 대한 사적인 느낌, 감정 및 태도와 밀접히 연관된다. 예를 들면, 자극어 '어머니'에 대해 '예쁘다, 착하다, 따뜻하다, 편안하다'와 같은 정서적 느낌을 떠올리거나 자극어 '후식'에 대해 '여유로움, 격식, 살'을 떠올리는 경우가 그러하다. 개인적 경험에 의한 연상은 자극어의 외연(지시물)에 의해 환기되는 내포적 의미와 연관이 있거나, 시간이나, 공간 혹은 인과 관계에 의해 자극어와 연관을 맺는다.

개인적 경험에 의한 연상 내용은 한 언어 화자의 언어 경험 속에 축적된 것이기는 하지만 사회적으로 용인된 보편적 내용이 아니라는 점에서 외국인 학습자에게 교육할 내용으로 선정하기는 어렵다. 그러나 이러한 경험에 의한 연상 내용은 개성이 강한 표현으로서 참신한 표현과 창조적인 표현으로 활용될 가능성이 있다.

(3) 사회적 관습 및 문화적 요인에 의한 보편 연상

개인적 경험에 의한 연상은 개인적인 의식과 체험에 근거한 것으로 언어 공동체에 보편적인 요소로 받아들일 수 없는 것이었다면 사회적 관습 및 문화적 요인에 의한 연상은 언어 공동체가 용인하는 의사소통적 의미를 지닌 것으로 볼 수 있다. 사회적 관습 및 문화적 요인에 의한 연상은 언어 사용이 이루어지는 상황 맥락을 전달할 수 있기 때문이다. 다만 개인적 경험과 지식은 사회적, 문화적 지식을 포함하고 있으며 이 둘은 명쾌히 구분될 수 있기보다는 모호한 경계를 지닌 것으로 볼 수 있다. 이것은 언어 의미와 백과사전적 의미를 명확히 구분하지 못하는 것과도 맥을 같이 한다. 언어적 의미는 언어 사용자의 인지 체계와 뒤섞여 있으며, 사회적, 문화적 문맥 속에서 온전히 이해되고 추론될 수 있다.

사회적 관습 및 문화적 요인에 의한 연상은 연상자의 지식, 연령, 거주 지역, 직업, 성별 등에 의해 영향을 받기도 하고 자극어가 시대나 사회적 환경에 따라 외연과 내포적 의미를 달리하기 때문에 연상 내용이 달라지기도 한다. 문화권에 따라 토마토는 과일내지 채소로 인식된다[33]. 김은혜(2011c)의 연상 실험을 통해 한국인은 토마토를 채소로 인식하고 있음을 알 수 있다. 그러나 한국인이 중국인처럼 토마토를 볶아 반찬으로 먹지는 않는다. 베트남 여성이 자극어 '비'에 대해서 베트남의 '우기'를 떠올린다면 연상자가 속해 있는 사회적 요인에 의한 것으로 볼 수 있다. 동일하게 자극어

---

33) 식물학적으로 토마토의 열매는 개화식물의 씨방이 발달한 것이어서 과일로 볼 수 있다. 하지만 서양에서는 식사의 주 요리에 쓰이기 때문에 채소로 볼 수 있다. 1887년 미국에서 과일에는 붙지 않고 채소에만 세금을 붙이는 관세법이 통과됨에 따라 이 문제가 중요한 법적 문제가 되었다. 1893년 미국 연방 대법원은 토마토가 저녁 식사에는 나오지만 후식으로는 나오지 않는다 하여 토마토를 채소로 규정했다. 이 소송 사건은 '닉스 대 헤든(Nix v. Hedden)'이라 부른다. 목본성 식물의 씨방이 발달한 식용열매를 과일, 초본성 식물의 씨방이 발달한 식용열매를 채소로 분류하나 대한민국에서는 토마토를 주로 식사와는 별도로 먹는 경우가 많으므로 일상적으로는 채소보다는 과일에 가깝게 인식된다(http://ko.wikipedia.org 참조).

'생일'에 대해 '미역국'을 연상하고, 자극어 '기차'에 대해 '삶은 계란'을 연상하는 것은 한국 사회의 문화적 요인으로 볼 수 있다.

이부영·서국희(1997)은 분석심리학자인 Verena Kast가 그의 저서 Das Assoziationsexperiment in der therapeutischen Praxis(1980)에서 Jung의 단어 연상 규준을 적용한 연상 실험 결과를 한국인의 연상 실험에 대비한 것이다. 이부영·서국희(1997)은 단어 연상 검사가 언어와 문화가 다른 한국 사회에서 어떤 결과를 보이는지를 보여주기 위해 자극어에 대한 반응어의 빈도 분포를 대조한 흥미로운 연구이다. 자극어의 함의(implication), 어감, 언어 관습에 따라 연상 반응이 달라짐을 보여 준다. 한국어에서만 동음어로 쓰이거나(기선), 의미통합이 일어난 경우(달-Mond, Monat), 적정한 지시 대상이 없어 번역이 어려운 경우(마을-Dorf), 특정한 내포 의미(맑은-rein)를 지니는 것과 같이 언어적 요인에 의해서도 스위스 사람들과 연상 내용이 달리 나타나지만 한국인과 스위스인의 사고방식의 차이, 정서 반응의 유형, 집단 문화의 보편적 의식상태, 가치관, 관심사에 따라 상이한 반응을 보일 수밖에 없음을 보여준다.[34] 이부영·서국희(1997: 146)에 의하면 한국인의 연상 반응은 구체적, 즉물적, 정적, 개인적, 감정적, 감각적, 현실 긍정적, 청년의 기상과 좌절, 대가족주의의 특성을 시사하고, 스위스인의 연상반응은 현실 개혁적, 보상적, 객관적, 이상적, 핵가족주의적, 고독, 행복의 유지에 대한 불안, 결혼의 위기 등 심리적 사회적 정황을 반영하는 것으로 나타났다.

김은혜(2012)는 고급 학습자만큼 한국어에 노출이 되지 않은 초급 학습자가 연상하는 내용은 한국 사회와 문화적인 면에서 보편적 합의를 이루는 내용이 적을 것이란 가정 하에 한국어를 처음 배우는 일본인을 대상으로 연상 실험을 실시하고 그 내용을 대비하였다. 일본인 초급 학습자들은 전반

---

34) 이부영·서국희(1997)의 부록에 제시된 연상 실험 결과 중 김은혜(2012)에서 실시한 연상 실험과 공통된 자극어(6/100)만을 대상으로 한국인과 스위스인의 차이를 살펴보면 다음과 같다.

적으로 공통된 내용을 연상하는 경향이 강하게 나타났다.[35] 비록 소수의
일본인 학습자를 대상으로 한 연상 실험이었으나 일본의 문화를 알 수 있
게 하는 내용을 찾아볼 수 있었다. '짜다'에 대해 매실 장아찌를 떠올리는
것이나 갑자기 일어나는 것으로 '지진'을 연상하는 것은 일본의 문화와 삶
의 모습을 잘 반영하는 것이다. 일본인 초급 학습자들은 '모두'에 대해 연상
하는 것이 화합을 이루는 내용이나 '감사'한 대상으로 부모님을 떠올리는
경향이 있었다. 한국인은 '슬프다'에 대해 '울다'와 '눈물'이 보편적이지만 일
본인은 '죽음'과 '이별'을 떠올리는 결과를 보였다.

　사회적 관습 및 문화적 요인에 의한 연상은 한국어 학습자가 맥락에 의

자극어	한국인(서울대 의학과 학생 62명) 반응어	스위스인(다양한 연령의 성인 6명) 반응어
머리	머리카락, 까만색, 발, 검다, 카락, 좋다, 크다, 길다, 뇌, 다리, 두뇌, 모자, 생각, 맑다, 몸, 손, 싸움, 얼굴, 이발소	발, 머리카락, 목, 생각하다, 눈, 뇌, 두통
소금	짜다, 바다, 빛	설탕, 빵, 물, 조미료, 후추, 매운, 땅, 먹다, 식초, 바다, 향신료, 간하다, 필요한, 필수불가결, 실크, 수프, 달콤한
슬픈	눈물, 노래, 기쁜, 얼굴, 죽음, 표정, 마음	울다, 눈물, 고통, 즐거운, 유쾌한, 피곤한, 행복한, 경쾌한, 친절한, 감정, 웃다, 고통 겪기, 어머니
사랑스런	아이, 아내, 아기, 강아지, 애인, 연인, 귀여운, 동생, 아름다운, 애기, 여인, 여자	선한, 친절한, 사악한, 행실 좋은, 아이, 부드러운, 불쌍한, 다정한, 마음에 드는, 행복, 어머니, 슬픈
잠자다	꿈, 침대, 편안하다, 행복, 졸린다, 좋다, 깨다, 수면, 잠꼬대, 피곤하다	고요, 꿈꾸다, 휴식하다, 기꺼이 하는, 오랜, 깨어나다, 피곤한, 마음에 드는, 휴식 취하다, 침대
예쁜	아가씨, 여자, 꽃, 새색시, 아이, 소녀, 아기	아름다운, 새로운, 못난, 소녀, 여자, 아이, 사랑스런, 귀염성 있는

35) 대표적인 사례를 자극어와 연상어를 짝으로 하여 제시하면 개-귀엽다(5), 파란색-하늘(11), 학교-공부(5), 인생-즐겁다 또는 고생스럽다(8), 크리스마스-선물(6), 축하하다-생일(12), 먹다-밥(7), 자다-침대(6), 감사하다-부모님(4), 짜다-소금(7), 매실 장아찌(4), 예쁘다-야경(3), 슬프다-이별(3), 비싸다-브랜드(4), 덥다-여름(6), 항상-매일(4), 천천히-걷다(5), 열심히-공부하다(5), 모두-사이좋다(3), 친구(3), 꼭-이루어지다(3), 갑자기-느닷없이(3)와 같다.

한 어휘의 내포 의미와 정서적 의미를 올바르게 인지하고 사용하도록 하는
데 유용하며 번역과 창작 과정에서도 반드시 필요한 부분이다.

2.3. 연상 진행 방식에 의한 어휘 지식의 활용

연상은 머릿속의 단어들이 어떤 연결망을 가지고 구축되어 있는가를 추
론할 수 있는 유용한 방법이다. 일찍이 심리언어학자들은 연상 실험을 통해
동일한 연상 내용이 여러 사람들에게서 나타나는 것을 발견하고 연상 내용
이 어느 정도까지는 보편적인 성격을 가진다는 사실을 발견했다. 즉 비록
여러 사람의 반응을 모아 놓은 것이 한 개인의 머릿속 사전을 나타낸다고
볼 수는 없을지라도, 사람들이 단어 사이의 안정적인 연결망을 공유하고 있
다는 것은 사람들이 가지고 있는 어휘장의 구조가 보편적이라고 할 수 있
다는 뜻이다.

Bakhtin(1981)은 "모든 단어는 직업, 장르, 추세, 관계자, 특정 직업, 특정
사람, 세대, 시대, 날, 시간의 향기를 발산한다. 모든 단어는 강렬한 사회적
삶을 살아온 상황과 상황들의 냄새를 풍긴다.(Todorov, 1984: 56-57)"고 하였다.
결국 모든 단어는 그 단어에 대해 말할 수 있는 잠재적인 이야기를 가지고
있다고 할 수 있다. 언어 단위를 선택하고 결합하는 능력은 상당 부분 어휘
지식에 관계 된다. 하나의 단어는 광범위한 어휘 지식을 활성화시킬 수 있
다. 단어는 내포 의미를 확산하면서 단어의 내적 깊이를 더해가고 단어와
결부된 여러 경험과 지식을 끌어들임으로써 백과사전적 지식의 확장을 이
끌어 올 수 있다. 연상을 통한 단어의 내포 의미와 백과사전적 지식, 의미
관계 및 단어 부류 간의 관계를 검토하고 활성화된 언어 지식을 탐구하여
효율적인 단어 학습 방법을 구상해 볼 필요가 있다.

단어는 지시적 의미가 동일하다 할지라도 내포적 의미까지 동일하지는

않다. 지시적 의미는 통시적으로는 변화하지만 공시적으로는 고정되어 있다. 연상적 의미는 공시적으로도 변화가 활발하고, 개인, 집단, 사회에 따라 다르게 인식된다. 객관화하기 어려운 개인적 연상 의미와 달리 시대상을 반영하는 연상적 의미는 지도될 필요가 있다. 정확한 내용을 전달하는 것만큼 올바른 방식으로 원활한 의사소통을 할 수 있도록 지도하기 위해서는 학습자에게 의사소통 상황에서 연상 의미가 전달되는 국면36)을 탐색하도록 유도해야 한다.

연상을 통해 단어를 새롭게 창조할 수 있고 합성된 단어의 의미를 해석할 수도 있으며 낯선 단어들 간의 관계를 탐구하여 창의적인 연결 관계를 찾아낼 수 있다. 이처럼 연상 과정 속에서 언어에 초점을 둔 지식이 활성화될 수 있다. 이 언어 지식에 관여하기 위해서는 유사성을 찾아내어 범주화할 수 있는 능력이 요구된다. 더불어 연상 관계는 어휘 의미에 의한 관계뿐만 아니라 경험과 백과사전적 지식에 기초한 인지적 관계, 사회·문화적 관계에 의한 것도 있기 때문에 합성어와 파생어, 관용 표현의 생성 요인을 탐구할 때 그 동인을 파악하고 이해하는 데 도움을 줄 수 있다.

나아가 연상을 통해 단어가 상황 맥락이 될 수 있는 광범위한 지식을 끌어들일 수도 있다. Bartlett(1964: 200)는 유입되는 온갖 종류의 감각적 경험에 의해 영향을 받으면서 계속적으로 발달하는 스키마(선험적 지식, schemata)는 유창한 모국어화자보다 제2언어 학습자에게 훨씬 더 요구되는 것으로

36) 이찬규(2008: 115-116)은 의미의 유형을 의사소통 참여자들이 자신들의 스키마에 따라 담화에서 나타나는 언어적 표현을 인식하는 정도에 따라 다음과 같은 8가지로 구분하고 있다. 의미는 1. 소통자의 담화 의미에 대한 이해 정도에 따라(온(可解)의미, 반(半可解)의미, 빈(不可解)의미), 2. 일반화 정도에 따라(일반적 의미, 특징적 의미(경험적 의미)), 3. 의미의 드러냄 정도에 따라(드러난 의미, 드러나지 않은 의미), 4. 맥락 의존 정도에 따라(개념적 의미, 맥락적 의미(상황적 의미)), 5. 의미 가공 정도에 따라(직설적 의미, 조작적 의미), 6. 의도의 전달 정도성에 따라(의도 의미, 비의도 의미), 7. 의미의 적용방식(추론의 정도)에 따라(단순 기억 재생 의미, 추론을 통해 추정한 적용 의미, 새롭게 획득한 의미), 8. 의미 부여의 정도에 따라(초점 의미, 비초점 의미) 나뉘는 것으로 본다.

보고 있다. 스키마는 인지심리학에서 '한 사람이 어떤 것에 관하여 알고 있는 지식의 집합체'로 규정된다. Bartlett은 스키마를 우리 기억 속에 있는 정보들을 연결시켜주는 지식구조이며, 발화자가 과거의 경험이나 학습으로부터 이미 가지고 있는 일종의 개념 구조 또는 기본적인 틀이라고 보았다(이찬규, 2008: 97). 스키마 이론을 언어학에 적용한 연구로 가장 잘 알려진 것은 Fillmore & Atkins(1992)이다. Fillmore & Atkins는 단어 혹은 단어들 간의 의미는 서로 직접적으로 연결되어 있지 않고 특정한 요소나 틀에 의해 부각된 의미를 알려주는 공통된 배경 정보에 연결되는 것으로 보고 있다.

단어의 의미는 의미를 이해하기 위한 개념적 전제 조건인 경험, 믿음, 관습의 구조화된 배경지식을 언급할 때에만 이해될 수 있다. 화자는 우선 부호화된 단어 개념의 동인과 배경 틀을 이해하는 것을 시작으로 단어의 의미를 안다고 할 수 있다. 이러한 관점에서는 단어 또는 단어의 의의가 서로 직접적으로 관련되는 것이 아니라 공통된 배경 틀과, 그 배경 틀의 특정 요소를 부각하는 단어 의미를 지시하는 방식에 연결되는 것이다(Fillmore & Atkins, 1992: 76-77).

그런데 스키마는 고정되어 있는 것이 아니라 역동적으로 변화하고 재조직되는 것으로 보는 것이 타당하다. 이찬규(2008: 102-113)는 스키마는 기억 속에 저장된 발생적 개념을 표상하기 위해 이용되는 추론적인 인지 구조이며 그것은 정보처리, 즉 들어오는 정보를 해석하고 장기기억 속에서 정보를 검색하고, 그리고 정보와 행위를 통합된 유의미한 망으로 조직할 때 활성화되는 것으로 스키마는 구체적 경험 속에서 얻은 상세한 정보 가운데 본인이 의미가 있다고 판단하는 것들만 취득해서 구조화하고 그 구조화된 것과 외부세계가 다시 상호 작용하면서 계속 수정, 확대되어 가는 것으로 보고 있다.

따라서 한국어 학습자가 스키마를 구축하고 재구조화하는 방법을 알고 활용하는 일은 중요하다. 만일 한국어 학습자가 스키마를 활용하고 적절하게 재구조화하는 능력을 갖추면 말하기, 듣기, 읽기, 쓰기의 언어기능을 수행할 때 효과적인 의사소통을 이루어낼 수 있을 것이기 때문이다. 그러나 학습자가 의사소통이 이루어지는 상황을 이해할 수 없어 적절한 스키마를 적용하지 못하거나 활용하는 방법을 모른다면 의사소통에 실패할 것은 자명하다.

연상은 단어를 통해 광범위한 지식을 끌어들일 수 있다. 연상을 통해 탐색된 내포 의미와 언어적 지식, 백과사전적 지식은 어휘가 사용되는 맥락에서 스키마로 작용하여 언어 소통 맥락과 관련된 정보를 구조화함으로써 효율적인 의사소통을 이루고, 학습자의 기억과 학습 능력을 촉진하는 데 기여할 수 있을 것이다. 이에 필자는 연상자가 연상을 할 때 연상을 끌어오는 사고방식에 주목할 필요성을 느껴 연상이 자극어를 바탕으로 확산되는가, 자극어에 집중되는가에 따른 스키마의 활용 방법을 다음과 같이 제안한다.

1) 발산적 연상

발산적 연상은 자극어에 대해 떠오르는 것을 자유롭게 적는 연상을 뜻한다. 필자가 주목한 것은 흩어져 퍼져가는 과정이다. 발산적 연상은 사고의 흐름을 방해하지 않고 떠오른 모든 것을 적도록 유도한다. 연상에 의해 모아진 정보들 간의 논리적 연결을 강조하지 않기 때문에 산만한 정보 모음으로 보일 수 있고 불필요한 정보를 모으느라 시간을 허비할 수도 있다. 가령 자극어 '빨강'에 대해 제시된 연상어이 순서가 '카펫-여배우-드레스-검정-숯-눈썹…'의 순으로 제시되었다면 모든 연상어는 연상어이면서 다음 연상의 자극어가 됨을 알 수 있다(◎ ⇒ ◇◎ ⇒ ◇◎ ⇒ ◇◎ ⇒ ◇◎ ⇒ ◇◎). 연상어들이 연상자의 사고가 확산되면서 제시되기 때문에 처음에 제시한 자극어와 모든 연상어는 균질적인 의미 거리를 갖지 않는다. 자극어를 매개로 연상이 순차적으로 진행될 때 첫 번째 연상어가 자극어와 거리가 가깝다고 보고 두 번째, 세 번째 반응어가 이어질수록 자극어와 거리가 있다고 볼 수 있다. '빨강'과 '카펫'은 연관이 있지만 비록 '빨강'으로 시작된 연상이어도 '빨강'과 '눈썹' 사이의 연관성을 찾기가 쉽지 않다.

발산적 연상의 산만함을 줄이고 논리적인 연계를 추구하려면 아래 [그림 3-4]와 같이 하나의 핵심 자극어를 주고 여러 관점에서 연상을 하는 방법이 있다. 이렇게 하면 작은 소주제어들이 생기게 되어 핵심 자극어와 연관된 정보를 다각도에서 모을 수 있게 된다.

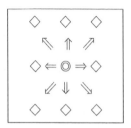

[그림 3-4] 발산적 연상(◎: 자극어, ◇: 연상어)

발산적 연상은 제한 없이 자유롭게 하는 연상이기 때문에 연상자가 의도하지 못했던 내용, 창의적인 내용, 정서적인 내용들을 적을 수 있고 필요한 정보를 가능한 많이 모을 수 있다. 따라서 발산 연상은 읽기 전 배경 지식을 끌어오기 위한 활동이나 쓰기 전 쓸 내용의 생성을 위해 시도하는 것이 유용하다. 발산적 연상은 자극어와 거리가 먼 연상어들을 조직적으로 재구성하게 될 경우 상상력의 발로가 되어 참신하고 독특한 구성 틀을 조직할 수 있다.

2) 수렴적 연상

수렴적 연상은 하나의 자극어에 모든 연상어가 집중하는 관계를 보이는 연상이다. 수렴연상이 일어나면 모든 연상어는 자극어와 긴밀한 관련을 맺게 된다. 자극어에 연상 내용이 집중될수록 자극어에 대한 정보의 구성이 조밀해지고 자극어의 의미가 충만해진다. 이들 정보들 간의 논리적 연결을 강하게 만들수록 반응어들의 유대가 강해지고 체계적이고 응집된 구성력을 얻게 된다.

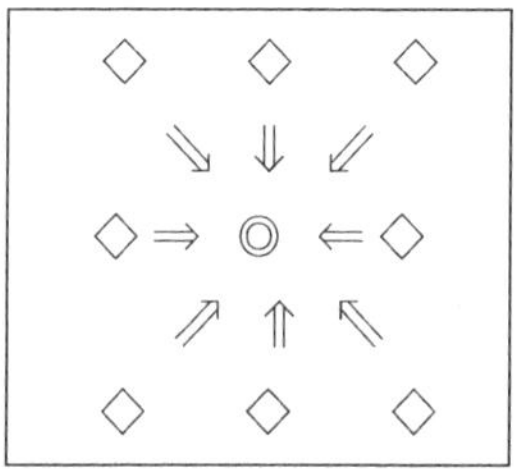

[그림 3-5] 수렴적 연상(◎: 자극어, ◇: 연상어)

수렴적 연상은 많은 양의 정보를 모으는 것보다 찾아낸 정보들 사이의 유기적인 연결 관계를 찾는 것이 중요하기 때문에 연상자는 자극어와 연관이 있는 연상어들을 거시적인 관점에서 무리 짓는 활동을 해야 한다. 따라서 수렴 연상은 읽기 중 활동으로 읽은 내용에 구조를 부여하며 요약하기나 읽은 내용의 깊이 있는 이해를 돕기 배경지식 활용하기에 연계될 수 있다. 쓰기에서도 쓰기 전 개요 짜기나 쓰는 중 글의 전개 방식을 결정짓는 데 사용하면 유용하다.

3) 통합적 연상

통합적 연상은 발산적 연상과 통합적 연상이 복합적으로 발생하는 연상을 뜻한다. 일반적으로 연상 과정은 수렴 연상과 발산 연상이 복합적으로 작용하는 통합적 연상이 주를 이루고 있다. 때문에 동일한 연상어가 연상의 진행 과정 속에서 여러 번 등장하는 일이 생기고 서로 관련이 적어 보이는 연상어들도 단어들이 맺는 큰 그림에서는 그럴듯한 모습으로 엮일 수 있다.

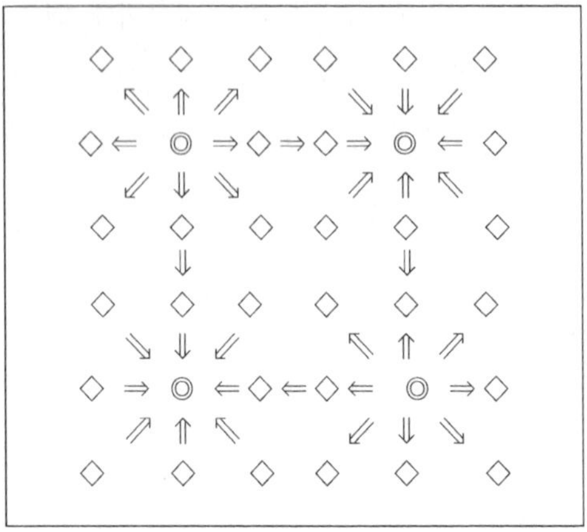

[그림 3-6] 통합적 연상(◎: 자극어, ◇: 연상어)

통합적 연상은 하나의 핵심 자극어에 여러 개의 소 자극어를 주어 다양한 연상어를 모을 수도 있지만 처음부터 여러 개의 핵심 자극어를 주어 연상을 진행시킬 수도 있다. 가령 핵심 자극어 '인생'에 대해 소자극어 '마라톤', '등산', '초콜릿'을 설정하고 수렴적 연상과 발산적 연상을 진행시킬 수 있다. 또한 '어머니'와 '신발 굽'이라는 두 개의 핵심 자극어를 설정하고 각각의 핵심 자극어에 대해 수렴과 발산 연상을 진행하고 연상한 내용에서 연관성을 찾아보는 것이다.

통합적 연상은 인지 언어학에서 논의하는 인지적 해석의 측면에서 접근하는 것이 가장 타당해 보인다. 연상자가 모아 놓은 여러 정보를 무리 지어 의미를 부여하는 해석 과정을 거치는 활동이기 때문이다. 개념이 서로 관련된 체계를 만들어 틀(frame)로서 존재하듯 연상자가 연상 활동을 통해 모아 놓은 정보라는 큰 체계에서 연상자가 부여한 의미는 그 체계를 전제로 해서 이해되며 해석된다. 연상자가 의미를 부여한 것은 초점을 받아 더 현저해지고 나머지 부각 받지 못한 정보는 배경처럼 남아 있게 된다고 볼 수 있다.

어휘 교수 학습 방법

본 장에서는 3장에서 논의된 바 있는 의미 중심 어휘 교육과 연상을 활용한 어휘 교육의 실제적인 적용 방안을 모색하고자 한다. 연상을 통한 개념의 정교화, 내포적 의미, 정서적 의미, 개성적 표현, 언어 외적 요소의 자연스런 통합을 어휘 교육에 실제적으로 적용해 보고자 한다. 연상을 통해 단어의 정서적 의미, 단어 사용자의 인지적 의미, 사회·문화적 의미를 탐구하며 단어에 대한 앎을 지속적으로 심화하여 의미의 가치를 판단하고, 소통맥락에서의 적절한 의미를 탐구하며, 섬세하고 정교하게 어휘를 구사하게 되는 어휘 학습이 가능하다.

나아가 의미 구성 과정으로서 읽기와 쓰기 과정에 연상 방식을 달리 적용해 가면서 어휘 의미를 발견하고 이해하는 활동을 할 수 있다. 읽기에서 문맥을 활용한 연상은 문맥에 수렴하는 연상을 통해 맥락을 한정 지을 필요가 있으나 배경지식을 활용한 연상에서는 배경지식을 끌어오기 위해 발산 연상이 유용할 것으로 예상된다. 연상을 이용한 쓰기에서는 단어들이 맺는 관계를 새롭게 인식하고 조직하기에 주안점을 두고 의미를 생성하기 위해서는 자유롭게 연상된 내용을 풀어 놓는 발산 연상을 통해 창의적인 내용을 이끌어 오는 것이 유용하며 창안된 생각을 조직하기에는 내용의 유기적 연결을 위해 주제에 수렴하도록 하는 연상 과정을 거쳐야 할 것이다.

연상을 통해 떠올린 단어들을 단어들 간의 관계를 고려하여 무리 짓기 하는 방법을 사용하면 다량의 어휘 학습도 가능하다. 아울러 여러 개의 자극어를 보고 이들과 관련된 공통 연상어를 찾는 활동을 통해 학습자가 자연스럽게 어휘를 확장해 갈 수 있는 기회를 가질 수 있다.

이와 같은 연상을 활용한 어휘 교수 학습 방법은 다양한 어휘를 사용하고 어휘들 간의 관계를 여러 방식으로 인식하고 무리 짓는 방법이기 때문에 중·고급 학습자에게 적합한 것으로 볼 수 있다. 본 장에서 논의되는 내용은 고급 한국어 학습자를 대상으로 적용된 바 있다(김은혜, 2012).

1. 읽기와 어휘 지도

읽기와 쓰기는 문자 언어를 통해 이해하고 표현하는 언어 기능이다. 한국어 학습자는 읽기와 쓰기를 통해 텍스트의 의미를 구성하는 활동을 함으로써 어휘 의미를 더 깊이 있게 처리할 수 있는 기회를 갖게 된다. 어휘 이해 과정에서는 형태나 형식을 통해 의미가 연상되지만 어휘 표현 과정에서는 의미를 통해 형식과 형태가 연상되는 경우가 나타난다. 이해 어휘와 표현 어휘의 구분을 어휘망의 관점에서 한다면 이해 어휘는 수용하기만 하는 것, 표현 어휘는 머릿속 사전에 있는 다른 단어와 연관이 잘 형성되는 것으로 볼 수 있다. 이해 학습은 어휘의 양이 중요하기 때문에 많은 어휘에 친숙해지는 교수 방법이 적절하고 표현 학습은 적은 수의 어휘를 가지고 어휘의 의미를 정교하게 사용할 수 있도록 돕고 어휘가 적절한 구성 관계 속에 사용될 수 있도록 돕는 교수 방법이 적합하다. Evelyn & Cheryl(1995: 370)은 제2언어 학습의 초기 단계에서는 표현 어휘 학습에 집중하다가 중간단계에서는 이해 어휘와 표현 어휘를 병행하고 고급 단계에서는 이해 어휘의 비율을 높이는 것이 바람직하다고 하였다. 학습 단계가 높아지면서 말하기와 더불어 읽기의 비중이 증가하기 때문이라고 할 수 있다. 그러나 온전한 어휘 학습을 위해서는 이해 어휘와 표현 어휘를 균형 있게 신장시키는 것이 중요하며 무엇보다 이해 어휘가 지속적으로 표현 어휘가 될 수 있도록 학습자가 어휘에 친숙해지는 활동을 제공해야 할 것이다.

1.1. 읽기 과정과 어휘 연상

읽기는 텍스트와 독자의 상호활동에서 이루어지는 이해 처리 과정을 뜻한다. 글에 제시되어 있는 정보와 독자 자신의 배경지식을 결합하여 글 전체의 의미를 구성하는 정보를 얻고 처리하는 과정이다. 이러한 과정을 수행할 때 문장에 나타나 있지 않은 정보를 배경지식으로 추론해내는 이해 행위까지도 읽기에 포함된다. 읽기를 통해 학습자는 의사소통 목적을 달성하고, 유창한 독해를 연습하고, 맥락에 맞는 적절한 언어 사용을 익히고 즐거움이나 지식 및 문화 정보 습득이라는 목표를 달성할 수 있다.

김제열(2007)에 따르면 한국어 학습자에게 읽기는 문맥 안에서 어휘나 관용구, 비유적 표현, 다양한 유형의 문장, 문맥을 통한 문법 지식 등을 통해 목표 언어의 구조와 형태에 대한 이해를 촉진시키고 어휘 학습 및 확장을 꾀하며 문화에 대한 정보의 습득과 이해를 가능하게 하는 활동이다. 그런데 모국어 학습자가 읽기를 배우는 시기는 이미 구어를 통해 기본 어휘와 문법 구조를 습득한 상태로 학교 수업 이전에 이미 5,000 내지 7,000단어를 배웠으며 언어 문법에 대해 직관적 감각도 지니고 있는 때이다.[37] 반면 한

---

37) 정길정·연준흠 편저(1996: 38) 참조. 한국어 학습자는 모어 학습자처럼 읽기에 필요한 전제 요소를 고루 갖추고 있지 않은 상태에서 텍스트를 이해해야 하기 때문에 읽기 부진에 대한 논의를 살펴보는 것도 유용하다고 본다. Eskey(1975)에 따르면 읽기 부진을 초래하는 세 가지 요인은 어휘, 내용(문화적 배경), 문장에 대한 구조와 연관된 문제라고 한다. 아울

국어 학습자는 모어 학습자가 모어 읽기를 배우는 데 필요한 전제 요소를
고루 갖추고 있지 않은 상태에서 텍스트를 이해하기 위해 어휘, 문법에 대
한 지식뿐 아니라 배경지식으로 작용하는 사회·문화적 지식을 텍스트와
연계하여야 한다. 그러나 제2언어 학습에서 읽기 이론은 모국어 학습자를
위한 읽기 모형에 이론적 기반을 많이 의존하고 있는 실정이다.

　우선 읽기 교육을 교수법과 읽기 모형과 연계하여 그 흐름을 조감해 보
기로 한다. 문법번역식 교수법에서 읽기는 고전, 문학 작품을 대상으로 독
해 중심 읽기로 이루어졌다. 1960년대 말까지 읽기는 철자를 익혀 단어의
의미를 파악해서 정확하게 언어를 이해하는 것이 목적이었다. 글의 의미는
텍스트에 고정된 것으로 보았고 독해 과정은 철자 → 단어 → 구 → 문장
→ 단락 순의 상향식 모형에 기반을 둔 것이었다. 그러나 학습자가 텍스트
에 포함된 어휘나 문형 개념을 정확히 알고 있으면서도 전체 내용을 제대
로 이해하지 못하는 사례에 해결책을 내놓지 못했다.

　1960년대 후반부터 1970년대는 인지심리학에 토대를 둔 읽기 교육 이론
에 근거하여 읽기를 텍스트 정보를 이해하기 위한 인지 심리학적 선택 과
정으로 보았다. 이 시기는 스키마(schema)를 중요한 개념으로 부각하여 독자
가 자신의 배경지식을 이용해 텍스트에서 새로운 의미를 재구성해 가는 역
동적인 과정을 읽기로 보는 하향식 모형이 각광을 받았다. 독자의 역할을
강조하고 읽기를 능동적이고 예측 가능한 과정으로 본 것은 의의가 있으나
독자가 텍스트에 사용된 단어나 문형의 의미나 개념을 정확히 이해하지 못
하는 경우 스키마가 있다고 하더라도 글의 의미를 제대로 이끌어 낼 수 없
는 한계가 지적되었다.

　러 이독성을 좌우하는 텍스트 요인은 단어 길이, 문장 길이, 복잡성, 메시지, 단락, 담화
　주제이며, 문장 이해 가능성과 연관된 학습자 요인은 학습자의 학습 의욕과 학습 동기를
　들 수 있다.

결국 1980년대는 읽기에서 상향식 읽기 과정과 하향식 읽기 과정이 별개로 작용하기보다는 동시에 작용한다고 보는 상호작용모형(interactive model)이 대두한다. 읽기는 글과 독자가 만나는 과정으로 텍스트와 독자를 모두 고려하는 관점을 취하게 된다. 읽기 과정에서 의미는 텍스트에 고정되어 있지 않고 독자와 텍스트의 상호작용에 의해 재구성되는 것으로 보아 텍스트를 해독하는 과정과 독자가 스키마를 활용하는 과정이 끊임없이 상호작용하여 발견되는 것으로 본다. 의사소통 중심 교수법은 통합 교육을 강화하여 단순한 해독과 독해의 차원을 넘어 읽은 것을 바탕으로 의미 해석, 유추, 비판, 담화의 재구성을 목적으로 학습자가 지닌 배경지식과 주어진 글의 지속적인 상호작용 속에서 글을 이해하도록 지도할 것을 강조한다.

이와 같은 읽기 이론의 변모에 맞춰 한국어 교육에서도 학습자가 읽기 과정을 진행하는 동안 학습자가 읽기 텍스트의 의미를 어느 정도로 구성할 수 있는지에 대해 읽기 능력을 단계별로 나누고 이에 따른 교육적 처치를 하고 있다.[38] 읽기 과정에서 문맥 속에 숨어 있는 의도를 상상 추론하기, 자기 체험과 지식을 동원하여 글쓴이와 자신의 생각을 비교하기, 글쓴이 생각과 자신의 생각을 종합하여 새로운 생각을 창출하기와 같이 읽기 내용에 대한 전반적인 의미를 구성하기 위해 학습자가 이미 알고 있는 것과 읽기 자료 정보를 연계하도록 지도한다.

따라서 스키마 활용에 강점이 있는 연상 과정을 <표 4-1>과 같이 읽기 과정에 도입하여 학습자의 이해력을 기르고, 어휘 학습을 질적으로 심화하는 것은 의의가 있다. 연상을 활용한 읽기는 학습자의 창의적 사고를 자극하여 독창적인 표현을 이해할 수 있게 하고 학습자의 배경 지식을 활성화

---

38) 이성호(2000: 95)는 읽기 단계에 대한 Scholars의 설명을 제시하고 있다. Scholars에 따르면 읽기 단계는 독서 단계(텍스트에 대해 대체로 무의식적인 지식에 따라 수용적으로 해독하는 단계), 해석 단계(독서 중에 발생하는 대립과 함축을 의식적으로 주체화하는 단계), 비평 단계(특정한 집단이나 계급의 가치에 입각하여 대립적으로 비판하는 단계)로 나뉜다.

하여 텍스트에 쓰인 어휘가 문맥 속에서 어떠한 의미를 지닌 채 텍스트의 일관성과 통일성을 담보하는지 파악할 수 있도록 도울 수 있다.

<표 4-1> 연상을 통한 읽기

연상		읽기 과정
연상 목적	① 문맥을 활용한 읽기 ② 배경지식을 활용한 읽기 ③ 유창한 읽기	판독 ↑ ↓ 해석 ↑ ↓ 추론·비평
연상 방법	핵심어를 사용한 읽기 전 자유 연상 글의 구조 및 내용 파악을 위한 무리 짓기 연상 심층 독해를 위한 배경지식에 따른 연상	

따라서 본 연구에서 읽기 과정과 연상 활동을 연계하여 어휘의 질적 심화 학습을 꾀하기 위한 읽기 모형을 <표 4-2>에 제시하고 읽기 과정에 기여할 수 있는 연상 활동에 대해 논의하기로 한다.

<표 4-2> 읽기 과정과 연계한 연상 활동

읽기 과정			연상 활동	활동유형
의 미 재 구 성	→ ← ↓ ↑ → ←	판독 해석	<읽기 전> 제목을 보고 읽을 내용 상상하기 <읽기 중1> 문장 및 단락의 연결 관계를	핵심어를 이용한 연상 의미 지도 작성하기 무리 짓기를 위한 연상	학생 개별 접근 ↓ 학생 협동 접근 ↓ 교사·학생 협동 접근

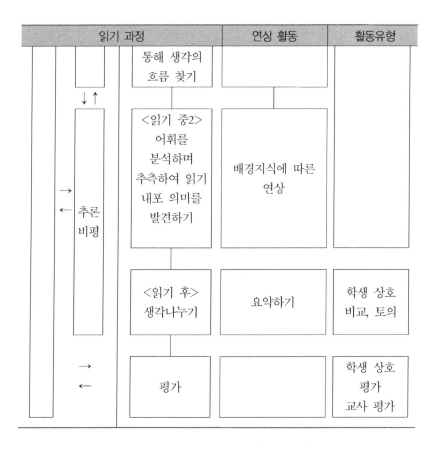

읽기 과정			연상 활동	활동유형
		통해 생각의 흐름 찾기		
	↓↑			
→ ← 추론 비평		<읽기 중2> 어휘를 분석하며 추측하여 읽기 내포 의미를 발견하기	배경지식에 따른 연상	
		<읽기 후> 생각나누기	요약하기	학생 상호 비교, 토의
→ ←		평가		학생 상호 평가 교사 평가

1.2. 핵심어를 이용한 어휘 연상

교사는 학습자가 읽기 활동을 시작하기 전에 주제나 읽기 텍스트에서 중요한 단어나 표현을 연상하도록 할 수 있다. 핵심어에 대한 심상과 개념을 이용하여 자유롭게 하는 연상은 읽기에 필요한 많은 어휘를 활성화시켜 줄 수 있다. 읽기 전 활동이기 때문에 읽기 텍스트와 어느 정도 직접적인 연계를 갖는가는 별개의 문제로 가급적 자유롭게 활발한 연상이 이루어지도록 돕는 것이 중요하다. 연상 내용은 단어, 구, 절, 문장, 그림 어느 것으로도

가능하며 형식적인 제한을 두지 않는 것이 좋다. 여러 학습자가 함께 연상 내용을 적어 가는 것도 좋은 방법이다. 다음에 제시된 그림은 읽기 주제를 보고 읽기 전에 고급 학습자들과 함께 연상한 내용을 정리한 것이다.

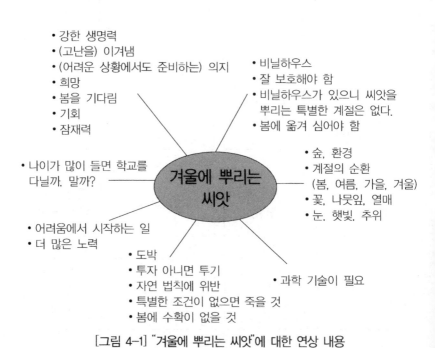

[그림 4-1] "겨울에 뿌리는 씨앗"에 대한 연상 내용

[그림 4-1]은 '겨울에 뿌리는 씨앗'이라는 주제어를 가지고 다국적 고급 한국어 학습자 13명이 함께 연상한 내용이다. 대부분의 학습자들은 '고난과 역경 가운데서도 희망을 기다리는 것'으로 개념을 형성하여 고난을 극복하는 방법으로 노력이 필요함을 강조하였다. 소수의 학습자가 겨울에 뿌리는 씨앗에 대한 부정적인 결과를 이야기하자 비닐하우스나 과학 기술을 사용하여 해결 방안을 찾아야 할 것이라는 논의로 연상이 이어졌다. 연상 내용 중에는 계절의 순환과 씨앗의 성장에 초점이 주어진 것도 있고 학습자 자

신의 미래에 대한 선택과 연관이 있는 내용도 있었다.

교사는 읽기 텍스트와 연관이 있는 연상 내용이 나올 수 있도록 도와야 하고 읽기 텍스트와 연관이 없는 내용도 자연스럽게 수용하는 것이 좋다. 다만 실제 읽기 자료와 관련이 없는 연상 내용은 읽기 활동이 시작되면 읽기 텍스트와 연관된 내용을 추리는 활동을 하여 학습자와 함께 다듬으면 된다.

1.3. 문맥을 활용한 어휘 연상

문맥을 이용하여 어휘를 해석하는 방법은 듣기, 읽기, 말하기, 쓰기에서 이용될 뿐 아니라 사전을 이용하기, 단어의 구성 요소를 분석하는 것과 같이 단어 형태에 초점을 두는 경우에도 단어가 실제로 사용되는 운용의 측면에서 반드시 다루어야 하는 것이다. 단어의 의미를 파악하기 위해 문맥을 활용하는 것은 필수적인 절차로 여겨지면서도 사실 쉬운 일이 아니다. Alan & David(2005)에 의하면 문맥에서 제시하는 단서를 이용해서 단어의 의미를 추론하는 방법은 텍스트의 95% 정도의 내용을 알고 있어야 추측하기에 성공할 수 있다고 한다. 설사 95%의 지식을 갖추었어도 문맥이 아주 제한된 것이라면 정확한 의미를 추측하는 일은 거의 불가능할 수도 있다. 어휘의 의미를 정확하게 파악할 수 있는 정보를 문맥에서 제공하지 않는 일도 있고 문맥에 국한된 일부의 정보만을 어휘 의미로 학습하게 될 수 있기 때문이다.

비록 문맥을 이용한 어휘 지도 방법이 텍스트 수준이나 학습자 수준(주로 상급자 수준에 적합)에 달려 있고 시간과 노력이 많이 들기는 하지만 문법제약, 연상, 연어, 품사 등의 정보를 이용하는 능력, 모르는 단어의 의미 파악에 단서가 되는 단어를 찾는 능력, 중요 단어를 결정하고 의미를 형성해가는 추론 능력을 키워갈 수 있는 점에서 여전히 지도될 가치가 있다. Nation & Coady(1988: 104-150; Alan & David, 2005)는 다음과 같은 다섯 가지 절차를 통해 어휘의 의미를 추론하게 하고 있다.

첫째, 모르는 단어가 있는 행을 결정하라.
둘째, 직접적으로 관련이 있는 문맥을 살펴보고 필요하다면 그 단어를
　　단순화하라.
셋째, 더 넓은 범위에서 문맥을 살피라. 모르는 단어가 포함된 절과 그
　　절을 둘러싼 절, 문장과의 관계를 검토해보라.
넷째, 모르는 단어의 의미를 추측하라.
다섯째, 추측한 단어를 확인하라. 사전을 이용해 단어 확인 시, 문맥에서
　　그 의미를 다시 적용해 보라.

　Nation(2008: 74-75)에서도 텍스트에서 모르는 의미를 깨닫기 위해 일곱
가지 정보 탐색 가능성을 열어 두고 있다. 모르는 단어가 있는 문장 혹은
절에 있는 단서, 문장, 혹은 절을 직접적으로 둘러싸고 있는 곳에 존재하는
단서, 텍스트의 앞 전체 내용과 동떨어져 만들어진 정보, 텍스트 자체에 대
한 지식, 텍스트 외부에서 얻어지는 배경 정보, 독자의 세상사에 대한 지식
혹은 상식, 모르는 단어의 형태가 이에 해당한다.
　학습자가 텍스트에서 정보를 탐색하는 과정은 여러 경로를 통해 이루어
질 수 있는데 배경지식을 통해 텍스트의 내용을 이해하는 하향식 정보 처
리 과정은 텍스트 주제, 문화, 세상 지식에 더 많은 영향을 받을 수 있는 면
이 있고 텍스트 내용을 바탕으로 모르는 단어에 주목하여 이를 발판으로
배경지식과 연계하는 상향식 정보 처리 과정은 단어를 처리함에 있어 언어
지식에 기반을 두고 이끌어질 수 있다.
　문맥 속에서 모르는 단어 의미를 추측하는 전략은 수천 개의 다른 단어
에 적용이 되며 의미에 중점을 둔 입력이 많은 학습자에게는 어휘력 향상

을 이끄는 역할을 하기 때문에 긴 시간의 전략 훈련 기간을 거쳐 가르칠 필
요가 있다. 체계적인 전략 훈련을 통해 학습자는 모든 중요한 단서를 이용
할 수 있게 되고 이러한 단서들에 민감해질 수 있기 때문이다. Nation(2008:
74-78)은 학습자가 전략을 사용하는 데 있어 고도의 기술과 능숙함을 보일
수 있기 위해서는 비록 매주 수분 동안 짧은 시간을 이용하더라도 일관성
있게 전략을 가르쳐야 하며 처음에는 교사 시범으로 시작해 점차 교사·학
생 활동, 그룹 활동, 개별 활동으로 기술이 전이될 수 있게 프로그램을 구
성할 필요가 있다고 하였다. <표 4-3>과 같이 학습자가 전략에 대해 숙고
하고 전략의 일부와 연계한 활동을 할 수 있도록 돕는 것이 중요하다.

<표 4-3> 문맥을 이용한 단어 추측 전략 훈련 프로그램[39]

주	내용	유의사항 / 주안점
1	읽기 교재와 연관된 전략을 시범 보이기	일주일 간 하루 수분씩 하기 칠판에 전략 단계를 쓰기
2	텍스트에 있는 모르는 단어를 추측하기	학습자가 협력하여 전략을 구사하도록 격려
3	전략1 품사 결정하기	교사·학생 협력, 전략의 단계를 학습
4~6	전략2 모르는 단어가 있는 동일 절에서 단서 사용하기	
7~9	전략3 접속사 관계	교사의 안내 없이 짝 활동 학습자들이 밟은 단계를 발표하기
10~12	전략5 추측을 점검하기	짝 지어 단어 추측하고 발표하기
13~14	학습자는 개별적으로 단어를 추측하고 발표하기 학습자가 전략 사용의 어려움과 성공에 대해 논의할 시간을 갖기	

이처럼 읽기 과정에서 문맥을 이용하여 단어 의미를 추측하는 훈련은 학
습자가 장기간 계획성 있는 방법으로 훈련될 필요가 있다. 그런데 모든 단

---

39) Nation(2008: 77-78)의 내용을 표로 정리하여 제시한 것이다.

어를 동일한 방법으로 문맥 적용을 하기는 어려울 것이고 각 단어의 특성을 고려할 필요가 있다. <표 4-4>에 따르면 문맥 추측이 용이한 단어이거나 모어와 유사한 단어인 경우가 효율적임을 알 수 있다. 저빈도어나 텍스트 메시지에 중요하지 않은 단어는 교사가 직접 명시적 교수를 통해 의미를 쉽게 알려줄 수 있지만, 이들 어휘는 문맥 추측 전략을 활용하여 학습자스스로 어휘의 의미를 찾아내도록 지도할 수 있는 좋은 예가 된다.

<표 4-4> 집중 읽기에서 특정한 어휘 취급 방식을 선택하는 이유(Nation, 2008: 66)

단어를 다루는 방식		이유							
		고빈도어/ 사용역이 넓은 단어	전문어	저빈도어	텍스트 메시지에 중요 O	텍스트 메시지에 중요 X	유용한 요소 O	문맥 추측 용이	모어와 유사한 단어
① 사전(미리) 교수		O		O					
② 텍스트를 주기 전에 텍스트 내부에서 대체하기				O	O	O			
③ 주석 달기	어휘교수	O	O		O	O			
	텍스트 의미제공			O	O	O			
④ 텍스트를 보고 나서 연습문제 풀기		O	O		O	O	O		
⑤ 재빨리 의미를 제공하기		O	O	O	O				
⑥ 건너뛰기									
⑦ 문맥을 이용해 추측하기				O		O		O	O
⑧ 사전 이용		O	O	O	O	O		O	
⑨ 단어 구성 요소를		O	O	O	O	O	O		

단어를 다루는 방식	이유							
	고빈도어/사용역이 넓은 단어	전문어	저빈도어	텍스트 메시지에 중요 O	텍스트 메시지에 중요 X	유용한 요소 O	문맥 추측 용이	모어와 유사한 단어
쪼개고 설명해보기								
⑩ 의미 사용역과 연어를 살피는데 시간 갖기	O	O		O	O	O		

문맥을 활용한 어휘 교수의 또 다른 유의점은 학습자가 문맥 속에서 단어가 갖는 정서적 함축과 글의 구조를 이해하도록 하는 기회를 주는 것이다. 글의 구조를 이해하고 단어 지식을 총체적으로 다루는 유용한 연습 활동은 빈칸 채우기 활동일 것이다. 삭제된 단어는 학생들이 구조화한 큰 틀에 의해 채워지고 학습자들이 문맥과 다른 단어와의 관계, 그리고 단락의 전체적 내용을 연관 지으며 의견을 교환하는 활동을 통해 많은 단어를 습득하도록 할 것이기 때문이다.

필자는 글의 구조 및 내용 파악을 위한 의미지도를 작성하는 과정에 연상을 활용하여 관련 내용을 무리 짓는 활동을 하면서 빈칸 채우기를 하는 읽기 학습을 실시한 바 있다. 문맥을 활용한 연상은 글의 중심 내용으로 연상 방향이 수렴하는 쪽으로 이루어지도록 하였다. 글의 구조를 파악하도록 먼저 연극과 연관된 단어를 주고 이에 대비되는 단어를 인생에 유추하여 찾도록 하였다. 학습자들이 제시한 단어를 칠판에 적어두고 모둠을 나누고 읽기 텍스트를 읽으면 빈칸에 가장 적절하다고 생각하는 단어를 적도록 하였다.

※ 다음은 연극을 통해 인생을 생각해 보는 글입니다. 글을 읽으면서 연극의 항목에 해당하는 것을 인생에 대비하여 적고, 글의 빈칸을 채우세요.

연극	인생
• 연출가 • 역/ 적역 • 무대 • 배우/연기자 • 주인공- 대왕 • 조연 - 신하 • 훌륭히 해내다 • 망치다/서투르다/헤매다	

연극을 보다가 가끔 짜증이 나는 수가 있다. 주인공의 성격을 부각시키기에는 너무나 거리가 먼 A___가 그 역을 맡아, 재미도 없거니와 피곤함마저 느끼게 하기 때문이다. 연출가가 가장 신경을 써야 하는 것이 적역을 찾는 일이다. 그래서 우리는 적역을 못 찾은 연출가를 나무란다. 신하의 역을 맡으면 훌륭히 해낼 배우가 연출가의 B___로 대왕의 역을 맡아 연극을 망치는 수가 C_____.

흔히, 인생을 D_____이라고 한다. 셰익스피어의 말마따나 인간이란 주어진 시간에 아무 의미도 없는 말을 떠들어대다가 사라지는 서투른 배우일는지도 모른다. 사회라는 이름의 E_____에서, 직업이라는 이름의 F_____을 맡아, 주어진 시간을 소비하다가 죽는 것이 우리들인지도 모른다. 주어진 인생의 시간이 너무나 짧음은 물론이다. 이 G_____인생에서 가장 H한 것은 적역을 찾지 못하고 헤맨다는 사실이다.

무대에서의 연극이라면 적역을 찾지 못한 I_____을 연출가에게 물을 수도 있지만, 인생이라는 연극에서는 그럴 수가 없다. 우리들 스스로가 연출가와 연기자를 겸하고 있기 때문에 모든 책임은 우리에게 있다. 가끔 내가 하고 있는 일, 또는 J_____이 적역인가 하고 생각해 보는 때가 있다. 내 주위 사람들의 역에 대해서는 곧잘 K_____을 하면서도 나의 역에 대해서는 자신이 없다.

　학습자들은 위 텍스트의 빈칸 채우기 과제를 해결하기 위해 떠오르는 단어와 내용이 글의 구조에 부합하도록 수렴 연상을 수행하였다. <읽기 텍스트 1>에서 학습자들은 글의 구조를 파악하는 데 별다른 어려움이 없었으나 빈칸에 적절한 단어를 넣는 활동에는 어려움이 있었다. 맥락에는 그럴듯하게 어울리는 여러 단어들 속에서 더 적절한 의미를 파악하느라 고심하였다. 학습자들은 연극과 인생을 대비한 표를 작성한 후 빈칸을 채우는 일이 수월하다는 반응을 보였다. 그러나 C, G, I, J, K에 대해서는 학습자들 간의 의견이 달랐다. 그중에서도 K의 답이 가장 분분하였는데 '비판, 평가, 지적, 판단'을 두고 학습자들은 오랜 시간 논의하였다.

　맥락에 근거하여 연상 활동을 할 때 모든 단어가 동일한 효과를 나타내지는 않는 것 같다. 영상성이 부족한 추상 어휘는 문맥 속에서 제시될 때 그 부족함을 해소할 수 있다고 하며 정보를 활성화시키기 위해 문맥을 적극 활용하면 단어의 종류에 관계없이 이해가 빨리 이루어질 수 있다고 하였다 (Scheanenflugel & Stowe, 1989). 그러나 맥락은 어휘가 가진 여러 가지 의미들 중에서 하나로 의미를 제한하는 역할을 하는 것이기 때문에 교사의 명시적 지도가 요구된다. 추상 어휘를 맥락을 통해 학습자 혼자서만 학습할 경우 어휘 의미 파악이 매우 어려우며 학습자가 맥락을 통해 비슷한 의미를 유추하더라도 그 의미가 분명하지 않거나 잘못된 해석을 가져오기도 한다.

1.4. 배경 지식을 활용한 어휘 연상

1) 심층 독해를 위한 배경 지식의 활성화

　심층 독해를 위해 활용할 수 있는 연상은 배경지식을 이용한 연상이다.

---

40) 정인숙(1995: 114-115)에 제시된 예문을 수정하고 빈칸채우기 활동으로 구성하였다.

학습자가 이미 내용을 알고 있는 읽기 텍스트에서 단어가 지닌 내포적 의
미를 글의 내용에 근거하여 찾아내는 것이다. 학습자는 발산 연상을 통해
가급적 많은 지식을 동원하여 가지고 있는 정보에 통합하는 활동을 할 수
있다. 필자는 아래 <읽기 텍스트 2>를 다국적 고급 학습자에게 읽히고 텍
스트의 의미를 생각해 보도록 하였다.

읽기 텍스트 2

겨울에 뿌리는 씨앗[41]

겨울에 **씨앗**을 뿌리면 싹이 트지 않기 때문에 겨울에는 씨앗을 뿌리지 말
아야 한다. 그런데 어떤 사람들은 주변 환경을 파악하지도 않은 채 본인의
계획을 추진하기에만 급급하고 또 어떤 사람들은 상대의 감정을 헤아리지도
않은 채 자신의 정당성만을 과감하게 주장한다. 이런 사람들은 머리에서 나
온 논리를 가슴이라는 **토지**에 억지로 심으려고 고집부리는 것이다. 왜 상대
가 변하지 않는지, 왜 일이 이루어지지 않는지에 대해서 짜증만 일삼고 살아
가는 어리석은 사람들이다.

세상 모든 일에는 순서가 있는 법이다. **땅을 먼저 녹인 후**에 씨앗을 심
어야 한다. 자신이 아무리 똑똑하고 훌륭하다고 생각해도 순리를 외면하면,
나중에 주변으로부터 버림을 받게 된다. 오늘이라도 분명 이 세상은 나의 욕
망과 자존심을 채워주는 어리석은 도구가 아님을 깨달아야 한다. 씨앗을 뿌
려 **열매**를 따고 싶으면 먼저 따뜻한 사랑으로 훈훈한 바람을 일으킬 필요가
있다. 합리적인 논리로 상대방을 공격하기 전에 땀 베인 손으로 메마른 손을
잡아주는 마음이 있어야 한다. 권위를 내세워 명령하기 전에 상대방의 부족
함과 약점을 남모르게 함께 아파할 수 있어야 한다.

분명 가슴이 변해야 사람이 변하고 사람이 변해야 모든 일이 이루어지게
되는 법이다. 가슴은 무한히 넓고 머리는 지극히 좁다. 가슴은 무한히 크고
머리는 너무나도 작다. 작은 것으로 큰 것을 공격하다 보면 나중에 크게 다
치기 마련이다.

---

41) http://eduict.org/flash/emotion/seed.swf에서 옮겨 온 글을 고쳐 썼다.

　학습자들은 굵은 글씨로 되어 있는 단어가 지닌 비유적 의미를 적는 활동을 했고 대체적으로 올바른 의미를 추론했다(<표 4-5> 참조). 대부분의 학습자는 단어의 비유적 의미를 곱씹는 과정에서 텍스트 전반의 의미를 더 깊이 있게 이해할 수 있었다는 반응을 보였다.

<표 4-5> 학습자가 추론한 비유적 의미

단어	올바른 의미	올바르지 않은 의미
① 겨울	곤란한 상황, 자신의 목표를 달성하기 전에 겪어야 하는 어려운 시기, 조건이 맞지 않는 상황, 반대 의견을 가지고 있어 쉽게 남의 의견을 받아들일 수 없는 상황, 일을 하는 순서 중 타당하지 않은 순서	
② 씨앗	주장, 목표, 희망, 계획, 생각, 의견, 합리적인 논리, 의지	따뜻한 사랑 남의 입장에서 보는 마음
③ 토지	가슴, 조건, 환경, 배경, 상황	
④ 언 땅	전혀 맞지 않는 조건, 열린 마음이 아닌 상대방의 마음 열악하고 나쁜 처지, 메마른 세상, 미성숙한 조건	나쁜 일 어려운 상황이나 환경
⑤ 열매	성과, 달성된 목표, 사랑, 변한 마음, 일을 하고 나서 얻은 결과	

　단어의 의미를 적고 나서 학습자들은 텍스트의 주제에 해당하는 '겨울에 뿌리는 씨앗'이란 표현을 어떻게 적용할 수 있는지 생각해 보는 시간을 가졌다. 학습자들은 대부분 올바른 적용을 하였으며 적용의 깊이는 전공, 관심사, 개인적 가치관에 따라 차이를 보였다.

<학습자가 '겨울에 뿌리는 씨앗'을 적용한 상황>

- 엄마가 세 살짜리 아이에게 억지로 피아노 연습시키는 것
- 패권국가가 다른 국가의 실제 상황을 잘 파악하지 못한 채 자국의 관점을 상대 국가에게 억지로 강요하는 것/ 테러문제와 핵문제의 해결
- 교육자 혹은 정치가가 새로운 정책을 실현하고자 하거나, 새 리더가 부하 직원을 이끌고자 할 때 생각해야 할 마음 자세
- 자신의 생각이 남의 생각과 일치하지 않아도 자신의 욕망과 자존심 때문에 남의 의견을 듣거나 남을 배려하지 않고 자신만 생각하는 고집 세고 융통성 없는 사람에게
- 요즘 어린이들이 놀지 못하고 매일 어려운 수학이나 자기가 좋아하지 않는 것을 배웁니다. 부모들은 다 나름대로 이유가 있습니다. 하지만 어린 시절은 아이들이 상상력과 인격을 만드는 시기라서 부모의 강요는 어린이의 인생길에 나쁜 영향을 줄 수 있습니다. 부모들은 욕심을 내지 않고 겨울에 씨앗을 뿌리지 않았으면 좋겠습니다.
- 주변 사람의 부족함과 약점을 보고 그 사람의 입장을 생각하지 않고 합리적인 논리로 공격하는 경우
- 상황을 파악하지 못한 채 맹목적으로 행동하거나 순서에 어긋나는 일을 억지로 하는 경우

교사는 학습자가 적용한 사례를 보고 학습자가 충분히 텍스트를 이해했는지 확인할 수 있고 학습자는 본인이 쓴 내용이 타당한지 교사로부터 점검받을 수 있다. 읽은 내용을 구체적인 상황과 결부하여 적어보는 활동은 학습자가 자신이 활용할 수 있는 모든 정보를 동원하여 텍스트의 내포 의미를 찾아내고 적용하는 유용한 활동이라 할 수 있다.

2) 낯선 단어 처리를 위한 배경 지식의 활성화

학습자의 배경지식을 활용하여 모르는 단어의 의미를 추측하는 활동역시 연상을 이용하여 이루어질 수 있다. 외국인 학습자들은 낯선 단어를

접하면 그 단어의 의미를 해석하고자 노력한다. 합성어의 경우는 합성된 단어들의 의미의 부분적 합을 통해 추측하는 전략도 펼쳐보지만 비유성이 강하고 관용적인 의미일 경우는 의미 해석에 어려움을 겪는다. 다음 사례는 고급 학습자들이 실제로 수업 시간에 보인 오용 사례를 모아 본 것이다.

<학습자 오용 사례>

- 딸기코 ⇒ 모공이 넓은 코, 술주정하거나 알코올 중독자, 귀엽고 예쁜 코, 블랙헤드 많은 코, 빨간색 코
- 밥그릇싸움 ⇒ 부부싸움, 밥 모자라 싸우기, 사소한 싸움
- 인간수면제 ⇒ 같이 있으면 아주 편해서 모든 경계를 놓을 수 있는 사람
- 총알택시 ⇒ 부르면 빨리 오는 택시
- 콩가루 집안 ⇒ 집에 사람이 없는 집안, 화목한 집안

학습자들이 이러한 오류를 자주 보이는 것을 고려하여 필자는 다음과 같이 학습자가 모르거나 들어본 적은 있으나 정확한 의미를 알지 못하는 단어가 들어있는 텍스트를 작성했다. 이후 다국적 고급 한국어 학습자로 하여금 낯선 어휘의 의미를 적는 활동을 실시하였다. 학습자들이 의미를 발견해야 하는 단어는 모두 비유적 합성명사이다. 따라서 학습자들은 합성어 구성 요소를 활용하여 의미 단서로 이용할 수 있고 학습자의 배경 지식을 활용하여 그 뜻을 적을 수 있다.

> ### 읽기 텍스트 3
>
> A: 민철이네 가족이 캐나다로 영어 공부하러 떠났대.
> 민철이 아버지만 한국에서 혼자 지내게 되었나봐.
>
> B: 어머나, **기러기아빠**가 되었네. 가족이 많이 보고 싶겠다.
> 그나저나 우리 아들은 **취업전쟁**에 시달리더니 복권을 사서 **벼락부자** 되
> 는 허황된 꿈만 꾸고 속상해서 정말.
>
> A: 현수 엄마 정도면 **자식농사** 잘 지은 거야. 현수 착하고 잠시 그러다 말겠지.
>
> B: 그래야 할 텐데. 수빈네는 이번 **징검다리휴일**에 어디 놀러 가?
>
> A: 수빈이 **새우잠** 자면서 밤낮으로 택시 운전하고 고생하는데 집에서 좀 쉬
> 게 해야 할 것 같아.
>
> B: 우리도 그렇지 뭐. 나가면 돈 쓰고 **바가지요금** 때문에 멀리도 못 나가겠어.
>
> A: 어, 저기 **우리집 양반** 오신다. 나 먼저 갈게.
>
> B: 응. 어서 들어가

읽기 텍스트의 문맥과 학습자가 단어 구성 요소에 대한 배경 지식을 활용하여 단어의 의미를 추측하고 올바른 의미를 알고 난 후에는 <표 4-6>과 같이 단어를 잘 기억할 수 있는 이미지나 기호, 단어를 통해 단어를 외우도록 지도하였다.

<표 4-6> 연상을 활용한 단어 학습

표현	의미	연상되는 이미지/기호/단어
① 기러기 아빠	① 자식의 유학을 위해 자식과 아내를 해외에 보낸 뒤 자신은 국내에서 돈을 벌어 해외로 보내는 아빠 ⇒ × 혼자 사는 아버지, 동물의 아빠, 자식이 곁에 없는 외로운 아버지, 자	

표현	의미	연상되는 이미지/기호/단어
	식을 잘 교육하는 아버지, 항상 집에 있지 않고 여기저기 다니는 아빠	
② 취업 전쟁	② 일자리를 구하기 위한 극심한 경쟁 ⇒ ○	就業戰爭。
③ 벼락 부자	③ 갑자기 된 부자 ⇒ ○ 단 시간에 된 부자, 노력 없이 부자가 된 사람, 뜻밖의 운을 얻어서 된 부자 × 좋은 일자리로 부자가 된 사람	 閃電
④ 자식 농사	④ 자녀를 낳아 기르는 일 ⇒ × 자녀가 많은 가족, 자급자족	農業
⑤ 징검 다리 휴일	⑤ 쭉 연결되지 않고 드문드문 주어진 휴일 휴일이 아닌 날을 가운데 낀 두 휴일 ⇒ × 짧은 휴가, 어렵게 한 휴가, 유명한 명절 기간이 긴 휴가, 자영업자의 연휴, 모처럼 휴가 가는 것	墊脚石橋
⑥ 새우잠	⑥ 새우처럼 등을 구부리고 자는 잠. 주로 모로 누워 불편하게 자는 잠 ⇒ × 밤에 늦게까지 일하는, 짧게 자는 잠, 제대로 쉬지 못하는 잠, 밤새기 위해 먼저 잠을 자는 것, 늦잠 자다 쉬는 시간에 잠깐 잠을 자는 것, 낮에 잠 자는 것	
⑦ 바가지 요금	⑦ 실제보다 터무니없이 비싼 요금 ⇒ × 아주 적은 돈	瓢 개화기 이후에 중국에서 들어온 '십인계(十人契)'라는 놀음에서 유래.

표현	의미	연상되는 이미지/기호/단어
		1에서 10까지의 숫자가 적힌 바가지를 엎어 놓고 물주가 어느 수를 대면 그 수가 적힌 바가지를 맞추는 놀음.
⑧ 우리집 양반	⑧ 자기 남편을 남에게 이르는 말 ⇒ ○	my old man. my hubby

이 활동은 고급학습자의 배경 지식을 활용한 유의미한 학습이 목표이기 때문에 꼭 시각적 이미지에 국한된 것이 아니라 개념, 이야기, 어원, 모국어 등 학습자의 머릿속에서 의미 있는 연결이 이루어지는 데 초점이 있다.

2. 쓰기와 어휘 지도

쓰기 교육은 쓰기 이론의 변화와 교수법의 변천에 따라 영향을 받으며 여러 차례 변모해 왔다.[42] 우선 쓰기 교육을 교수법과 연계하여 그 흐름을 살펴보면, 문법번역식 교수법에서는 쓰기가 문법 규칙을 적용하는 연습활동에 국한되었다. 직접 교수법은 말하기와 듣기에 역점을 둔 교수법으로 쓰기를 소홀하게 다루었으며 이는 시간이 지나면 쓰기가 저절로 학습되는 것으로 본 전신반응 교수법이나 자연적 교수법도 마찬가지였다. 청각구두식 교수법에서도 베껴쓰기나 읽기 확인과 문법 확인을 위한 보조수단으로 쓰기가 다루어졌

---

42) 이에 대한 자세한 논의는 강미영(2010: 3-35)와 김선정 외(2010: 162-168)을 참조.

다. 그러다 의사소통식 교수법에 와서야 쓰기를 문자언어를 통한 의사소통의 수단으로 보고 듣기, 말하기, 읽기와 통합하여 교육하기에 이른다.

쓰기 이론은 철학적 접근 혹은 심리학적 접근, 수사학적 접근에 따라 쓰기에서 의미를 어떻게 구성하는가에 따른 설명 방식이 다르며, 의미 구성 결과로서 텍스트의 자율성, 의미구성 과정, 의미구성 과정에서 사회적 맥락 중 어느 것에 초점을 두느냐에 따라 형식주의, 인지주의, 사회구성주의, 대화주의 이론으로 구분될 수 있다. 쓰기 이론의 학문적 기반은 다소 차이가 있을 수 있으나, 쓰기 이론은 1950년대 이전에는 형식적 관점이 주류를 이루다가 60년대와 70년대를 거치면서 인지적 관점이 주류를 이루고 80년대 이후에는 상호작용적(사회적) 관점이 주목받고 있다.

형식적 접근에 의한 쓰기 교육은 학습자가 완성한 텍스트가 중심인 결과 중심 쓰기였으나 인지주의적 접근에 의한 쓰기 교육이 이루어지면서 쓰기 과정이 중요시되었다. 쓰기 과정을 본격적으로 연구한 대표적 논의는 Flower & Hayes(1980, 1981)로서, 이 논문은 쓰기를 문제해결 과정, 의미 구성 과정, 의미 창출의 과정으로 보고 쓰기 과정을 계획하기, 작성하기, 검토하기, 점검하기로 구성하고 필자의 인지행위에 주목한 인지적 쓰기 모형을 제시하였다. 이후 인지적인 접근은 사회적인 접근을 수용하여 필자와 독자의 상호작용을 중시하고 사회 맥락과 담화 공동체를 쓰기와 연계하는 변화를 보인다.

이와 같은 쓰기 이론의 변모에 맞춰 한국어 교육에서도 90년대 이후부터 학습자가 글쓰기를 계획하는 단계부터 내용을 생성하고 조직하여 글로 표현하고 고쳐 쓰는 글쓰기 전 과정을 주도적인 입장에서 이끌어 갈 수 있도록 지도하는 과정중심 쓰기 교육이 이루어지고 있다. 실제 수업에 있어서 한국어 쓰기 활동은 베껴 쓰고 받아쓰는 활동에서부터 자유롭게 창작하는 작문에 이르기까지 다양하게 이루어지고 있으며 과제가 아닌 교실활동으로 쓰기가 이루어지고 있다.

이처럼 한국어 교육 현장에서 과정중심 쓰기와 말하기, 듣기, 읽기를 연계한 통합적 관점의 쓰기 교육을 지향하고 있는 점은 바람직하다고 할 수 있다. 그러나 쓰기 활동을 할 때 학습자는 쓸 주제를 정하지 못하거나, 주제는 정했지만 그 주제에 대해 어떻게 아이디어를 모을 것인지 모르거나, 쓰고자 하는 내용을 한국어로 자연스럽게 표현하는 방법을 몰라 어려움을 겪고 있다.

이러한 문제점을 해결하기 위해 쓰기 과정에 연상 과정을 도입하여 학습자의 표현력을 기르고, 어휘 학습을 질적으로 심화하는 것은 의의가 있다. 연상을 활용한 쓰기는 학습자의 창의적 사고를 자극하여 독창적인 표현을 할 수 있게 하고 내면의 정서를 잘 나타낼 수 있는 표현을 이끌어 올 뿐 아니라 상황에 맞게 어휘가 지닌 여러 의미를 섬세하고 정확하게 부려 쓸 수 있도록 도와 어휘의 질적 학습을 이끌어 올 수 있다.

과정 중심 쓰기에 연상을 활용할 때 내용 생성과 내용 조직 단계에 연상(은유와 유추를 포함)을 통한 창조적 사고, 추론적 사고를 연계한 쓰기 활동을 도입하여 쓸 주제를 정하고 주제를 잘 표현할 수 있는 아이디어를 모아 내용을 구성하는 연습을 할 수 있다. 연상을 이용한 쓰기는 학문 목적 쓰기뿐만 아니라 예술적 쓰기, 일상생활의 쓰기에도 그 원리를 응용할 수 있어 유익하게 활용될 수 있다. 또한 연상을 통해 이끌어진 수많은 어휘는 학습자로 하여금 관련된 배경 지식을 적극적으로 활용하여 내용을 조직하도록 도울 수 있다. 나아가 어휘의 적절한 결합 관계를 고려하고 적합한 어휘를 선택하는 활동을 통해 한국어로 표현하는 방법을 익히게 된다.

내용 생성 및 조직 활동에 초점을 둔 쓰기에 대한 선행 연구는 주로 국어교육에서 초등학생들의 쓰기 과정을 통한 어휘력, 창의력, 쓰기 능력 향상을 목적으로 이루어졌다. 한국어 교육에서는 이와 관련된 논의가 거의 이루어지지 않고 있어 다음 네 편의 국어교육 관련 논문을 통해 본서의 논의를 위한 시사점을 찾고자 한다. 첫째로 강명희(2001)은 단어들을 범주화한 후 범주로 분류된 단어들을 활용해 쓰기를 하는 '의미 범주화 기법 적용 글쓰기'에 대한 연구이다. 이 논문은 초등학생을 대상으로 연상활동에 사용된 거의 모든 단어를 이용해 설명문 형식의 글을 작성하는 사례를 제시하였다. 어휘력 향상을 초점으로 한 연구이기 때문에 내용을 조직적으로 구성하는 면에 대해서는 논의가 부족하며, 연상된 내용을 모두 나열하는 방법이다 보니 창의적인 내용을 생성하는 면에서는 미진한 면이 있다.

이경민(2010)은 초등학교 4학년 학생을 대상으로 하여 두 비교 영역의 상호 연결 활동을 통해 새로운 개념을 도출해 내는 창조적인 언어 사용 활동인 은유를 시 교육에 활용한 논문이다. 시 감상을 효율적으로 하기 위한 활동으로 은유 표현을 찾아낸 후 은유 해석 모형을 활용하여 의미를 파악하기와 은유 창작 모형을 이용해 새로운 은유 표현 만들기를 제안하고 있다. 이경민(2010: 15)에는 "삶이란 (나 아닌 그 누구에게 연탄 한 장)되는 것"에서 '삶'과 '연탄'의 개념을 통합하는 은유를 G. Fauconnier의 개념적 통합망이론[43]을 통해 이론적 토대를 마련하고 학습자가 시 감상을 넘어서 시를 창작하여 쓸 수 있도록 교수·학습 활동을 제시한 의의가 있다. 이경민(2010)의 논의는 시 교육에 한정되어 이루어졌지만 인지언어학의 관점에서 은유는 본질적으로 개념적인 것으로 그 자체가 일상적인 사고 행위로 볼 수 있어 문학 작품의 감상과 창작에 국한되어 논의되는 것보다 쓰기 일반에 걸쳐 폭

---

43) 이경민(2010: 16-17)에 제시된 포코니에의 개념적 통합망 이론에서 은유의 의미는 입력공간1(원관념)과 입력공간2(보조관념)에 들어 있는 개념들이 각각 입력 공간을 구축하고 그 두 입력 공간이 공유하는 구조와 조직을 갖는 총칭공간을 설정하며 총칭공간을 전제로 두 입력 공간 사이에 횡단 사상을 이루어 생성된다. 가령 "내 마음은 호수요"의 의미를 개념적 통합망으로 제시하면 입력공간1(안정되어 있다, 감정으로 가득차 있다, 평화롭다, 너그럽다, 환하다) : 입력공간2(수면이 잔잔하다, 물이 가득차 있다, 평화롭다, 넓이가 넓다, 환하다), 총칭공간(상태, 성질, 모습, 크기, 분위기), 혼성공간(잔잔하다, 가득차 있다, 평화롭다, 너그럽다, 환하다)으로 나뉜다.

넓게 활용될 필요가 있다.

이연순(2002)는 초등학생의 쓰기 활동에서 연상과 유추를 활용하여 효과적으로 내용을 생성할 수 있는 방안을 모색한 논문이다. 학생들은 유추활동을 돕기 위해 인터넷이나 신문을 활용하여 가장 적절한 어휘를 선정하고 이에 대한 내용을 인터넷에서 찾아 폭넓게 유추하여 글을 쓰는 활동을 제시하고 있다. 유추가 제시된 예를 산문(예: 책읽기는 여행과 같다)과 시(가을 하늘 맑고 투명한 거울 같아요.)에서 찾아 유추를 활용할 수 있는 영역을 폭넓게 제시한 의의가 있으나 연상되는 단어마다 인터넷을 검색하여 자료를 뽑는 활동은 학습자가 스스로 독창적인 아이디어를 탐색하는 사고 과정에 소홀하게 될 수 있어 보완이 필요하다.

김정섭 외(2010)은 초등학생들의 창의성과 쓰기 표현력을 향상시키고자 하는 방안으로 두 개의 명사를 결합하여 새로운 합성명사를 생성하고 해석하는 과정에서 새로운 아이디어를 생성하여 쓸 것을 제시하였다.44) 개발된 모형은 쓰기 전 활동(생각 꺼내기, 결합개념 생성 및 해석하기, 주제정하기), 쓰기 중 활동(생각그물 짜기 및 묶기, 글쓰기, 글다듬기), 쓰기 후 활동(작품화하기)으로 구성되어 있다. 초등학교 6학년 9개 교과서에서 교과별로 명사 20개를 추출하여 180개를 1차 선정하고 그 중에서 무작위로 수식명사 40개와 주명사 40개로 한정하여 제시한 후 학습자에게 새로운 합성명사를 형성할 수 있도록 제공하였다. 이 논문은 현장교육 전문가(초등학교 교사 3명)와 프로그램개발 전문가(교육공학자 1명)로 구성된 전문가 인터뷰를 실시하고 그 결과를 수록하여 쓰기 모형의 타당성을 입증한 실험 연구이다. 이 쓰기 모형은 본고의 논의와 가장 흡사한 면이 있다. 그러나 김정섭 외(2010)에서 쓰기 중 활

---

44) 김정섭 외(2010: 157-158)에 의하면 합성명사는 주제적 관계 해석과 속성 해석의 두 가지 방식으로 해석된다. 주제적 관계 해석에 대한 사례는 '마늘옷'을 마늘로 만든 옷, 마늘 모양 옷, 마늘 그림이 있는 옷으로 해석하는 것이고 속성해석은 '호랑이 쥐'를 호랑이 무늬를 가진 쥐, 다른 동물을 잡아먹는 쥐로 해석하는 것이다.

동에 생각 그물 짜기 및 묶기를 제안하고 있는데 학습자가 글을 쓰기 전에
충분한 사고 활동을 하고 새롭고 독창적인 아이디어를 찾아내려면 쓰기 전
활동에 이루어지는 것이 바람직할 것이다.

이상의 논의를 통해 유추, 은유, 연상 활동을 적절히 활용하여 창의적 사
고를 촉진하고 독창적인 아이디어를 생성하는 활동은 시나 문학의 수사적
영역에만 국한되는 활동이 아니라 범장르적 차원에서 새로운 개념을 통해
문제를 해결하는 쓰기 활동을 위해 필수적임을 알 수 있다. 살펴본 모든 논
문이 초등학생을 대상으로 한 연구이지만 대학 전공 서적이나 글쓰기 교재
에도 유추에 의한 설명 방식을 쉽게 찾아 볼 수 있기에 고급 한국어 학습자
에게도 연상에 의한 유추의 원리를 효과적으로 교수할 필요가 있다.[45]

이에 본 연구에서는 <표 4-7>과 같이 심상과 개념을 이용하여 의미를
생성하고 조직한 후 유사성과 인접성의 원리를 이용해 단어들을 연결하여
직접 표현하는 쓰기 활동을 제안한다. 연상 활동을 통해 학습자는 창조적
의미와 정서적 의미를 표현하고 자연스러운 표현을 구사할 수 있을 것으로
기대된다.

<표 4-7> 연상을 통한 쓰기

연상		쓰기 과정
연상 목적	① 창의적 표현을 위한 쓰기 ② 정의적 표현을 위한 쓰기 ③ 유창한 표현을 위한 쓰기	의미 생성 의미 조직 의미 표현
연상 방법	심상과 개념 단어 관계 짓기- 유사성, 인접성	

45) 고등학교 1학년 국어 교과서에는 과학에세이집에 실린 최재천의 "황소개구리와 우리말"이
    라는 논설문적 중수필을 싣고 유추에 의한 전개 방식을 읽기 단원에서 교수하고 있다. 황
    소개구리가 우리 생태계의 균형을 파괴하는 것과 같이 영어 공용화 추세에 따라 우리말이
    위기에 처했다는 사실을 유추에 의해 설명한 글이다.

　　따라서 본 연구에서 쓰기 과정과 연상 활동을 연계하여 어휘의 질적 심화 학습을 꾀하기 위한 쓰기 모형을 <표 4-8>에 제시하고 쓰기 과정에 따라 연상 활동이 어떻게 이루어지는지에 대해 논의하기로 한다.

<표 4-8> 쓰기 과정과 연계한 연상 활동

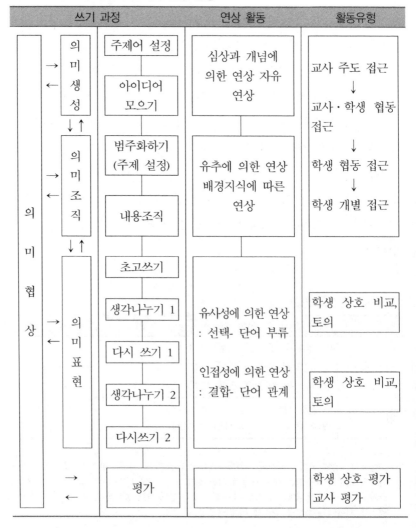

쓰기 과정			연상 활동	활동유형
의미 협상	의미 생성 → ←	주제어 설정	심상과 개념에 의한 연상 자유 연상	교사 주도 접근 ↓ 교사·학생 협동 접근 ↓ 학생 협동 접근 ↓ 학생 개별 접근
		아이디어 모으기		
	↓↑ 의미 조직 → ←	범주화하기 (주제 설정)	유추에 의한 연상 배경지식에 따른 연상	
		내용조직		
	↓↑ 의미 표현 → ←	초고쓰기		
		생각나누기 1	유사성에 의한 연상 : 선택- 단어 부류	학생 상호 비교, 토의
		다시 쓰기 1		
		생각나누기 2	인접성에 의한 연상 : 결합- 단어 관계	학생 상호 비교, 토의
		다시쓰기 2		
		→ ← 평가		학생 상호 평가 교사 평가

2.1. 의미 생성 과정에서의 어휘 연상

　내용 형성 과정은 우선 주제어를 설정하는 활동과 아이디어 모으기 활동으로 구분된다. 주제어는 쓸 내용에 대한 사고를 촉진할 핵심어를 뜻한다. 아이디어를 발견하는 일은 글쓰기에서 중심적인 역할을 담당하는 것으로 훈련된 안목에 의해 관찰하고 자료를 모으는 행위로 볼 수 있다. 이를 위해 브레인스토밍(brainstorming)과 자유연상(free association)을 통해 주제어와 관련하여 생각나는 모든 단어나 아이디어를 써보는 활동은 유용하다.

　박영목(2008: 85)은 브레인스토밍이 창의력과 사고력을 자극할 뿐 아니라 충분히 정리되지 않았기 때문에 놓쳐버리기 쉬운 아이디어를 간직할 수 있는 이점이 있다고 하였다. 의미를 생성하기 위해 주제어와 관련되는 모든 아이디어들을 일단 써 내려가면서 아이디어들을 가능하면 많이 포함시킨다. 어떠한 가능성도 배제하지 말고 또한 정제된 표현만을 적으려 하지 말고, 주제어에 집중해서 자유롭게 쓰는 것이 중요하다.

　의미를 생성하기 위한 연상 활동은 이미지(심상)에 의한 것과 개념에 의한 것으로 대별된다. 가령 주제어 '사랑'에 대해 머릿속에 떠오르는 이미지가 '어머니의 손'이고 이로 인해 쓸 내용을 정하게 될 수도 있지만 '사랑은 아낌없이 주는 것이다'와 같이 어떤 개념이 활성화될 수 있다. 개념에 의해 의미를 떠올리는 것은 언어 습득과도 연관이 있고 일상생활에서 친숙한 행위라 하겠다. 언어를 습득하는 과정에 대한 이론은 크게 두 가지로 나누어진다. 촘스키의 패러다임에서는 어린이가 선천적으로 풍부한 언어 습득 능력을 가지고 태어난다고 보고 있다. 반면에 인지 언어학에서는 언어지식과 비언어적인 지식을 구별하지 않으며 어린이의 언어 습득 토대를 비언어적인 인지에 두고 있다. 즉 아이의 언어가 아이의 인지 발달과 관련이 있는 것으로 보아 언어의 이해와 사용은 지각, 개념 체계, 세상사의 경험이나 지

식, 문화적 환경과 같은 일반적 인지 능력과 불가분의 관계를 맺고 있을 것
으로 본다. 이러한 관점에 따르면 언어 습득의 기본적인 단계는 개념을 객
관화시키는 것이다. 단어를 습득하는 것은 새로운 개념을 형성해가며 단어
의 형태와 의미를 연결하고 의미 관계를 이해하는 과정이다.46) 개념을 객
관화시킨다는 것은 사물을 각각의 대상으로 기억하는 것이 아니라 공통 속
성으로 묶어 인지한다는 의미인데, 이는 곧 범주화한다는 것이다.47)

비고츠키(1962: 59-68)도 인간이 개념을 형성하는 최초의 단계가 범주화의
단계라고 하였으며 아동의 개념 발달을 4단계로 구분한 바 있다.48) 비고츠
키에 의하면 아동의 개념은 처음에는 마음속에서 하나의 막연한 심상으로
묶여진 개별적인 사물들의 모호한 혼합적 덩어리이지만 아동이 세상 경험
을 쌓아감에 따라 복잡해지고 다양한 범주를 구성하게 되고 아동이 객관적
사고를 시작하게 되면서 자신의 상징적인 구조, 혹은 스키마에 언어 기호를
적응시키면서 체계화된다고 한다.

이와 같은 언어 습득 과정에 대한 인지언어학적 논의는 한국어 학습자가
이미 자신의 모국어를 통해 개념발달 과정을 거쳤으며 개념의 범주화 과정
을 사고 과정으로 내재화하였기에 한국어 학습에도 이를 적용할 수 있음을
시사한다. 다만, 한국어 학습자의 경우에는 한국어 모어 화자가 내재화한
한국 문화와 한국 사회에서 추상화되고 보편화된 개념을 기존의 개념에 통

---

46) 에이치슨(1994: 70-80)에 의하면 어린이들은 '이름 붙이기 과제, 포장하기 과제, 망 만들기
과제'를 통해 낱말의 의미를 범주로 묶어 습득한다고 한다. '포장하기' 과제는 특정한 이름
아래 일련의 사물을 묶는 것이며, '망 만들기 과제'는 포장된 낱말에 대해서 수용 가능한
망(계열 관계에 의한 '등위적 망'과 결합 관계에 의한 '연어적 망')을 만드는 것을 뜻한다.
(임지룡 1997: 281-293, 재인용)

47) 임지룡(1997: 90)에 의하면, 범주화(categorization)는 모든 고등 인지 활동의 근본이 되는
것으로 다양성 속에서 유사성을 파악하는 능력이며, 사물들과 사건들을 비슷하다고 판단
되는 것들끼리 하나로 묶는 인지 활동이다.

48) 아동의 개념 발달 4단계는 덩어리(무작위적인 범주) ⇒ 복합체(다양한 대상들 사이의 구체
적, 사실적 관계) ⇒ 잠재적 개념(구체적·자발적 개념에서 추상적·과학적 개념으로
변천) ⇒ 진짜 개념(한 문화에 보편적인 추상적으로 체계화된 지식, 즉 과학적 개념)이다.

합하는 학습과정이 필요하다고 할 수 있다.

　쓰기 과정에서 주제어와 연관 지어 학습자가 이미지를 떠올리고 개념화를 통해 인식한 것을 범주화하고 체계화하는 과정이 창의적일수록 참신한 글쓰기가 될 것임은 자명하다. 창조적이고 능동적으로 어휘를 사용한다는 의미는 사회·문화권 내에서 보편적으로 통용되는 어휘의 관습적인 용법에 국한되지 않고 개성적인 용법을 창조할 수 있음을 뜻한다. 어휘의 개성적 용법이 참신성과 표현 욕구의 충족을 위한 것이더라도, 창의적인 표현을 수용해야 하는 청자나 독자의 입장을 고려하면 사회적으로 용인가능성이 높은 창의적 표현이 효율적인 의사소통을 이끌 수 있기 때문에 창의적 표현을 생성하는 데에도 전략이 필요하다. 창의적 표현의 생성 원리를 이해할 수 있는 가능성이 높을수록 그 표현을 해석할 수 있는 가능성 또한 높아질 것이기 때문이다.

　연상을 통한 어휘 표현은 서로 다른 두 대상을 이용해 글쓰기를 위한 아이디어를 찾아낼 수 있고 그 과정을 통해 새로운 의미를 발견하고 문제를 해결하는 능력을 기를 수 있다는 점에서 유용하다. 우선 창조적인 어휘 사용을 위한 지도법으로 은유에 의한 표현 원리를 제시하고자 한다. 연상 과정을 토대로 둔 은유는 수사적 표현을 넘어서 개념 형성을 위한 사고 기제로서 이해될 필요가 있다.[49] 은유에 의한 어휘 지도는 개념을 지도하는 방법이며 따라서 개념을 이루게 하는 주요한 속성이 무엇인지, 개념을 이해하고 해석할 수 있도록 만드는 틀로서의 의미 범주는 무엇인지 파악할 수 있도록 지도되어야 한다. 은유를 통해 발생한 범주 뒤섞기는 창조적인 언어

---

[49] Lakoff(1980: 75-76)에 의하면 은유는 하나의 사물이나 개념을 통해 다른 종류의 사물이나 개념을 이해하는 것이라고 한다. 사고기제로서의 은유는 일종의 범주 뒤섞기에 다름 아니다. 임지룡(1997: 29)에 의하면 한 낱말은 하나의 의미에 관련되어서 출발하지만 인간은 그 적용 범위를 무한히 넓혀 나가 의미 확장을 이끌어 낸다. 이때 은유와 환유는 한 낱말이 보여주는 서로 연관된 범주들의 복잡한 망을 형성하는 데 중요한 역할을 한다. 예를 들어 '교통정리'는 도로에서 인간관계로, '군살빼기'는 몸에서 사회조직으로, '냉기류'는 공기에서 사회 분위기로, '텃밭'은 농토에서 선거구로 각각 적용 범주가 확장 된 것이다.

표현 및 언어 확장의 보고이다.

7차 중학교 교과서 1학년 1학기 쓰기 단원의 학습활동에 제시된 예를 살펴보기로 하자. 다음의 예는 창의적인 생각과 표현 연습을 위한 것이다.

> [교복]은 [체중계]이다. 왜냐하면 교복이 헐렁해지면 몸무게가 줄어든 것
> 이고 교복이 꽉 끼면 몸무게가 늘어난 것을 알 수 있기 때문이다.

'교복'과 '체중계'와 같이 어휘의 의미 범주가 다른 것을 통합하면서 새로운 의미가 형성되는 예이다. 아울러 <표 4-9>는 은유를 매개로 하여 '걸음'의 다양한 양상을 포착한 사례이다. 모두 국어사전에 제시되어 있는 사례로 개성적인 표현이라기보다는 관습적 표현이지만 외국인 학습자에게는 한국인의 인지방식과 사회·문화적 요소를 이해할 수 있는 표현이라고 볼 수 있다. 한국 사회에 사자나 기린이 많이 있었다면 분명 이러한 동물을 소재로 한 걸음걸이를 묘사한 표현이 있었을 것이다.

<표 4-9> '걸음'을 공통 요소로 하는 은유 표현[50]

합성명사	의미해석		
	범주의 전이	부각된 속성	해석
팔자걸음	數 → 행위		'八' 모양으로 걷는 걸음
휘장걸음	사물→ 행위	모양	한사람의 허리와 팔죽지를 양쪽에서 잡고 휘몰아 걷는 걸음
우산걸음		동작	출썩거리며 걷는 걸음
색시걸음	사람→ 행위	동작	얌전하고 조심스럽게 걷는 걸음
까치걸음			두발로 조촘거리며 걷는 걸음
황새걸음	동물→ 행위	동작	성큼성큼 걷는 걸음

---

50) 김은혜(2001: 87)의 사례를 가져왔다.

합성명사	의미해석		
	범주의 전이	부각된 속성	해석
오리걸음	동물→행위	동작	뒤뚱뒤뚱 걷는 걸음
달팽이걸음			느리게 걷는 걸음
거북이걸음			
황소걸음			
노루걸음			경중경중 걷는 걸음
고양이걸음			살그머니 걷는 걸음

　학습자가 은유를 통해 획득한 참신성과 독창성의 바탕에는 연상 작용이 있다.51) 예산 지방의 나무 노래에서 보이듯 연상을 일으키는 요소는 음상, 반의어, 사물의 특징, 통사적 결합 표현 등 다양함을 알 수 있다.

<예산 지방의 "나무 노래52)" 중 일부>

대낮에도	밤나무	네편 내편	양편나무
우물가에	물푸레나무	오자마자	가래나무
목에 걸려	가시나무	빠르기가	화살나무
깔고 앉아	구기자나무	그렇다고	치자나무
입 맞췄다	쪽나무	방귀뀌어	뽕나무

---

51) 다음 노래는 <대한의 노래> 전주곡으로 1931년 동아일보 신춘문예 창가부 당선작이다. 원래는 작자가 무명씨였다가 후에 이은상으로 드러났고, 곡은 현제명으로 확인됐다. □□□는 연상을 통해 사고가 확장되는 과정을 잘 보여준다. 출처: http://blog.naver.com/m＿＿m/40023014188

원숭이 엉덩이는 빨개, 빨가면 사과
사과는 맛있어, 맛있으면 바나나　　　　　원숭이 □□□ ⇒ 빨간색 ⇒□□
바나나는 길어, 길~면 기차　　　　　　　⇒ 맛있다⇒□□□⇒길다⇒□□
기차는 빨라, 빠르면 비행기　　　　　　　⇒ 빠르다⇒□□□⇒높다⇒백두산
비행기는 높아, 높으면 백두산

52) 임지룡(1993: 255)에 제시된 예산지방의 '나무노래'는 연상구조로 조직된 좋은 텍스트의 예라고 볼 수 있다. 노래가 길고 전통 어휘 및 나무명과 같이 한정적이고 특수한 어휘가 많아 학습자 수준을 고려해 편집한 것이다.

　　그런데 이러한 언어적 요소나 주제어의 속성에 근거한 연상 못지않게 외국인 학습자에게는 사회·문화적 요인에 의한 연상을 통한 의사소통 가능성의 확장 역시 중요하다. <표 4-10>에 제시된 언어권별 비유 표현은 학습자가 속한 문화권에 따라 표현의 다채로움이 어떻게 표현되는지를 보여준다. 비슷한 상황이 문화권에 따라 다른 각도로 표현되기도 하고 한 문화권에는 존재하는 표현이 다른 문화권에는 없음을 알 수 있다.

<표 4-10> 문화권에 따른 비유 표현

비유 표현	한국	중국	카자흐스탄	몽골	미얀마
① [　] 같은 세월	쏜 살, 유수	쏜 살, 유수	총알	쏜 살	×
② [　] 같은 아들	떡두꺼비	왕, 왕자	가슴의 한 부분	금	딸
③ [　] 같은 눈물	닭똥	콩알	호수	진주	진주
④ [　] 같은 글씨	깨알 괴발개발	소나무 풀(바람에 나부끼는)	쥐 발자국	개미 발자국	콩나물
⑤ [　] 같은 더위	찜통, 불	찜통, 불	불	불	찜통 지옥
⑥ [　] 같이 빛나는 눈	보석, 별	별	별	별	사슴
⑦ [　] 같이 작은 사람	땅콩	콩	손가락	손가락 손마디	개 손가락
⑧ [　] 같이 미련한 사람	곰	×	곰	곰	×
⑨ [　] 같이 둥근 달	쟁반	월병	그릇	접시	×
⑩ [　] 같이 멍청하고 어리석은 사람	밥통 곰	돼지	원숭이 당나귀	소 당나귀	소

모두 유라시아 및 아시아 지역에 속한 나라여서인지 비슷한 면이 보인다. 그러나 한국인에게 돼지는 먹보, 욕심쟁이, 뚱뚱보로 소는 부지런한 동물로 원숭이는 꾀가 많은 동물로 인식되기에 다른 나라들의 비유 표현과 다른 면이 있다. 한국 사회에서는 삐뚤빼뚤 적은 글씨를 고양이 발과 개 발(괴발개발)에 비유하는데 카자흐스탄어는 쥐의 발에, 몽골어는 개미 발에, 미얀마어는 들쑥날쑥한 콩나물에 비유하여 그 차이가 있다. 한국어에서 콩나물은 음표를 연상시키는 것이 일반적이다. 고급 학습자들에게 타문화권의 표현은 흥미로운 것으로 인식되었으나 만일 학습자들이 이러한 연상 표현을 잘 알지 못하면 번역이나 의사소통 상황에서 문제를 일으킬 수 있음은 자명하다.

2.2. 의미 조직 과정에서의 어휘 연상

의미 조직 과정은 글쓰기를 위해 찾아낸 아이디어를 일정한 그룹으로 묶어 다음 과정에서 쉽게 처리할 수 있는 형태로 정리하는 활동이다[53]. 아이

---

53) 이상태(2010: 72)는 심리학과 논리학에 근거하면 사고 과정은 크게 기본적 사고와 복합적 사고, 초인지 조작으로 구분되는데 기본적 사고는 다시 인식(관찰, 기억, 비교, 대조, 지정, 정의, 이름 짓기), 개념 체계 구성(구분, 분류, 분석), 해석(인과적 해석, 목적론적 해석), 추리와 논리적 사고(연역, 귀납), 평가(타당성 검증, 가치 순서)로 복합적 사고는 문제 해결, 의사 결정, 비판적 사고, 창조적 사고로 나뉨을 보였다. '연상'은 의식적으로든 무의식적으로든 마음속에서 두 대상을 연결하는 것인데 이 연결을 형성하기 위해서는 체험에 근거한 기억, 대상에 대한 관찰, 비교, 대조, 구분을 통한 인식이 필요하다. 또한 연상 관계를 해석하기 위해서는 추론에 의한 사고 활동이 필요하다. 연상은 은유와 유추에 의한 사고 과정과 깊은 연관을 맺고 있다. 이들은 대상들의 유사성을 인지하는 활동이고 인지된 유사성을 연결하는 동일한 사고 기능을 보인다. 정인문(2010: 166-181)에 따르면, 은유는 유추의 한 유형이며 즉 유추에 의한 사고 과정에서 성립한다. 은유는 A라는 개념이 단순히 단순 B로 전이하는 데 그치지 않고 A와 B가 합해짐으로써 복합 개념이나 또는 새로운 개념을 생성하게 된다. 표현하고자 하는 대상(A)을 다른 사물이나 의미(B)를 끌어다가 '-처럼, -같이, -마냥, -듯이' 등의 연결어를 써서 직접 연결하여 주는 방법(A=B)을 직유라 한다. 비유는 단순히 감각적인 사물과 사물을 결합시킬 뿐만 아니라 인간의 마음과 정신 또는 모든 체험 내용까지도 유추에 의해 연결시킬 수 있는 인식의 확대·창조 과정이며, 이것

디어를 그룹으로 묶는 일 자체가 또 다른 아이디어를 생성해내기 위한 자극제가 된다. 박영목(2008: 67)은 아이디어들을 체계적인 방식에 의해 그룹으로 묶는 전략으로 비교와 대조, 그리고 유목화를 거론한다. 이들 전략들은 본래 아이디어들에 대해 일정한 구조를 부여해 줄 뿐만 아니라 새로운 아이디어를 생성하는 작용을 하기 때문이다. 아이디어를 그룹으로 묶는 탐색 과정에서 주제어를 다양한 관점에서 볼 수 있으며, 활동 과정에서 제기된 여러 질문을 통해 생각을 적절한 방향으로 이끌어 나갈 수 있다.

아울러 내용을 생성하고 조직하는 유용한 방법으로 유추(analogy)를 들 수 있다. 유추는 유사성에 의한 추리로서 학습, 과학적 발견, 창의적 사고에서 중심적인 역할을 하는 인간 인지의 가장 기본적인 양상 중의 하나이다. 유추는 일종의 확장된 비교로서 잘 알려져 있지 않은 것을 잘 알려져 있는 것을 통해 설명하고자 하는 경우에 주로 사용한다. 유추가 성립하려면 같은 종류나 범주에 속하지 않더라도 그 특성 면에서 유사성이 있어야 한다. 정인문(2010: 168)에 의하면 유추는 유사성을 찾아내는 인간의 지성적 능력이다. A(여자)라는 사물에서 B(장미)라는 사물로의 전이는 곧 A에서 B라는 새로운 인식의 대상을 찾아내는 것이다. A라는 사물에서 B, C, D로 갈 수 있는 것은 연상을 통한 인식의 한 방법이며 동시에 인식의 확대 과정인 것이다.

가령, A : B=C : ____(비율 유추, A는 B에 대응하고 C는 D에 대응한다)에서 빈칸에 해당되는 어휘를 고르거나 채워 넣는 언어 유추 과제의 경우 빈칸에 적합한 답을 찾으려면 첫 번째 쌍에서 두 단어 간의 관계를 찾아낸 다음 이 관계를 두 번째 쌍에 적용하여야 한다. 이때 유추에 의해 찾아진 관계성은 쓰고자 하는 글의 주제로 부각되고 유추로 탐색된 두 대상 간의 관계를 성립시키는 구성 요소들을 글쓰기의 구체적인 내용이 된다. 글의 구성을 탄탄

이 가능한 것은 인간이 무한한 상상력을 가지고 있기 때문이다.

하게 하기 위해서는 이들 구성 요소 간에 관계가 긴밀하여 통일성과 일관
성이 드러나도록 배열되어야 하며, 글의 내용을 정교하게 하기 위해서는 유
추에 의한 사고 과정에 대한 이유를 제시하거나 설명하여 설득력 있는 표
현을 구사해야 한다. 실제로 쓰기 학습에서 제시되는 다양한 읽기 자료는
쓰기를 위한 내용 생성 및 조직에 직·간접적인 시사점을 줄 수 있어 이를
적극적으로 활용해 글의 구조를 연습할 수 있다.[54]

　내용 조직 활동을 위해 단원을 개발하여 수업을 실시한 바, 유추를 활용
한 쓰기 내용 조직 과정은 많은 어휘를 활성화할 수 있는, 학습자의 경험과
배경지식을 활용하여 한국어로 표현하는 면에서 제약을 덜 받는 한국어 고
급 학습자에게 적합한 것으로 보인다. 실제 수업 시간에 쓰기 활동을 할 수
있도록 쓰기 분량을 문단쓰기로 한정하여 수업을 설계하고 단원을 개발하
였는데, 문단쓰기 활동이 고급 학습자의 논리적 구성력과 표현력을 모두 표
현해내기에는 부족한 점이 있어 쓰기 활동이 끝난 후 학습자의 문단을 모
아 하나의 글로 엮어보는 마무리 활동을 연계하였다. 구체적인 교수·학습
활동은 다음 <표 4-11>과 같다.

<표 4-11> 내용 조직하기를 위한 교수·학습 활동

쓰기 과정	학습자 활동	교사활동
주제어 설정	• 제시된 주제어로 연상되는 말 쓰기 • 문법 구조에 맞게 연상 이유 쓰기	• 연상하여 학습자의 배경지식 과 어휘를 활성화하는 방법 을 안내
아이디어 모으기		• 학습자가 자유롭게 생각을 표

---

54) 인지심리학에서는 의미구성 행위를 읽기로 보고 있어 이는 쓰기와 상통하는 면이 있다.
김혜정(2004: 151)에서는 읽기와 쓰기의 통합형태 교수를 강조하며 Tierney & Shanahan
(1991)에서 그 근거를 다음과 같이 제시하고 있다. 즉 읽기와 쓰기는 둘 다 구성적인 과정
이다. 읽기와 쓰기는 유사한 종류의 지식과 과정을 공유한다. 읽기와 쓰기는 함께 배울 때
성취수준이 향상될 수 있다. 읽기와 쓰기를 혼합하면 비판적 사고가 발달한다.

쓰기 과정	학습자 활동	교사활동
	• 노래를 활용해 연상 작용 알 아내기 • 주제어를 정하기 • 반 전체가 활발한 연상활동 하기	현하도록 격려
범주화 하기 (주제 설정)	• 연상어들을 관련된 것끼리 묶기 • 관련된 연상어끼리 묶으며 주제 정하기	• 범주 묶기와 관련하여 불필 요한 어휘 삭제, 새로운 단어 추가, 어려운 단어 설명 • 학습자가 주제를 찾도록 지도
내용조직 (유추)	• 읽기 자료를 통한 연상과정 및 주제 찾기 • 그룹 토의 : 읽기 자료를 통 한 배경지식 활성화 • 개별 활동 : 주제어를 연상하 고 유추에 의한 내용 틀 구성 하기	• 읽기 자료의 어휘 보충 설명 • 학습자가 주제어에 대해 정 의적 영역에 부정적인 요소 가 있을 때 읽기 자료를 통한 도움을 받도록 지도 • 학습자가 새로운 주제어를 선택하도록 허용 • 토의를 위한 발문 제공 • 유추의 원리를 설명-구체적인 명사를 연상하는 것이 글의 내용 조직에 유리함을 안내

본 교수·학습 활동 시 학습자가 주제어를 통해 활발한 연상을 하고 그 속에서 주제와 글을 쓸 토대를 마련하는 과정에는 교사와 학생들 간의 가장 많은 상호작용이 있어야 한다. 학습자가 이 과정을 얼마나 효율적으로 수행하는가가 학습자의 글의 질을 결정할 수 있기 때문이다. 교사는 학습자의 동기유발, 정의적 활동, 기억 활성화, 연상, 유추 활성화 전략 구사, 문화적 사회적 지식, 상상하기, 경험 등을 활용하는 전략을 구사해야 한다. 다국적 학습자로 구성된 수업에서는 어머니에 대해 연상할 때 학습자간의 개인

적 경험이나 사회·문화적 의미에서 차이가 있을 수 있다. 한국의 경우에도 사회 변화와 맞물려 가부장제, 전쟁과 분단, 산업화, 소비자본주의 시대 속에 어머니 상은 변하고 있기 때문에 폭넓게 수용하고 지도해야 한다.

주제를 선정하는 일은 모아 놓은 아이디어에서 핵심적인 개념을 추리는 것이라 할 수 있다. 주제가 선정된 이후에는 핵심 개념인 주제를 강화할 수 있는 하위 개념을 찾아내서 조직하는 과정이 요구된다. 교사는 학습자가 주제를 찾고 이를 뒷받침할 근거를 모으는 과정에서 촉진자로서, 협력자로서 지원하며 학습자가 사고 연습장을 통해서도 도움을 받을 수 있도록 안내해야 한다.

유추에 의한 내용을 조직하는 과정은 의미를 조직하는 과정으로 학습자가 설정한 주제를 잘 드러낼 수 있도록 글의 내용을 구상화하는 단계이다. 이 단계에서는 유추의 원리 즉 추상적이거나, 잘 알려져 있지 않고 친숙하지 않은 것을 구체적이고 잘 알고 있는 친숙한 것으로 설명하는 과정이 얼마나 효과적으로 수행되었는가가 글의 내용에 큰 영향을 미친다. 교사는 시범 보이기 혹은 학습자의 탐구 활동을 통해 학습자가 유추의 원리를 알도록 이끌어야 한다. 또한 유추하기는 비교, 대조, 범주화와 관련하여 복합적인 사고 과정이 일어나는 활동이다. 글쓰기에 있어 사고력은 질문과 상상력과의 관계, 비논리적인 것을 논리적인 것으로 만드는 활동에서 개발될 수 있다. 개개의 사물들 속에서 공통점을 추출하여 개념을 형성하고 이에 대해 명료하게 사고하는 방법을 찾아내는 과정에는 복잡한 사고 과정이 관여한다. 개념 형성에 많은 정보를 끌어올 수 있다는 것은 상황 맥락에 따라 적절한 의미 패턴을 선택하고 능동적으로 변형할 수 있는 능력을 갖추고 있음을 뜻한다.

유추를 활용한 '내용 조직하기' 학습 단원

<읽고 생각 나누기> 다음 글을 읽고 어머니의 마음에 대해 생각해 봅시다.

어머니의 한쪽 눈55)

어머니와 단둘이 사는 청년이 있었다. 그런데 어느 날 청년은 집에 가는 길에 교통사고를 당했고 사고로 앞을 못 보게 되었다. 멀쩡하던 두 눈을 순식간에 잃어버린 청년은 깊은 절망에 빠져 자신에게 닥친 상황을 받아들이려 하지 않았다. 청년은 어느 누구와도 말하지 않고 우울하게 지냈다. 바로 곁에서 그 모습을 말없이 지켜보는 어머니의 가슴은 말할 수 없이 아팠다.

그렇게 지내던 어느 날, 청년에게 기쁜 소식이 전해졌다. 이름을 밝히지 않은 누군가가 그에게 한쪽 눈을 주겠다는 것이다. 깊은 절망감에 빠져 있던 그는 그 사실조차 기쁘게 받아들이지 못했지만, 어머니의 부탁으로 마침내 한쪽 눈 수술을 받았다. 수술이 끝나고 청년은 한동안 붕대로 눈을 가리고 있어야 했다. 그때도 청년은 자신을 간호하는 어머니에게 앞으로 어떻게 한쪽 눈으로 살아가느냐며 불평했다. 그러나 어머니는 청년의 말을 가만히 듣고만 있었다.

시간이 지나 드디어 청년은 붕대를 풀게 되었다. 그런데 붕대를 모두 풀고 앞을 본 순간 청년의 눈에서 굵은 눈물방울이 떨어졌다. 그의 앞에는 한쪽 눈만을 가진 어머니가 아들을 바라보고 있었다.

"두 눈을 다 주고 싶었지만, 그러면 네게 나의 장님 몸뚱이가 짐이 될 것 같아서……"

어머니는 끝내 말을 다 잇지 못했다.

---

55) 이 글은 『행복수첩』에 실린 이야기로 http://www.joungul.co.kr/에서 옮겨왔으며 원문을 약간 각색하였다.

56) 정인문(2010: 256-257)에 제시된 이재춘의 글을 수정하여 수록.

1. 어머니에 대해 생각나는 것을 모두 적어 보세요.

"엄마 손은 약손"56)
엄마 손은 바로 '사랑'입니다!
어릴적, 배가 아플 때, 엄마 손은 복통약이었고,
머리 아플 때는 두통약이었고 해열제였습니다.
아플 때마다 사랑으로 낫게 하는 엄마의 손.
엄마의 사랑이 깃든 약손처럼,
사랑은 모든 질병을 치료할 수 있는
좋은 약이 됩니다.

2. 다음 주제문을 유추한 과정을 살펴보세요.

【예시】• N 은/는 Vst+어(아/여)서 (마치) N 같다.

• N 은/는 (마치) N처럼 ＿＿＿＿＿＿＿＿.

⇒ **어머니**는 <u>평생 자식을 돌보며 힘든 길을 헤쳐 와서</u> 마치 (신발의) **굽** 같다.57)

| 어머니 | • 보이지 않는 곳에서 헌신한다
• 자식을 위해서라면 어렵고 힘든 것을 참아낸다
• 자식을 돋보이게 하려고 자신을 낮추고, 자식이 바르게 살도록 균형을 잡아준다
• 나이 들었다 | 굽 | • 보이지 않는 곳 맨 아래 바닥에 있다
• 스치며 차여서 닳아 버린 모습으로 힘든 길을 걸어왔다
• 무거운 몸체 받들며 몸이 돋보이게 균형을 잡아준다
• 낡고 오래되었다 |

3. 다음 주제문을 중심으로 한 문단의 글을 쓰세요.

⇒ 인생은 ＿＿＿＿＿＿＿＿＿＿＿ 어(아/여)서 (마치)
＿＿＿＿＿＿＿ 같다

인 생	· · · ·	· · · ·

⇒ 인생은 _____ 어(아/여)서 (마치)
_____ 같다[58].

_____

_____

_____

_____

_____

4. 여러분의 조원들과 함께 한 편의 글을 완성하세요.

유추를 활용한 내용 조직 학습 단원에 따라 수업을 진행한 결과 학생들은 한 단락씩 글을 적었고 서로의 글을 묶어보니 동일한 주제에 따라 묶이는 한 편의 글이 됨을 발견하였다. 학생들의 글 중 일부를 아래에 제시한다.

<인생은 책, 역학문제, 등산과 요리 같은 것>

인생은 많은 과정을 겪어야 해서 마치 한 권의 책 같다. 출생 날짜는 책의 번호이고 마지막 날짜는 책의 출간 날짜이다. 출생 증명은 책의 서[59]이며, 인생 경험은 책의 내용이다. 나이를 먹으면서 책의 내용도 많아지고 인

---

57) 이 시는 고정애(1998), 『튼튼한 집』, 문학아카데미에 실린 시 "어머니"를 유추의 과정이 드러나게 다시 쓴 것이다.
58) 연상활동을 할 때 학습자가 자유롭게 떠오르는 것을 모두 적지만 적은 내용 중에 같은 주제나 범주로 묶일 수 있는 것을 골라내는 활동을 해야 한다.

생의 마지막 순간에 책의 결론을 내린다. 많은 사람들은 책의 겉표지나 종이의 재질에 너무나 신경을 쓰고 심지어 금종이나 은종이로 책을 만들기도 한다. 하지만 그들이 잊어버린 것은 책의 재질보다 책의 내용이 더 중요하다는 점이다. (손○○, 중국)

인생은 변수가 많아서 복잡한 역학 문제를 푸는 것과 같다. 인생에 있어서 우선 자기 자신을 아는 것이 중요하다. 이는 역학 문제에서 재료에 대한 <u>요해</u>와 같다. 여기서 재료가 여러 가지 경계 조건 하에서 서로 다른 <u>거동을 보이며</u> 응력과 변형률을 나타내듯이 각자 처한 환경에 따라 서로 다른 <u>형태를 지니게</u> 되며 스트레스와 반항심이 생기기 마련이다. 하지만 인생에서 마음가짐이란 큰 변수가 있어 역학 문제를 다루는 것보다는 훨씬 어렵다. (최○○, 중국)

인생은 오르막, 꼭대기가 있을 뿐 만 아니라 내리막도 있어서 마치 등산(산행)과 같다. 산행 가기 전에 철저한 사전 준비를 해야 하는 것처럼 살면서 무슨 목표를 달성하려면 역시 많은 공부와 준비가 필요하다. 정상에 도달하기 위하여 땀을 많이 흘리고 고통을 많이 겪어야 하는 것처럼 인생 최

생각 찾기: 인생은 ○○○○이다	생각 묶기
마라톤(끝까지 참고 견뎌야 한다) 종착역으로 가는 기차(끝이 있다) 보랏빛(차가운 청색과 뜨거운 홍색이 뒤섞였다) 빵떡(그다지 볼품은 없어도 심드렁한 맛에 계속 팔린다) 한 장의 백지(쓴 내용에 따라 예술품, 혹은 쓰레기가 된다) 날씨(맑은 날도 있고 흐린 날도 있다) 연극(여러 가지 역할을 할 수 있다) 신호등(파란불일 때는 가고 빨간불을 만나면 멈춘다) 집짓기(벽돌을 쌓는 것이 하루하루 사는 것 같다) 선물(기대하지 않은 아름다운 것이 많다) 여행(낯선 곳으로 떠나면서 친구를 만든다) 초콜릿(여러 맛이 난다) 멜로디(악보의 높낮이처럼 사는 것도 그렇다) 등산(낮은 곳에서 있다가 높은 곳에 잠시 있고 다시 내려온다)	◎인생은 좋은 때와 나쁜 때가 있다. · 보랏빛 · 날씨 · 신호등 · 멜로디 ◎인생은 예측할 수 없다 · 날씨 · 선물 · 여행 · 초콜릿

59) 밑줄 그은 부분은 어휘와 표현이 다소 어색한 것이다. 그러나 학습자의 생각의 흐름이 어떻게 조직되어 글로 전개되어 가는지에만 초점을 두기로 한다.

고의 순간을 만나기 위해서는 우리도 역시 수많은 '성장의 통'을 체험해야 한다. 정상에 도달할 때 신나고 기쁜 것처럼 우리가 성공할 때도 커다란 행복과 성취감을 얻을 수 있다. 마지막에 산에서 내려야 할 때 홀가분하기도 하고 허탈하기도 하는 것처럼 우리가 노년에 들어갈 때 역시 비슷한 심정을 느끼게 된다. (왕○○, 중국)

인생은 내맘이어서 요리와 같다. 주어진 재료와 양념을 갖고 요리사의 정성에 따라 다양한 맛의 요리가 완성된다. 같은 재료지만 요리 방법, 모양, 맛에 따라 천당이나 지옥의 느낌을 준다. 인생도 마찬가지다. 사람마다 주어진 시간과 그에 따른 책임과 의무가 있다. 내 능력도 중요하지만 주위 사람의 영향도 받으며 그 사람들과 어울리며 주어진 의무를 다해야 한다. 그 결과는 본인의 태도에 따라 달라질 것이다. 노력이 많으면 상대적으로 성과도 좋을 것이고 노력이 없으면 삶이 끝날 때까지 아무것도 없이 돌아갈 것이다. 그러므로 인생은 달든 쓰든 본인이 요리하는 것이며 본인의 요리를 즐기는 것이다. (황○○, 중국)

위의 글은 학습자들이 생각한 내용을 문장으로 풀어 놓은 것이어서 실제로 글을 쓰기 전에 학습자가 내용을 조직하기 위해 어떠한 과정을 거쳤는지 내용을 읽지 않고는 알 수가 없다. 쓰고자 하는 내용의 핵심을 간단하게 적어 구조를 만들면 글을 쓰는 시간을 줄이고 생각의 흐름을 파악하기 용이하고, 또한 쉽게 내용을 첨가하고 삭제할 수 있다. <표 4-12>는 각 단락에서 중요한 핵심어를 골라내어 글쓴이가 어떤 생각을 하였는지 알 수 있도록 자극어와 연상어의 관계를 대비한 것이다. 외국인 학생들이 작성한 글은 유추에 의한 연상 내용이 잘 드러나 있다.

<표 4-12> 학습자의 글에 보이는 유추 내용

자극어	연상어	유추에 의한 연상 내용	
		인생에 대한 내용	연상어와 연관된 내용
1 인생	한 권의 책	출생 날짜 마지막 날짜 출생 증명 인생 경험, 삶의 질 삶의 겉으로 보이는 부분	책의 번호 출간 날짜 책의 서 책의 내용 책의 겉표지, 종이
2 인생	역학문제 풀기	자기 자신을 아는 것 처한 환경 마음가짐	문제의 내용을 이해하기 응력과 변형률 변수
3 인생	등산	삶의 여정에서의 오르막과 내리막 공부와 준비 성장통 성공에 따른 행복과 성취감 노년에 들어서며 내려놓음	등산 여정의 오르막과 내리막 산행을 위한 사전 준비 정상에 이르기 위한 고통과 땀 정상에 오름 홀가분함과 허탈함을 느끼는 하산
4 인생	요리	시간, 책임, 의무 태도, 노력 삶을 즐기기	재료와 양념 요리 방법, 모양, 맛 요리를 즐기기

  학생들이 작성한 글은 비록 한 문단이기는 하지만 연상을 통해 이끌어낸 주제어와 인생의 관계를 유추해낸 내용이 글 속에 잘 조직되어 있음을 알 수 있다. 유추에 의한 연상 내용이 탄탄할수록 글의 구성이 치밀하고 더 조직적임을 알 수 있다. 또한 연상 내용이 독창적일수록 글의 참신함이 부각되었음도 알 수 있다. 연상 내용을 확장하고 쓰고자 하는 내용을 치밀하게 구성하기 위해서는 쓸 내용에 대한 경험이나 배경지식이 있어야 함을 알 수 있다. 역학 문제를 풀어 본 적도 없고 역학 문제가 무엇인지 알 수 없는 학습자는 위와 같은 글을 작성하기 어려울 것이기 때문이다.

2.3. 의미 표현 과정에서의 어휘 연상

학습자가 쓰고자 하는 내용을 표현하는 과정으로서의 쓰기 활동을 할 때 교사는 학습자의 사고 과정을 방해하지 말고 우선 학습자가 자유롭게 쓰도록 돕는다. 사고 연습장을 이용해 이끌어 낸 생각을 적절한 표현으로 바꿀 수 있도록 사전을 이용할 수 있게 하고 도움을 구하는 학습자에게 한국어 표현을 예시한다. 교사는 쓰기 전, 후에 짝과 함께 의견을 나누고 정리하는 과정을 통해 쓰기가 독자와의 상호작용하는 의사소통 과정임을 주지시키고 학습자가 짝활동을 통해서 활발한 내용 구성을 할 수 있도록 안내한다. 교사는 학습자의 요구에 따라 한국어의 기본 문장 구조, 문형, 어순, 도치, 생략, 시상, 서법, 문어체 등에 도움을 제공할 수 있다.

그런데 학습자들은 연상을 활용해 쓸 내용을 조직하여 구성할 능력이 있고, 문법 지식도 갖추고 있으며, 사전을 이용하는 방법을 잘 숙지하고 있어도, 쓸 내용을 한국어로 표현하고자 할 때에는 모국어화자가 지닌 것과 같은 한국어에 대한 직관이 없기에 어색한 표현이나 올바르지 않은 표현을 쓰는 일이 많다. 다음 관용표현은 비유성이 강해 연상을 통해 의미를 이해하고 추측할 수 있는 것으로 보인다. 그러나 학습자들은 『표준국어대사전』에 제시된 뜻풀이[60]를 참고하여 관용표현의 의미를 확인한 이후에 짧은 글짓기를 하였음에도 적잖은 오류를 범하고 있다.

---

60) ① (…에게)바람맞다: 상대가 만나기로 한 약속을 지키지 아니하여 헛걸음하다. ② 오리발 내밀다: 엉뚱하게 딴전을 부리는 태도를 속되게 이르는 말. ③ 뜸(을) 들이다: 일이나 말을 할 때에, 쉬거나 여유를 갖기 위해 서둘지 않고 한동안 가만히 있는 경우를 비유적으로 이르는 말. ④ 큰코다치다: 크게 봉변을 당하거나 무안을 당하다로 사전 설명을 하였다.

<표 4-13> 고급 학습자의 짧은 글짓기 사례

관용표현	올바르지 않은 사례	올바른 사례
바람 맞다	여자 친구를 만나러 가는데 바람을 맞다. 어제 친구하고 약속한 장소에 안 가고 친구에게 바람을 맞게 했다.	친구가 약속을 어기는 바람에 꼬박 3시간이나 바람을 맞았다.
오리발 내밀다	그 상황이 오리발을 내밀고 그 일에 책임을 안 진다. 한국어 수업이 오리발 내밀기가 아니다.	일이 잘 되면 서로 자기 노력이라 하고 잘못되면 오리발 내미느라 급하다.
뜸(을) 들이다	사소한 일 때문에 두 사람이 오해가 생겨서 점점 뜸이 들었어요. 화장 시간이 너무 길어서 뜸 들었어요. 우리가 아주 피곤해서 선생님이 뜸을 들였어요. 급히 하지 말고 일을 뜸 들여서 하세요.	잔뜩 기대하는 모습을 보고 일부러 더 뜸을 들였다. 뜸 들이지 말고 빨리 해.
큰코다 치다	가수 선발 대회에 갔는데 너무 큰코다쳤다. 그 사람이 평소에 잘난 척하는데 지금 큰코다쳐서 풀이 죽었다. 아무리 능력이 있어도 큰코다치지 말아요.	벼는 익을수록 고개를 숙인다고 잘난 척하다가는 큰코다칠 수밖에 없다.

<표 4-13>의 오류 내용을 살펴보면, 학습자들은 관용표현이 사용되는 구체적인 상황과 의미를 결부시키지 못했거나, 굳어진 관용표현에 잘못된 주어나, 수식어를 결합시킨다는 것을 알 수 있다. 이를 통해 학습자들이 어휘의 의미를 올바로 이해하고 표현할 수 있기 위해서는 상황 맥락에 맞는 어휘의 용법을 터득하는 것과 어휘와 결합할 수 있는 요소를 적절히 선택할 수 있는 힘을 길러야 함을 알 수 있다.

연상을 통해 표현력을 기르는 방법은 크게 두 가지로 나뉜다. 하나는 유사성에 의한 연상으로 적절한 어휘를 선택하는 것과 연관이 있다. 비슷한 단어들 중에서 어째서 유독 그 어휘가 적합한지를 선택하는 단어 부류와 연관된 연상이다. '빨간'을 선택할지 '붉은' 선택할지에 대한 것이다. 둘째는

인접성에 의한 연상으로 단어를 결합시키는 방법에 대한 것으로 단어 관계와 연관된 연상이다. '날'과 '거짓말'이 '빨간'과 결합할지 아니면 '붉은'과 결합할지에 대한 것이다. 이는 결합 관계와 선택 관계에 대한 내용을 추가하여 부연 설명하는 교사의 명시적 지도로 보완할 수 있다. (1)과 (2)는 김은혜(2012)에서 실시한 연상 실험에서 얻은 결과이다. (1)에서 교사는 학습자가 연상을 통해 얻은 단어들을 유심히 관찰하고 단어를 선택하는 것에 따른 의미 차이를 학습자가 발견하도로 유도하고 도움을 주어야 한다.

> (1) 선택 관계
> ① 친구: 파트너, 동무, 동반자
> ② 생각: 사고, 사색, 사유, 상상, 각성, 망상, 억측, 잡념, 추억
> ③ 웃음: 눈웃음, 박장대소, 함박웃음
> ④ 친절하다: 다정하다, 상냥하다
> ⑤ 어렵다: 힘들다, 꼬이다, 복잡하다, 곤란하다
> ⑥ 깨끗하다: 맑다, 정갈하다
> ⑦ 다: 모두, 전부, 전체, 몽땅, 통틀어

(2)는 연어 관계를 보이는 결합 관계에 대한 예시이다. 결합 관계에 대한 학습은 학습자가 한국인의 인지 방식을 고려하도록 의미가 확장되는 방식을 보여주고 문형을 통해 연습하도록 지도하는 것이 좋다.

> (2) 결합 관계
> ① [~을 짜다] : 빨래, 실, 시급, 행, 계획, 여드름, 털옷
> ② [~이 빠르다]: 인생, 인터넷, 지하철, 총알, 빛, 생각, 글씨, 발전, 눈치, 말, 세월, 손, 입소문
> ③ [똑바로 ~]: 가다, 걷다, 살다, 서다, 하다, 앉다, 쓰다, 따라하다, 발음하다, 얘기하다, 읽다

④ [갑자기 +명사]: 사고, 비, 번개, 정전, 공격, 등장, 불행, 사망, 날
벼락, 벼락, 소식, 천둥, 반말, 소나기, 손님, 연락, 화장실
⑤ [갑자기 +동사]: 나타나다, 뛰다, 모르다, 울다, 마음 쓰다, 변하
다, 생각나다, 없어지다, 잊어버리다, 생기다, 졸리다, 튀어나오다

마지막으로 의미 표현 과정에서 어휘 연상을 활용할 수 있는 것은 핵심
단어를 연결하여 문장을 만드는 것이다. 두 개의 자극어 사이를 자연스럽게
잇는 연상 활동을 하고 난 후 연상된 단어들을 이어 문장을 만들도록 하는
활동이다(Meara, 1992: 69). 이 활동은 학습자의 흥미를 돋우고 실제로 문장을
적게 할 수 있고, 무엇보다 학습자의 사고 과정과 방향을 엿보아 다음 단계
로 유도하기 좋은 이점이 있다.

(3) 문장 만들기
① [바다, 어머니]: 바다⇒ 파도 ⇒ 자장가 ⇒ 어머니
☞ 바다에서 들리는 파도 소리는 자장가처럼 정겨워 어머니의 품
을 떠올린다.
② [바다, 어머니]: 바다⇒ 여행 ⇒ 기차 ⇒ 고향 ⇒ 집 ⇒ 밥 ⇒ 사랑
⇒ 어머니
☞ 바다에 가기 위해 집을 나섰다. 기차를 타고 가는 여행이라 그
런지 고향 가는 기분이 든다. 어릴 적 고향에서 동네 친구들과
놀다 저녁이면 모락모락 피어오르는 굴뚝 연기를 보고 집에
돌아가 시장한 배를 채웠다. 따뜻한 밥을 먹으면서, 그 속에
담긴 진한 사랑을 먹으면서 오늘의 내가 성장했다. 여행을 다
녀오면 어머니께 맛있는 밥을 지어 드려야겠다.

연상을 이용한 쓰기 활동은 쓰기 활동에 앞서 의미를 생성하고 조직하는
쓰기 전 활동에서부터 표현을 고르고 다듬는 과정에 이르기까지 연계된 어
휘 중심 쓰기 활동이라 할 수 있다. 본 쓰기 활동은 학습자가 주제어를 중

심으로 연상되는 단어들을 모으고 유추를 통해 동일한 범주에 속하지 않은
주제어와 연상어를 매개하기 위한 창조적이고 재미있는 관계를 떠올려 쓸
내용을 조직하고 적절한 어휘를 선정 배합하는 활동으로 구성되었다.

하나의 개념에 대해 일치를 보이는 두 대상간의 동일한 구조적 틀을 범
주화하는 과정인 유추는 하나의 대상을 연관된 의미 체계 안에서 특수하게
해석하고 정리하는 창조적 활동이다. 유추를 활용한 글쓰기는 한국어 학습
자가 문화적 내용 및 사회적 관습에 대한 이해를 도모하며, 개성이 반영된
창의적인 생각을 표출하고, 문제 해결력을 기를 수 있도록 돕는다. 또한 글
쓰기를 시작하는 데 어려움을 겪는 학습자에게 아이디어를 생성하고 의미
를 발견하도록 안내하는 역할을 할 수 있어 종국에는 글쓰기에 대한 긍정
적인 태도를 갖게 한다.

의미를 발견하기 위해 활용하는 연상과 유추 활동은 수많은 어휘를 활성
화시켜 쓰기를 통한 어휘력 향상에 도움이 되며 쓰기를 통한 어휘 지도는
어휘를 문맥 이해를 위한 수단을 넘어서 능동적으로 표현할 수 있는 능력
을 길러줄 수 있다. 단어 연상을 활용한 수업은 학습자들의 경험과 결부된
단어의 의미망을 활용하여 학습자의 배경지식을 적극적으로 활성화시켜 새
로운 개념과 결부하는 통합 능력을 이끄는 점에서 흥미롭고 창조적인 활동
이라 할 수 있다. 이때 활성화 되는 수많은 어휘는 쓰기 과정 중에 풍부한
어휘를 제공하여 학습자의 쓰기 부담을 덜어 줄 수 있으며 내용을 조직할
때에도 생각의 단초를 제공할 수 있는 이점이 있다. 아울러 어휘가 속한 범
주 관계를 인식하여 글을 쓸 때 주제어의 상위 범주와 구성요소를 엮어 범
주화된 구성요소 각각의 내용을 문장으로 표현하기 때문에 글의 내용도 주
제에서 크게 벗어나지 않게 된다.

끝으로 범주화 활동은 대상들 간의 연계된 숨은 의미를 찾는 과정을 수
반해야 하기 때문에 대상들을 적절하게 구별하는 사고 활동을 통해 관찰력,

분별력 및 추리력을 향상시킬 수 있다. 이와 같은 사고활동의 촉진은 글쓰기를 통해 문제해결력을 기르는 것과도 연관이 깊다. 범주화 활동을 통해 개념의 창조적 확장이 일어나면 학습자는 개성적이고 참신한 표현을 구사할 수 있게 된다.

3. 어휘 확장을 위한 지도법

3.1. 연상과 어휘망

어휘가 어떻게 서로 연관되어 있는가를 간단하게 알아볼 수 있는 방법 중의 하나는 연상을 활용하여 자극어와 관련 있는 연상어를 모두 적어보는 것이다. 사람의 머릿속에서 단어의 의미가 이해되고 저장되는 방식에 대한 가설은 원자소구체론(atomic globule theory), 망이론(network theory), 원형이론 (prototype theory)이 대표적이다.[61] 원자소구체 가설은 머릿속에 의미자질과 같은 의미의 최소 단위인 원자소구체가 있어 단어의 의미를 분해할 수 있다는 것이다. 그러나 원자 소구체의 정체를 밝히는 것이 의미를 다루는 데에 충분치 않고 더욱이 추상어에서 큰 어려움이 제기되었다. 의미자질을 많이 가지고 있든 그렇지 않든 단어가 머릿속에서 처리되는 데 별다른 차이가 없는 것으로 나타났다.

이에 머릿속 사전은 망이론과 원형이론의 상보적 관점에서 설명되고 있다. 망이론은 거미집처럼 상호 연결되어 있는 체계로, 단어의 의미는 상호 간에 복잡한 망으로 연결된 전체로서 이해된다. 그러나 망이론은 머릿속에

---

61) 이는 임지룡(1997: 302-325)에 의한 것으로 임지룡(1997)은 낱말 선택 모형으로 디딤돌 모형(stepping stone model), 폭포 모형(waterfall model), 전기 모형(electricity model)의 구체적 사례를 제시하였다.

서 단어 연결을 고정된 것으로 보는 관점을 취했기에 단어들이 새로운 연관을 맺을 수 있는 점에 대해 설명해야 했다. 이러한 문제는 단어의 의미를 유동적인 것으로 보고 개념이 모호한 경계선과 불명확한 가장자리를 지닌 것으로 보는 원형이론에 의해 해소되었다. 원형의 실체가 무엇인지, 원형을 식별하는 과정에 저장된 지식이 어떻게 관여하는지와 같이 여전히 풀어야 할 과제가 있지만 현 시점에서 원형이론은 단어의 의미의 저장과 이해에 있어 가장 설득력 있는 방법으로 인정받고 있다. 그러므로 [그림 4-2]와 같이 단어의 의미는 머릿속에서 의미망으로 저장되며 망구조에서 망의 한 고리인 개별 단어는 원형을 중심으로 저장되고 이해되는 것으로 본다.

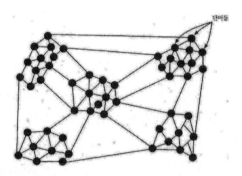

[그림 4-2] 망이론에 의한 단어 조직체(홍우평 역, 2004: 448)

머릿속 사전의 모습은 Aitchison(1994: 222-228; 홍우평 역, 2004: 445-449)이 비유한 지도상의 도시로 설명될 수 있다. [그림 4-3]에서 머릿속 사전은 두 개의 주요 구성 성분인 의미-통사부와 음운부로 구성된다. 의미 통사부 (Semtown)는 의미와 단어의 범주에 대한 규정들(lemma)을 다루고 음운부 (Phontown)는 소리(단어의 형태)를 다루는데 의미-통사부와 음운부는 새로운 단어의 창조를 다루는 Novtown에 연결되어 있다. 이 머릿속 사전을 단어 도시로 유추한 구체적 내용을 살펴보면 각 도시는 지표면 위에 일부만 드

러나고 의미 도시의 의미장과 음도시의 영역 코드가 지하로 들어가는 입구
가 되어 지하터널을 계속해서 여행하게 한다. 의미 도시는 일반인지 능력에
서 나온 터널과 합류해서 일반지식과 기억을 연관시켜 주는데 터널들이 서
로 만나는 것이어서 단어의 의미와 일반지식의 경계를 확인하기 어렵다. 단
어 도시에서 나온 터널이 통사와 연결되고 단어가 형태소로 분석되는 방법
을 알려주는 보조 저장고에 연결되고 보조 저장고에 의해 새로운 단어를
만드는 Novtown에 다시 연결된다.

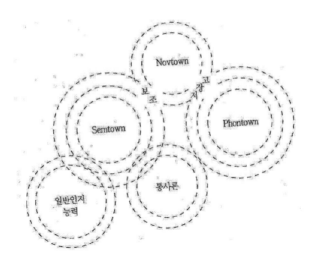

[그림 4-3] 머릿속 사전의 연관 관계(홍우평 역, 2004: 446)

이 유추가 함의하는 바는 머릿속 사전의 연결 방식이 다차원적이며 머릿
속 사전을 구성하는 주요 성분들의 경계가 분명치 않다는 것이다. 또, 새로
운 연결이 지속적으로 생겨날 수 있으며 어떤 연결은 다른 연결보다 더 자
주 이용되어 기억하고 사용하기 쉬울 수 있다는 점이다.

구본관(2011: 40-41)은 머릿속 사전이 종이 사전과 달리 관용어와 속담뿐
아니라 고빈도의 활용형, 연어 구성의 두 단어, 관용적 은유 표현도 등재

단위가 될 수 있고, 발음에서 화용에 이르는 정보가 더 자세할 것이고 시각, 청각, 촉각 후각과 같은 감각이 언어 자료와 함께 저장되어 있을 것이라고 가정하고 있다. 그리고 머릿속 사전은 유의어, 반의어뿐 아니라 상하위어, 부분어 등이 망을 이루고 있을 것으로 가정되며, 다의어의 경우 원형성에 의한 배열을 보일 것이라고 하였다. 일례로 <표 4-14>를 보더라도 종이 사전보다 관련어, 내포 의미, 언어 외적 정보를 풍부하고 다양하게 제시함을 알 수 있다.

이 머릿속 사전의 구성 방식에 대한 논의는 연상 실험에 의해 모아 놓은 단어 집합이 서로 연결되는 방식을 잘 설명하는 데 유용하다. 연상에 의해 떠올려진 단어들을 관련 있는 것끼리 묶어가는 과정 속에 단어의 형태와 의미, 사용에 대해 자각하고 주목하게 함으로써 많은 어휘를 학습하게 할 수 있다.

<표 4-14> '머리'에 대한 어휘 교수

연상어를 관련 있는 것끼리 묶기	연상 내용에 근거한 의미 정교화	
① 언어 내적 연상 **단어일부**: 머리말 **상위어**: 신체, 몸 **동위어**: 어깨, 손, 발, 몸통, 가슴, 눈 **하위어**: 대머리 **반의어**: 가슴, 마음 **상징**: 돌 **부분-전체**: 머리카락, 뇌 **서술(결합 관계)**: 아프다, 좋다, 나쁘다, 길다, 짧다, 크다, 박다, 식히다, 자르다, 감다, 하다, 빗다, 펴다, 깎다, 만지다, 숙이다, 동그랗다, 단정하다, 똑똑하다, 엉망(이다) **수식(결합 관계)**: 스타일, 모양, 속, 통	지 시 적 의 미	① 사람이나 동물의 목 위의 부분 ② 머리털 　머리를 기르다 　머리가 덥수룩하다/지저분하다 ③ 생각하고 판단하는 능력. 　머리가 둔하다/ 머리를 썩히다
	확 장	**머리**로는 이해할 수 있지만 **가슴**으로는 이해가 되지 않아요. ⇒ (이성 vs 감성)

연상어를 관련 있는 것끼리 묶기	연상 내용에 근거한 의미 정교화	
② 언어 외적 연상 **지시물 자체가 지닌 색채**: 하양, 까맣다, 흰머리, 검은색 **지시물을 꾸미거나 관리하기**: 모자, 리본, 왁스, 미용실, 파마, 염색, 샴푸, 반삭, 단발, 이발 **지시물의 기능**: 생각, 고민, 공부, 기억 **연상자가 인식하는 지시물의 내포의미**: 중요하다, 꼭대기, 자유, 지능, 먼저 **연상자에 따른 개인적/ 사회적 지식과 경험**: 고객, 모음, 기러기, 소, 새우, 야키도리	내포적 의미	④ 단체의 우두머리: 너는 어디 가서나 머리가 되어야 한다. ⑤ 사물의 앞이나 위를 비유적으로 이르는 말: 기차의 머리가 보였다.≪최인호, 지구인≫ ⑥ 일의 시작이나 처음을 비유적으로 이르는 말: 머리도 끝도 없이 일이 뒤죽박죽이 되었다.

<표 4-14>는 자극어 '머리'에 대해 하나의 연상어만을 적는 방식으로 총 200명의 외국인과 한국인이 연상 실험을 실시한 결과를 정리한 것이다. <표 4-14>에 제시된 바와 같이 연상어를 관련 있는 것끼리 묶어 연상의 유형을 분류하고 모르는 단어를 확인하는 과정은 어휘량을 늘리는 좋은 방법이 된다. 또한 연상 내용에 근거하여 자극어의 의미를 정교화하는 과정을 보이고, 예문 "머리로는 이해할 수 있지만 가슴으로는 이해가 되지 않아요." 와 같이 자극어가 활용되는 상황 맥락에 따른 의미를 알려 주는 것은 학습 자의 어휘량을 유의미한 방법으로 늘리는 것이 된다.

3.2. 연상을 통한 어휘 관계 형성

1) 핵심어에 의한 어휘 확장

연상을 통해 하나의 단어가 구축하고 있는 어휘망은 어떤 모습인지 살펴볼 수가 있다. 연상을 통해 동원된 다양한 단어들을 통해 학습자는 자연스럽게 어휘를 확장해 갈 수 있다. 학습자가 알고 있는 단어를 펼쳐 가는 방법을 통해 기존에 알고 있던 단어를 확인하고 연상 과정에서 표현하고자 하는 바가 있으나 아직 배우지는 못한 단어를 발견하여 새롭게 학습하는 일이 가능하다. 학습자가 작성한 연상망을 소개하고 설명하도록 하면 학습자는 자연스럽게 연상망에 제시된 어휘를 사용하게 되며 여러 학습자의 연상 내용을 비교하면서 어휘 지식을 확충할 수 있게 된다.

<표 4-14>처럼 한국인과 외국인 집단이 하나의 자극어에 대해 하나의 연상어로 연상 실험한 내용을 정리한 것은 자극어가 지닌 보편적인 단어망을 활성화한 것이다. 이에 비해 학습자 개개인이 하나의 핵심 자극어에 대해 여러 개의 연상어를 적어 단어들 간의 관계망을 형성하도록 하는 활동은 자극어와 연관된 학습자 개인의 특수성과 사회·문화적 보편성이 어우러진 내용이 된다. 다음은 핵심 자극어 '머리'에 대해 3명의 외국인 학습자와 1명의 한국인 학습자가 10분 동안 자유롭게 연상한 내용을 적은 것이다. 이들의 연상 내용에는 공통적으로 중복되는 면이 있어 보편적인 내용으로 여겨지는 것들도 있으나 단어들 간의 관계를 조직하는 면에서 차이가 두드러지고 확장된 내용도 다름을 알 수 있다.

① 외국인 학생 1(두○○)

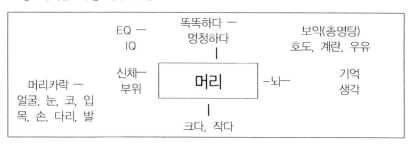

두○○ 학생과 이○○ 학생은 비교적 간단한 연상망을 보여 주었는데 두 학생에게 보이는 차이점은 두○○ 학생이 머리의 기능에 초점이 주어져 '똑똑하다', 똑똑함을 측정하는 IQ, 똑똑해지기 위해 섭취할 수 있는 음식을 연상했다면, 이○○ 학생이 두○○ 학생의 연상 내용에는 보이지 않는 머리 스타일을 만들어 주는 미용실 관련 내용이나 머리의 통증과 관련 있는 것 '머리'가 '사고하다'의 의미로 쓰일 때 관련 있는 동사(단순하다, 똑똑하다, 멍청하다, 돌리다)를 연상했다는 것이다.

② 외국인 학생 2(이○○)

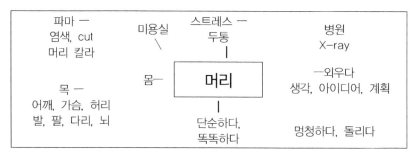

두○○ 학생과 이○○ 학생의 사례에서 알 수 있듯이, 동일한 자극어에 대해 학습자가 머릿속에서 연결 짓는 단어망은 차이를 보인다. 판○○ 학생

은 앞서 살펴본 두 명의 외국인 학생보다 연상한 단어가 많고 연상 내용도
일반 지식과 연계되어 사회·문화적 내용이 더욱 확장되었음을 알 수 있다.

③ 외국인 학생 3 (판○○)

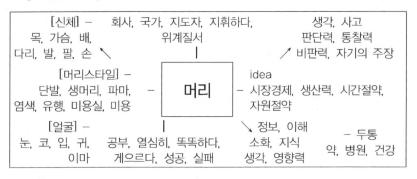

판○○ 학생의 연상망에는 '시장 경제, 생산력, 회사, 국가'와 같은 단어가
제시되어 있다. 이는 판○○ 학생의 전공인 정치외교학과 관련된 지식이 연
상 과정에 영향을 준 것으로 볼 수 있다. 결국 외국인 학생들이 동일한 연상
어에 대한 연상폭이 다른 이유는 학습자가 알고 있는 지식을 어느 정도 한
국어로 표현할 수 있는가에 달려 있고, 한국어 단어들을 관련 있게 묶을 수
있는가에 달려 있고 얼마나 많은 지식을 동원할 수 있는가에도 달려 있다.

다음 예는 문학 전공자인 한국인 학생이 자극어 '머리'에 대해 연상한 내
용이다. 자극어 '머리'에 의해 언어 내적으로 떠오르는 정보보다는 언어 외
적 요소에 해당하는 세상사 지식이 내포적 의미(머리→우두머리, 청년→가능성)
와 상징(돈→똥, 죽음→어둠, 생명→빛, 빨간색→혁명)에 의해 얽혀 있고 단어에 대
한 정서적 느낌(지성→차가운 것)과 사회 문화적 배경 지식(정치, 유물론, 혁명,
자본주의…)이 고스란히 녹아 있다. 이는 단어를 단지 생각나는 대로 배열하
기만 한 것이 아니라 떠오르는 단어들이 맺는 관계가 더 깊이 있게 조직적

으로 구성되어 있음을 보이는 것이다.

④ 한국인 학생 (고○○)

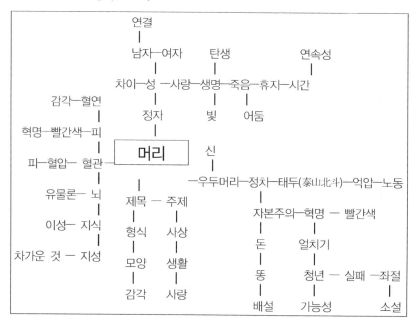

이와 같이 조밀한 구성을 보이는 고○○ 학생의 연상망은 소핵심어들을 사용하여 유기적으로 묶는 과정을 거칠 때 연상 내용이 더욱 일목요연한 구조를 갖게 될 것이다. 따라서 연상을 통해 어휘망을 조직하는 활동을 할 때에는 학생들에게 핵심어와 구조틀을 제공하여 학습자의 사고를 촉진하고 어휘들 사이의 관계를 연결하도록 돕는 것이 유용하다. 마인드맵을 작성하는 다양한 방법을 원용하는 것도 좋다. 외국인 학습자의 경우는 한국어 모어 화자가 다양한 언어 외적 연상을 한국어로 표현하는 것과 같이 자유롭게 연상 내용을 적는 데 제한이 있기 때문에 연상을 촉진할 구조를 만들어 주고 여러 명의 학습자가 함께 관련 지식을 끌어오는 방법을 사용하여 연

상망을 확대하는 것이 유용한 방법이 될 수 있다.

2) 단어들 간의 연관성 찾기

연상을 통해 하나의 단어가 또 다른 단어와 맺는 관계를 탐색하는 활동 역시 학습자가 자연스럽게 어휘를 확장해 갈 수 있는 기회를 제공한다. 먼 저 두 개의 자극어 사이에 떠오르는 단어를 적는 방법은 짧은 시간에 단어 들을 연결 짓도록 돕는 유용한 방법인데 실제로 이를 수행한 결과 학습자 에 따라 차이가 큼을 알 수 있었다.

> (1) 두 개의 자극어 사이에 연상어 적기
> ① **머리** ⇒ 미용실 ⇒ **친구**
> ② **머리** ⇒ 뇌 ⇒ 기억 ⇒ 옛날 ⇒ **친구**
> ③ **입다** ⇒ 옷 ⇒ 비옷 ⇒ 비 ⇒ 차갑다 ⇒ 쓸쓸하다 ⇒ 떨어지다
>   ⇒ **슬프다**
> ④ **입다** ⇒ 상처 ⇒ **슬프다**

가령 '머리'와 '친구' 두 개의 자극어 사이에 떠오른 단어를 가지고 문장 을 적어보라고 하면 '머리하러 친구와 미용실에 갔다', '옛 친구와 함께 했 던 소중한 기억이 머릿속에 가득하다'와 같이 문장의 내용이 다르다. 결국 단어를 연결하는 구성이 자연스러울수록 쓰기에서 더 논리적인 글을 쓸 수 있고 설득력 있는 내용이 될 것임을 추론할 수 있다.

> (2) 여러 개의 자극어를 보고 관련된 공통 연상어 찾기
> ① 여러 개의 자극어를 보고 관련된 명사 연상어 찾기
>   친하다, 믿음, 동행, 우정, 사귀다 ⇒ 친구
>   선물, 고백, 꽃, 사랑, 가시 ⇒ 장미
> ② 여러 개의 자극어를 보고 관련된 동사 연상어 찾기

　　꿈, 침대, 밤, 쉬다, 이불 ⇒ 자다

　　깨닫다, 지식, 배우다, 병, 힘 ⇒ 알다

③ 여러 개의 자극어를 보고 관련된 형용사 연상어 찾기

　　소금이~, 스웨터를~, 월급이~, 빨래를~, 여드름을~ ⇒ 짜다

　　잃다, 빈손, 가난, 엑스(X), 허전하다 ⇒ 없다

④ 여러 개의 자극어를 보고 관련된 부사 연상어 찾기

　　완전히, 모두, 전부, 몽땅, 전체 ⇒ 다

　　직진, 자세, 행동, 반듯하다, 올바르다 ⇒ 똑바로

이처럼 연상을 통해 하나의 단어가 또 다른 단어와 맺는 관계를 탐색하는 활동은 단어들이 맺는 다양한 관계를 찾아내도록 돕기 때문에 학습자가 어휘에 대한 지식과 어휘와 관련된 상황을 떠올리게 되고 통사적 관계와 의미 관계에 의한 언어 정보를 활용할 수 있도록 한다. 외국인 학습자에게는 명사와 연관된 언어 외적 지식을 확충하는 어휘 학습과 동사의 다의적 쓰임을 알려주는 어휘 학습이 필요하다.

3.3. 연상을 통한 질적 어휘 능력의 신장

외국인 학습자는 단어의 선택 관계와 결합 관계에 의한 언어 내적 요인에 의한 어휘 의미를 학습할 필요가 있다. 나아가 학습자가 단어의 속성을 파악하여 내포 의미와 정서적 의미를 깊이 있게 처리하고 단어와 연관된 사회·문화적 지식을 활용할 수 있도록 언어 외적 요인에 의한 어휘 의미 학습도 병행해야 한다.

1) 언어 내적 요인에 의한 어휘 의미 지도

(1) 선택 연상에 의한 개념의 정교화

단어를 연결하는 실제 수업에서 외국인 학습자들이 겪는 가장 큰 어려움은 단어들의 의미 관계를 찾는 것이었다. 특히 반의, 유의, 다의, 상하의 관계에 대해 체계적으로 학습이 되지 않았음을 알 수 있었다. 김은혜(2012)의 단어 연상 실험에서 반의어를 지닌 동사와 형용사의 경우는 해당 반의어를 연상어로 반응하는 경향이 높았다. 동사와 형용사 자극어를 주었을 때 반의 관계에 있는 단어가 있다면 그 단어가 연상어로 제시되는 확률이 높았지만 명사의 경우는 자극어에 따라 달랐다. 자극어 '친구'와 '사랑'은 반의어가 있는 단어지만 '적'이나 '원수' 혹은 '미움'이 연상어로 제시되지 않았다. 부사의 경우는 한국인은 자극어 '천천히'와 '조금'에 대해 반의어를 연상한 사람이 없었지만 외국인은 높은 빈도를 보이며 '빨리'와 '많이'를 연상하였다. 특히 연상 실험에서 자극어의 반의어는 활발한 연상 관계를 보였기에 형용사나 동사의 반의어 학습에 연상을 활용하면서 관련어를 찾는 것은 유용하다.

① 반의어 적기

주어진 문장에서 반의어를 찾는 활동은 한정된 상황 맥락에서 연관이 없어 보이는 단어들이 연결되는 것을 발견하는 의미 있는 활동이다.

문제	정답	합습자 오답
① 버스에 자리가 없어서 한참 동안 <u>서</u>서 왔다.	앉다	
② 시계가 고장이 나서 <u>서</u> 버렸다.	가다	돌아가다, 움직이다(△)
③ 회장으로서 체면이 <u>서지</u> 않았다.	깎이다	중요하다, 세우다, 망하다, 낮추다, 친절하다

동사 '가다'의 반의어로 한국인과 외국인 모두 '오다'를 연상하였다. 그러나 '시계가 가다 서다 한다.'에서는 '가다'의 반의어가 '서다'가 된다. 동사 '서다'의 반의어도 문맥에 따라 '앉다, 가다, 깎이다'로 나타난다. 이처럼 하나의 단어는 여러 개의 의미를 가지고 있는 일이 흔하기 때문에 세부 의미 항목에 따른 반의가 다를 수밖에 없으며 문맥 속에서 창조되는 의미에 대한 일시적 반의도 있기 때문에 학습자가 이러한 단어 관계를 인식하도록 도와야 한다.

② 유의어 적기

유의어나 하의어를 통한 개념의 정교화 활동은 학습자가 목표어의 의미를 정확하게 인식하고 사용한다는 뜻이다. 다음은 문맥을 통해 유의어의 의미를 변별하여 적는 활동이다. 실제로 다국적 고급 학습자들은 오류를 많이 범하지 않았는데 문제에 등장한 어휘를 학문 영역과 일상생활에서 많이 접해본 때문이라고 하였다.

문제	정답	학습자 오답
① 그는 학자의 입장에서 새 정책을 예리하게 _____했던 사람이다.	논평	논증 논의
② 나는 진학 문제에 대하여 선생님과 _____하였다.	논의	검토 논쟁 (△)
③ 이 가설은 객관적인 방법에 의해 _____되어야 한다.	논증	검토(△), 논의(△), 논쟁
④ 이것이 진실인가 아닌가에 대한 _____은 아직도 끝이 나지 않았다.	논쟁	논증
⑤ X-ray _____결과, 뼈가 부러져 있었다.	검사	검색 검출
⑥ 음식에서 식중독을 일으키는 세균이 _____ 되었다.	검출	검토 검사
⑦ 인터넷 _____ 기능을 활용해 자료를 찾자.	검색	검출
⑧ 선생님은 시험 답안지를 여러 번 _____했다.	검토	논의 검사

문제	정답	학습자 오답
⑨ 그 영화는 다음달에 _____ 된다.	개봉	
⑩ 이번 학기에 새로운 강의가 _____ 된다.	개설	
⑪ 그는 서울에 병원을 _____ 하기로 했다.	개원	개통
⑫ 전철이 _____ 되면서 시간이 단축되었다.	개통	개원

　그러나 일반적으로 고급 학습자들은 유의 관계에 있는 단어를 문맥에 따라 적절하게 적용하는 데 큰 어려움을 겪고 있기 때문에 인지적으로 동일한 개념이 언어 표현에서 어떠한 차이를 가지며 사용되는지 지도될 필요가 있다. 가령 '열다, 시작하다'의 개념이 영화, 강의, 병원, 전철과 같은 다른 맥락에서 어떻게 사용되는가를 발견하는 활동을 해보는 것이다.

　단어 연상 실험을 통해 고급 학습자들은 부사 자극어 '다'의 유의어로 '모두, 완전히, 전부, 몽땅, 전체, 싹, 총'을 부사 자극어 '아마'의 유의어로 '만약, 어쩌면, 만일, 혹시'를 제시한 바 있다. 고급 학습자들은 타 품사보다 부사의 의미를 파악하는 것을 더 어렵게 여기고 있다. 동일한 문장에 비슷한 부사어를 넣어 보아 어떠한 의미 차이가 나는지 발견하도록 유도할 수 있다.

용례	의미
① 갈 사람은 **다** 왔다. (모두, 전부) 　물건을 **다** 가져갔다. (모두, 전부, 몽땅, 싹) 　오늘 할 일을 **다** 마쳤다. (모두/전부/완전히)	남거나 빠진 것이 없이 모두
② 사람이 **다** 죽게 되었다. (완전히/거의)	한도(限度)에 이른 행동이나 상태

(2) 결합 연상에 의한 의미 전이 과정의 인식

　다의어와 동음어의 차이는 단어 사이에 의미적 연관성이 있는가에 의한 것이지만 외국인 학습자들은 하나의 개념이 어떻게 적용되는지에 더 관심이 있기 때문에 다의어와 동음어 학습 원리는 동일하게 묶일 수 있다. 여러 개의 상황 문맥을 주고 공통된 단어를 떠올리는 다의어 혹은 동음어 찾기 문제에서 고급 학습자들은 단어 '타다'를 제외하고 저조한 정답률을 보였다. 이 활동은 단서를 활용한 추론, 다의로 확장 변형되는 인지 과정에 대한 인식, 연어에 의한 통사적 관계, 동음 관계에 있는 단어들에 대한 복합적인 지식을 활용해야 하기 때문에 어렵다고 할 수 있다.

문제	정답	오답
① □□가 아프다. 상□□가 부러지게 음식을 차리다. □□가 무너졌다.	다리	머리
② □가 높다. 그 싸움에서 □가 납작해진 친구는 울음을 터트렸다. □가 비뚤어지게 술을 마셨다.	코	땅 기 키
③ □ 만난 고기. 나쁜 사상에 □이 들었다. □이 좋은 광어	물	맛 속 빛
④ 널 기다리다 내 속이 다 □□. 햇볕에 살갗이 □□. 시간이 없어 결국 택시를 □□.	타다	무응답
⑤ 벽에 금이 □□. 몸에 무리가 □□. 콩나물무침이 시큼하게 맛이 □□.	가다	있다 나다 쓰다 들다

김은혜(2012)의 단어 연상 실험에서 자극어 '짜다'는 '소금, 월급, 스웨터, 여드름, 빨래'로, 자극어 '어렵다'는 '난이도, 문제, 형편, 생활, 살림, 상황, 관계'로 연상되었다. 이들 연상어는 '짜다'와 '어렵다'가 통사적 연어 구성을 이루는 단어들이다. 그러므로 인접한 통사 배열로 인해 자주 결합하는 단어들은 강한 연상 관계를 형성한다고 할 수 있다. 이는 이광호(2009)에서 코퍼스 상에 인접하여 공기하는 단어군을 추출하여 연상 반응어와 대비한 결과나 Mary(2010)의 연어 연상 패턴과 연어 학습 활동 개발에 대한 논의와 맥을 같이 한다. 자극어 '어렵다'와 연어 구성을 이루면서 연상 실험에서 반응어로 제시된 단어들을 단어의 속성과 상황 맥락을 고려하여 구분하면 '어렵

다'의 기본 의미가 확장되는 과정을 살펴볼 수 있다.

자극 단어	결합 정보	의미
어렵다	수술, 시험	하기에 까다롭다
	때, 상황	곤란이나 시련을 겪다
	책, 말, 문제	이해하기에 까다롭다
• 어려운~	살림, 생활, 처지, 형편	가난하여 살아가기 힘들다
• ~이/가 어렵다	자리, 걸음, 사람, 관계	조심스럽고 거북하다.
	완치가 ~	가능성이 거의 없다.

동일한 맥락에서 <표 4-15>는 동사 '먹다'의 연어 구성을 통해 기본의미(중심의미)와 확장 의미의 연관성을 살펴본 것이다(김은혜, 2011b 참조). 먹는 주체와 대상물, 수혜 범위라는 3가지 요소가 주체의 입장이 능동적인지 혹은 수동적인지, 주체가 유정물인지 무정물인지, 수혜 범위가 에 따라 동사 '먹다'의 의미는 확장됨을 알 수 있다.

<표 4-15> '먹다'를 통해 본 언어 사용자의 다의 관계 인식 양상

중심 의미	먹는 이 가 음식물 을 몸 안으로 받아들이다 주체　　대상물　수혜　범위	• 밥, 국, 물, 우유, 약
확장 의미	주체(유정물)와 대상물의 영향 관계에 의한 의미　　수동성 • 주체가 수동적으로 대상물을 받아들이다 • 주체가 외부적 요인에 의해 변화를 입다 • 주체가 대상물(환경) 안으로 들어가다(생활하다) • 주체가 대상 환경의 한 부분이 되다 • 주체가 대상물을 능동적으로 차지하다　　능동성	• 골/욕/한방 • 겁/쇼크/충격/더위 • 서울물/외국물 • 편, 친구 • 돈/뇌물/1등/챔피언
확장 의미	주체가 무정물로 확대되면서 수혜 범위가 부각된 의미 • 주체에 대상물이 받아들여지거나 흡수되다	• 옷감에 풀 • 얼굴에 화장

결합 연상에 의한 의미 전이 과정을 인식하는 활동은 언어 내적 지식과 언어 외적 지식을 함께 활용할 수 있는 유용한 방법이다. 이러한 과제를 잘 해결하는 학생들은 단서를 활용한 추론, 다의로 확장 변형되는 인지 과정에 대한 인식을 잘하는 것으로 보여 표현 영역에서 수월한 접근을 할 것으로 기대된다. 요컨대, 학습자들에게는 단어의 양을 늘려주는 것도 필요하지만 학습한 단어들 사이의 관계를 구성하고 조직하며 창조할 수 있는 어휘 구성 능력을 신장시키는 것이 중요함을 알 수 있다.

2) 언어 외적 요인에 의한 어휘 의미 지도

(1) 연상을 통해 획득한 내포 의미

연상 과정에는 자극어가 지닌 의미 속성과 연상자의 정서적 느낌과 태도가 반영되기 때문에 연상을 통한 깊이 있는 의미 처리가 가능하다고 본다. 본고에서 실시한 연상 실험은 하나의 자극어에 대해 하나의 연상어를 적는 활동이어서 실험참가자들 사이에서 높은 빈도를 보이는 연상어가 사회적으로 용납 가능한 표준적인 내용인지를 가늠하는 주요한 잣대가 될 수 있었다. 그러나 내포 의미를 발견하기 위해서는 하나의 자극어에 대해 연상자가 다양한 연상어를 적는 활동이 도움이 된다. <표 4-16>은 김은혜(2011c)에서 60명의 한국인에게서 수집한 자극어 '빨강'에 대한 총 298개의 연상어 중 중복된 것을 제외하고 모두 138가지의 연상어를 제시한 표를 가져온 것이다.

<표 4-16>은 자극어 빨강이 불러 올 수 있는 언어적 지식뿐 아니라 언어 외적 지식이 얼마나 다양한지를 보여 준다. 자극어 빨강에 대한 사전적 의미는 빨간 빛깔이나 물감이다. 사전적 의미만 가지고는 빨간 빛깔을 모르는 학습자에게 아무런 의미도 알려 줄 수 없다. 연상자들이 제시한 연상어를 통해 비록 지시물이 지닌 농도가 다르더라도 빨간 빛깔을 유추해 낼 수 있게 된다. 지시물의 색채에 의한 연상어들은 빨간 사과, 립스틱, 우산과 같

이 '빨간+명사'의 구조로 나타낼 수 있다. 그런데 동일한 '빨간+명사'의 구조로 된 다음의 사례 '빨간 날, 적자, 새빨간 거짓말, 빨간 줄'과 같은 구나 합성어에서는 '빨간'의 의미가 단순히 빛깔의 의미를 나타내는 것이 아니라 특정한 맥락에서 새로운 의미를 지니고 사용된다. '빨간 날'은 달력에 휴일을 붉은 색으로 표시하는 문화적 관습이, '빨간 줄'은 출감 기록을 호적에 남기는 관습이 반영된 것이고 '새빨간 거짓말'은 '뻔히 드러날 만큼 터무니없는 거짓말'을 뜻하는데 '새빨갛다'에는 정도가 몹시 지나쳤다는 강조의 의미와 공산주의와 같은 정치 이념을 상징하는 의미도 연관이 있다.

<표 4-16> '빨강'의 연상어를 통해 본 의미의 확장

연상의 유형과 연상어		의미
① 언어 내적 연상 **상위어**: 색깔(4) **동위어**: 파랑(5), 노랑(3), 주황(2), 흰색(1), 초록(1), 보라(1), 남색(1), 검정(1)	지시적 의미	**빨간 빛깔이나 물감**(62)
② 언어 외적 연상 **지시물 자체가 지닌 색채:** 피(19), 헌혈(2), 사과(15), 불(14), 장미(10), 소방차(8), 태양(5)-[쨍쨍(1)], 신호등(4), 하트(3), 입술(3), 딸기(3), 고추(3), 토마토(2), 빨간펜(2), 카네이션(1), 파프리카(1), 진달래(1), 자두(1), 저녁놀(1), 우체통(1), 수박(1), 소화기(1), 선혈(1), 산타(1)-크리스마스(1), 빨간마후라(1), 빨간 당근(1), 불꽃(1), 봉숭아(1), 모닥불(1), 레드카펫(1)-[여배우(1)], 레드카드(1), 딸기주스(1), 동백꽃(1), 당근(1), 단풍(1), 노을(1), 고추장(1), 감(1), 완장(1) **지시물이 지닌 다양한 색채 중의 하나:** 립스틱(10), 우산(4), 옷(4), 자동차(3), 양말(3), 크레파스(2), 손톱(2), 색연필(2), 무지개(2), 꽃(2), 풍차	내포적 의미	**자극어의 속성** **위험(4)** 경고(1) 휴일(1) **정열(19)** **열정(7)** 격정(1) **강함(2)** 강렬함(1) **사랑(5)** 강조(1) 희생(1) 싸움(1) 죽음(1) **정지(2)** **무서움(2)** 금지(1) 성인(1) 성숙(1) **뜨거움(2)** 따뜻함(1) 화려함(1)

연상의 유형과 연상어	의미
(1), 풍선(1), 장화(1), 의자(1), 우비(1), 외투(1), 신발(1), 스포츠카(1), 스커트(1), 스웨터(1), 숫자(1), 속옷(1), 사탕(1), 볼펜(1), 벙어리장갑(1), 물감(1), 목도리(1), 모자(1), 나뭇잎(1), 매니큐어(2), 마후라(1), 리본(1), 드레스(1), 내의(1), 구두(1) **연상자에 따른 개인적/사회적 지식과 경험:** 빨강 머리 앤(4), 여자(3), 중국(2), 스페인(2)-[탱고(1)], sk와이번스(1), 프로필 사진(1), 투우(1), 운동(1), 에너지(1), 시(1), 미리(1), 강(1), 붉은 악마(4), 태극기(3), 월드컵(2), 채점지(1), 쉬는 날(1), 노동자(1), 구세군(1), 공산당(1), 거짓말(1), 17세(1)	야함(1) 승리(1) 매력(1) 집중(1) 원초적(1) 나체(1)

<표 4-16>을 보면 연상자들이 자극어 '빨강'에 대해 '경고, 강조, 휴일, 금지'와 같은 내용을 연상어로 제시한 것을 알 수 있는데 이는 연상을 통해 다양한 내포 의미를 발견하고 학습할 수 있음을 뜻하는 것이다. 특히 <표 4-16>의 한국인 언어 사용자가 빨간 빛깔에 대한 반응으로 제시한 정서적 연상어는 사전에서 제공하지 않는 빨강의 내포적 의미를 알려준다. <표 4-16>에 제시된 빨강의 내포적 의미 중에는 매력, 원초적, 나체, 집중과 같이 개인적 의미를 지니는 것도 있지만 나머지 경우는 사회·문화적으로 용인 가능성이 높아 보인다. 빈도수가 2회 이상인 연상어인 '정열, 열정, 사랑, 위험, 정지, 무서움, 뜨거움'이 환기하는 내포적 의미를 먼저 교수하는 것도 하나의 방법일 것이다.[63] 빨강이 지닌 내포적 의미를 이해한 학습자는 다

---

62) 『표준국어대사전』에 제시된 '빨강'의 첫 번째 뜻풀이. 두 번째 뜻풀이는 『미술』 기본색의 하나. 노랑, 파랑과 더불어 천연색 사진이나 그림물감 등의 감산 혼합으로 색을 표현할 때 삼원색을 이룬다. 먼셀 표색계에서는 7.5R 4/14에 해당한다고 제시되어 있다. 이는 '빨강'에 대한 미술 분야의 지식에 속하고 백과사전적 정의로 볼 수 있다.

63) 외국인 유학생이 '빨강'에 대해 연상한 내포적 의미와 사회·문화적 의미는 다음과 같아 한국인과 차이가 있다. 이는 학습자의 언어와 문화에 따라 달리 나타날 수 있는 것이다. 덥다(2), 힘(1), 정치(1), 적군(1), 유년 시절(1), 눈에 띄는(1), 급격한(1), 위험하다(1), 거리감

음과 같은 문장을 이해하는 데 무리가 없을 것으로 판단된다.[64]

> 휴가 기분에 맞게 가방 색깔도 초록, 빨강 등 과감한 색을 선택하면 색
> 다른 재미를 줄 수 있다… [중앙일보사, 2002][65]
> 살상 장면에 입힌 빨강을 제외하면 온통 흑백으로 만들었는데, 특별한
> 이유가 있나… [한겨레신문사, 1999]
> 크리스마스의 세 가지 색깔: 빨강- 사랑과 희생, 초록- 희망과 영원한 생
> 명… [좋은생각, 2000]
> 빨간 빛깔에 대한 거의 미신적인 피해의식으로부터 놓여나지 못했다. 우
> 리에게 빨강은 의식의 한올을 가시처럼 찌르고 잡아당기는 이상한 빛깔이
> 었다. 빛깔 속에 가시나…[박완서, 창작과비평사, 2002]

신문과 소설에 쓰인 예문을 통해 빨강이 살상이나 희생과 같이 어두운
이미지를 가지고 있으면서도 휴가철의 밝음을 일으키는 긍정적인 이미지도
있음을 알 수 있다. 또 빨강은 한국전쟁과 공산당에 대한 한국인의 정서를
설명해 주기도 한다.

이처럼 연상 실험을 통해 발견한 내포 의미 학습은 학습자가 한국어를
모국어로 사용하는 언어 사용자의 의식과 태도를 엿볼 수 있는 기회를 제
공하여 어휘가 지닌 의미를 더 깊이 있게 이해하고 사용할 수 있도록 도울
수 있다.

(2) 연상을 통해 획득한 사회문화적 지식

연상 과정에는 연상자가 인지적으로 가까운 거리에 있다고 생각하여 연

---

(1), 불안한(1), 마음에 들지 않다(1), 열정(1), 정열(1), 시험(1), 화려하다(1), 행운(1), 결혼식
(1), 신부(1), 환갑(1), 세뱃돈(1), 새해(1)
64) 밑줄은 필자가 그은 것으로 '빨강'의 의미를 알 수 있게 하는 문맥 단서로 볼 수 있다.
65) 인용된 예문들은 국립국어원 누리집의 <주요 어휘 용례>와 <말뭉치 찾기>에서 찾은 예
문들이다. http://www.korean.go.kr/09_new/dic/example/simplesearch.jsp

상하는 내용들이 있는데 동일한 사회·문화적 배경을 공유하지 않을 때는 이해가 되지 않는 경우가 있다. 가령 '크리스마스'에 대해 '계란'을 연상하거나 '금요일'에 '야채 시장'을 연상하는 일은 한국인에게는 보편적이지 않지만 '기차'에 대해 '계란'을 연상하거나 '비'에 대해 '부침개'를 연상하는 일은 한국인에게 자연스럽다. 그렇기 때문에 사회적 관습 및 문화적 요인에 의한 연상은 언어 사용이 이루어지는 상황 맥락을 전달할 수 있기 때문에 언어 공동체가 용인하는 의사소통적 의미를 지닌 것으로 볼 수 있다.

엄밀히 따지자면, 개인적 경험과 지식 또한 사회적, 문화적 지식을 포함하고 있기에 개인적 요인과 사회적 요인을 명쾌히 구분할 수 있기보다는 모호한 경계를 지닌 것으로 보아야 한다. 이것은 언어 의미와 백과사전적 의미를 명확히 구분하지 못하는 것과도 맥을 같이 한다. 사회적 관습 및 문화적 요인에 의한 연상은 연상자의 지식, 연령, 거주 지역, 직업, 성별 등에 의해 영향을 받기도 하고 자극어가 시대나 사회적 환경에 따라 외연과 내포적 의미를 달리하기 때문에 연상 내용이 달라지기도 한다.

<표 4-17>은 김은혜(2011c)에서 논의하였던 자극어 '돼지'에 대한 한국인의 연상어 중 사회·문화적 지식과 경험과 연관이 있는 내용을 부각한 것이다.

<표 4-17> '돼지'의 연상어를 통해 본 사화문화적 지식과 경험

연상의 유형과 연상어		의미
① 언어 내적 연상 **상위어**: 가축(3), 동물(1) **동위어**: 소(7), 닭(2), 노루(1) **관용표현**: 진주(2) - 돼지 목에 진주 목걸이	지시적 의미	멧돼짓과의 포유류66)
② 언어 외적 연상 **먹거리로서의 돼지고기**:	내포적 의미	몹시 미련하거나 탐욕스러운

연상의 유형과 연상어	의미
삼겹살(37), 고기(12), 족발(4), 비계(4), 갈비(4), 항정살(1), 오돌뼈(1), 앞다리살(1), 내장(1), 껍데기(1) **돼지고기를 넣어 만든 음식이나 그 음식과 함께 먹는 것들:** 김치찌개(2), 감자탕(2), 햄(1), 찌개(1), 주물럭(1), 음식(1), 육수(1), 요리(1), 순대(1), 수육(1), 불고기(1), 보쌈(1), 바비큐(1), 두루치기(1), 돼지갈비(1), 돈가스(1), 국밥(1), [숯불(1), 숯(1), 마늘(1), 고추(1), 상추(2), 쌈(1), 기름장(1), 기름(1)] **돼지의 외양 및 특징:** **꼬리(10), 돼지코(8)**, 돼지머리(2), 꿀꿀(7), 다산(3), 새끼(2), 돼지우리(3), 냄새(3), 핑크(2), 축사[(1)-좁다(1), 축축함(1)], 집단사육(1), 젖먹다(1), 육식(1), 울음소리(1), 시끄러움(1), 새끼가 많다(1), 새끼 돼지(1), 살처분(1), 사육된다(1), 사료(1), 분홍색(1), 먹성(1), 뒤뚱뒤뚱(1), 돼지농장(1), 도축(1), 정육점(2) **연상자에 따른 개인적/ 사회적 지식과 경험:** 홍수(1), 탄광(1), 저팔계(1), 시골(1), 진흙(1), 웃음(1), 오래오래(1), 삼형제(1), 베이브(만화)(1), [배꼽(1)], 모성애(1), 만화(1), 마을잔치(1), 리본(1), 딸(1), 농촌(1), 나눔(1), 과식(1)[-다이어트(3)-스트레스(1)], [곱슬머리(1)] **구제역(16), 저금통(14), 복(8), 복권(4)**, 돈(3), 꿈(2), 개업식(2), 회식(1), 황우석(1), 황금돼지(1), 행복(1), 부자(1), 부요함(1), 별명(1), 무균돼지(1), 모슬렘(1), 띠(1), 고사(1), 돼지바(1)	몹시 뚱뚱한 탐욕(3), 욕심쟁이(1), 욕심(1), 뚱뚱하다(7), 뚱보(3), 비만(6), 포동포동(2), 통통함(1), 지방(1) 더러움(5), 불결(1) 나태(1), 게으름(1) 싫다(1), 미련(1) 풍요로움(2), 풍성함(2), 푸짐함(1), 넉넉함(1), 다복(1) 귀여움(1), 맛있다(2) 희생(1)

---

66) 『표준국어대사전』에 '돼지'의 뜻풀이는 「1」 『동물』 멧돼짓과의 포유류. 몸무게는 200~250kg이며, 다리와 꼬리가 짧고 주둥이가 뾰족하다. 잡식성으로 온순하며 건강하다. 임신 4개월 만에 8~15마리의 새끼를 낳는다. 멧돼지를 길들여 가축으로 만든 것인데, 중요한 축산 동물의 하나로 모양과 색깔이 다른 여러 품종이 있다. 「2」 몹시 미련하거나 탐욕스러운 사람을 비유적으로 이르는 말. 「3」 몹시 뚱뚱한 사람을 놀림조로 이르는 말. 「4」 『민속』 윷놀이에서, '도01'를 달리 이르는 말로 제시되어 있다.

<표 4-17>을 통해 멧돼짓과의 포유류가 어떻게 길러지고 도살되어 먹거리가 되며 한국인들은 돼지고기를 어떤 음식으로 해먹는지에 대해 알 수 있게 된다. 한국인들이 삼겹살을 가장 좋아하고 자주 먹는다는 것도 그리고 개업식에서 고사를 지내는 것, 돼지꿈을 꾸고 복권을 사는 일, 구제역으로 많은 돼지가 매장된 일과 같은 사회 문화적 지식을 알 수 있게 되고 이러한 어휘에 대한 지식은 어휘를 적재적소에 사용하도록 도울 뿐 아니라 관련된 언어 표현들을 이해하도록 도울 수 있게 된다. 따라서 연상을 통한 어휘 확장은 읽기를 위한 배경 지식을 형성할 수 있으며, 쓰기를 위한 사고 생성과 창의적 표현을 구상하는 것에도 연계될 수 있다.

4. 어휘 학습 전략의 지도

조명한(1969)에 의하면 연상(association)은 무엇이 마음에 떠오름으로써 그 점화의 힘으로 단어가 통합되는 과정이요, 그 정체가 밝히어지는 과정이다. 박태진(2004)에서 연상은 한 단어로부터 다른 단어나 생각을 떠올리는 경향성으로서 단어 간에 이미 존재하는 관계성을 나타내는 것으로 정의되었다.

어휘 의미 지도에 연상을 활용하는 것은 크게 의미를 발견하고 발견된 의미를 기억하는 두 가지 관점에서 의의가 있다. 연상 관계는 언어 내적 의미 관계만이 아니라 언어 사용자가 언어 주체로서 경험한 총체적인 삶과 결부된 개념과 관습적인 요소를 포함하고 있어 어휘 의미를 발견할 수 있도록 돕는다. 이 때 활용되는 지식은 어휘의 내적 요소를 분석하는 경우에 유용하게 사용될 수 있다. 또한 연상이 진행되면서 활성화되는 무수한 정보를 어떤 방식으로 조직화하고 활용할 것인가에 대한 문제는 어휘 의미를 파악하는 개념 틀의 구조와 관계가 있다. 어떤 정보를 활성화시키는가는 어떤 맥락에서 어휘가 사용되는 것인지를 부각시키는 것이며 관련 정보를 적절하게 활성화시킬 수 있음은 어휘 이해와 표현을 위한 유용한 정보를 잘 활용할 수 있는 능력과 연관이 있다. 더불어 연상을 통해 어휘를 학습하고 활용하는 과정은 어휘를 오랫동안 기억할 수 있도록 도울 수 있다.

본 절에서는 연상을 활용한 외국어 학습에 대한 연구를 개관하고 연상을 활용한 지도 방법이 어휘 교육에 있어 어떠한 함의를 갖는지에 중점을 두고 논의를 진행하기로 한다.

학습자들은 일상생활을 통해 많은 어휘를 습득하고 있다. 그러나 어휘량을 증가시키되 체계적인 방법으로 오랫동안 기억할 수 있게 지도하는 의도적인 교수 방법이 어휘 지도에 있어 더 효율적이다. 어휘량을 증가시킬 수 있는 효과적인 방법은 어휘를 관련 있는 어휘와 함께 지도하는 것이다. 단어가 유기적이고 체계적으로 조직되어 어휘를 이룬다고 볼 때 각각의 단어는 체계 내에 있는 여러 단어와의 관계 속에서 의미와 용법을 파악하도록 지도될 필요가 있다. 동의어, 유의, 반의, 상의, 하의와 같은 어휘 관계를 고려하여 어휘량을 늘리거나, 생산적인 접사 및 어근을 이용하여 파생어와 합성어를 통해 어휘 형성 과정을 탐색해 어휘가 형성되는 원리를 이용해 어휘를 이해하고 사용할 수 있는 능력을 기르는 것도 어휘 확장을 위한 좋은 방법이다.

이처럼 효과적으로 어휘를 확장할 수 있는 접근법은 그 이면에 인지주의적 관점을 취하고 있다. 인지주의적 관점은 80년대 이후 인지 심리학의 영향으로 낱말을 아는 것을 개념을 아는 것으로 보는 관점으로 새로운 개념, 생각을 인식하고 표현할 수 있도록 어휘를 지도하는 것이다. 이와 관련해서 다음의 지적을 고려할 필요가 있다.

인지 심리학의 연구 성과를 어휘 학습에 적용해 보면 학습활동이 기억에 도움을 주기 위해서는 '의미'와 관련이 있어야 하며, 학습의 과정에서 '깊이 있는 정보의 처리'가 이루어져야 한다. 어휘력을 일종의 지식으로 보는 관점에서 개발된 어휘 지도 방법들이 효과적이라는 것은 그것이 의미에 기초한 방법이고 학습자의 사전 지식과의 적극적인 통합으로 깊이 있는 정보처리를 가능하게 해주기 때문이다(손영애, 2004: 257).

인지적 관점에서 어휘를 지도하는 방법은 학습자의 머릿속 사전에 저장된 어휘 특성에 대한 정보와, 백과사전적 정보, 개인적 기억 등을 통합시킬 수 있다는 점에서 의미가 있다. 학습자의 사전 지식과 경험은 교수·학습 대상 어휘에 대한 개념을 형성하는데 유용하며, 학습자의 흥미를 유발하는 동인이 된다.

4.1. 연상을 활용한 의미 발견 전략

연상을 활용한 어휘 분석 전략은 생산적인 접사 및 어근을 이용하여 파생어와 합성어를 통해 공통 의미를 지닌 요소를 발견하기, 동일 주제나 상황에 의해 존재론적 부류로 묶이는 단어류의 관계를 발견하기, 동일한 서술어를 취하는 여러 명사 부류, 동일한 명사를 취하는 여러 서술어의 의미를 관련짓기와 같은 활동 속에 어휘의 형태와 의미를 연결 짓고 어휘의 의미를 발견하는 것이다. 단어의 내적 구성을 이해하고 그 속에서 의미를 발견하는 것을 시발점으로 하여 동일한 단어가 확장된 맥락, 알고 있는 단어가 새로운 문맥이나 상황에 사용될 때 적절한 의미를 찾기, 알고 있는 개념을 세분화하고 비슷한 개념과 연관 짓기, 낯선 어휘의 의미를 알고 있는 개념과 단어들과 연관 지어 추측해 내기와 같은 전략 구사에 이르기까지 다양한 어휘 분석 전략이 있다. 다음에 주어진 예를 살펴보기로 하자.

(1) ① [먹보, 울보, 꾀보]　　　　　　　겁보⇒

　　② [웃음바다, 울음바다, 눈물바다]　　정보바다⇒

(2) [황금 길목, 황금시간대, 황금시장, 황금어장, 황금연휴] 황금⇒

(3) [높은 산; 높은 사람, 위층/아래층; 윗사람/아랫사람] 높은⇒위⇒ 아래⇒

　(1)은 접미사 '-보'와 단어 '바다'가 결합된 합성 명사의 사례를 통해 학습자
가 '겁보'와 '정보바다'의 의미를 발견해야 하는 전략을 구사해야 하고 (2)는 동
일한 단어 '황금'이 중심의미를 공유하면서도 시간, 상거래, 경제, 어업, 휴일과
같은 맥락에서 구체적으로 어떤 의미를 지니는지 살펴보는 전략이 필요하다.
(3) 역시 (2)와 비슷한 원리이나, (3)은 동일한 형태를 지닌 '높은, 위, 아래'가
어떤 단어와 결합했는가를 살펴 달라진 내포 의미를 발견해야 하는 전략이다.

(4) [찰떡궁합, 콩가루집안] 강력본드궁합 ⇒

　["<u>착한</u> 음료수를 아시나요? 비타 500은 몸에 <u>착해</u> <u>착한</u> 음료수입니
　다"] 착하다 ⇒

　(4)는 새로운 표현을 접했을 때 기존에 알고 있던 단어를 떠올려 '강력본
드궁합'에서 '강력본드'가 지닌 개념적 속성을 근거로 해서 유추하는 전략을
사용하여 어휘 의미를 발견해야 한다. 비타 500 광고 문구에 사용된 '착하다'
의 경우는 주어진 문맥을 통해 내포의미를 발견하는 전략과 관련이 있다.

(5) ① [두루마리 휴지, 엿, 포크, 찹쌀떡, 거울, 대학] ⇒ □□

　　② [이사 가다, 새 집, 선물, 초대] ⇒ □□□

(6) ① [날짜, 택시, 약속, 기회, 소] ⇒ ~을/를 □□

　　② [스키, 지하철, 상, 커피]　　⇒ ~을/를 □□

　　③ [답, 주사, 매, 야단]　　　⇒ ~을/를 □□

　　④ [표정, 분위기, 귀, 날]　　⇒ ~이/가 □□

　　⑤ [벽에 금이~, 몸에 무리가~, 시큼하게 맛이~] ⇒ ~이/가 □□

(1)~(4)의 경우는 의미를 발견하기 위해 연관된 어휘를 연상할 수 있는가가 전략의 성패를 좌우하는 것이라면, (5)와 (6)은 주어진 단어들을 통해 연관성을 얼마나 잘 연상하는가가 성패를 좌우하는 전략이라고 볼 수 있다. (5)는 동일 주제나 상황에 의해 존재론적 부류로 묶이는 단어류의 관계를 발견하여 연상된 단어를 환기함으로 개념틀을 형성하는 전략이다. (6)은 동일한 서술어를 취하는 여러 명사 부류를 통해 서술어의 의미를 세분화하는 전략으로 어휘의 결합 관계에 대한 지식을 증진시키는 이점이 있다.

지금까지 살펴본 연상을 이용한 어휘 분석 전략은 한국어 학습자가 이미 학습한 단어들을 연상해 내어 알고 있는 단어의 의미를 새로운 문맥이나 상황 속에 적용하며 때로는 의미의 유사성을 발견하고 때로는 의미의 미세한 차이를 점검하면서 어휘 지식을 활용하는 방법이다. 이러한 어휘 학습 전략은 학습자들의 능동적인 참여를 이끌어 오고 단어들 사이의 관계에 주목하게 하여 많은 단어를 학습할 수 있도록 하는 장점이 있다.

4.2. 연상을 활용한 어휘 기억 전략

문법 패턴이 반복되는 정도가 높은 것에 비해 어휘는 반복되는 정도가 단어마다 달라서 자주 사용되지 않는 단어의 경우는 쉽게 잊힐 수 있다. 방대한 어휘를 일정한 체계로 한정 짓기 어렵고 수업 시간에 집중적으로 지도할 수 있는 어휘 수도 한정되어 있어 어휘 학습은 학습자의 몫으로 치부되기 쉽다. 그러므로 어휘를 기억하였다가 필요한 순간에 적절하게 사용할 수 있도록 하기 위해 연상을 활용하여 어휘를 기억하도록 돕는 전략을 가르칠 필요가 있다.

학습은 정보를 선택하고, 기존의 경험과 내적인 관련을 이루기 위하여 선택(selecting)된 정보를 조직(organizing)하며 다른 유사한 지식에 조직한 정보를 외적으로 관련짓도록 통합(integrating)하는 세 가지 인지 과정을 통해 이루어진다(Mayer, 1984: 30-42). 연상을 활용하여 낯선 어휘나 새로운 정보를 기존의 정보와 통합하고 유의미한 관계를 형성하게 되면 어휘와 정보를 기억하는 일이 수월해질 것으로 보인다.

Atkinson & Shiffrin(1968)은 인간의 기억을 기억이 지속되는 시간에 따라 감각기억, 단기기억, 장기기억으로 구분하고 기억이 이루어지는 과정에 따라서 약호화, 저장, 인출의 세 단계로 구분하였다. 감각기억은 정보처리의 최소의 단계로 정보를 매우 짧은 시간 동안만 기억에 저장하는 기능을 하며 단기기억은 매우 제한된 용량을 가진 기억으로 자극 정보가 머무르는 시간은 평균 3~5초, 길게는 30초 이내이다. 단기기억 정보 가운데 인지적 조작을 받은 정보가 장기기억으로 전이되어 저장되며 장기기억은 기억 용량이 거의 무한대인데 새로운 지식이 장기 기억에 저장되기 위해서는 학습자의 능동적이고 적극적인 참여가 요구된다고 한다.[67] 손근정(2011: 20)은 기억이론에서는 학습에서 정교화 과정이 장기기억의 수행을 돕고, 이중부호화 이론에서는 언어적 정보와 비언어적 정보가 동시에 제공되는 것이 언어 정보에 구체성을 주게 되므로 장기기억 수행과 인출에 용이하다고 하였다.

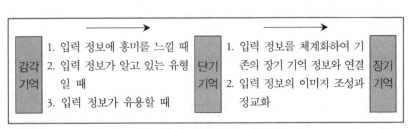

[그림 4-4] 기억의 전환 조건, 이훈호(2008: 44)

[그림 4-4]에서 알 수 있듯이, 입력된 정보가 장기기억으로 남기 위해서

67) 김옥선(2001: 57-82) 참조.

는 정보를 조직화하고 기존의 정보와 통합할 수 있거나 정보를 정교화하는 전략68)을 구사하는 것이 필요하다. 연상에 의한 어휘 학습은 많은 낱말을 서로 의미적으로 관련지어 스키마를 활성화시키는 유의미한 학습법으로 의미적 처리로 인해 기억을 활성화시키기 좋다.

McDaniel & Kearney(1984: 361-373)는 의미적 정교화 활동의 종류에 따른 어휘 학습의 효과를 알아보기 위한 실험을 실시하였다. 대학생 네 집단에게 목표 어휘와 의미와 관련된 이미지 생각하기, 문장 만들기, 어휘의 범주 쓰기, 자신이 원하는 전략 쓰기를 수행하도록 한 후 어휘 회상 평가를 실시한 결과 이미지를 생각하도록 한 집단의 수행이 가장 좋고 어휘의 범주를 쓰도록 한 수행이 가장 저조하다는 결과를 얻었다. 의미 정교화 중에서 문장 만들기보다 목표 어휘와 관련된 이미지를 어휘와 연결시키는 것이 효과적임을 알 수 있다.

<표 4-18>은 Schmitt(1997)이 제시한 어휘 학습 전략을 필자가 '기억 전략' 부분의 내용이 부각되도록 화살표를 그리고 옆에 해당 내용을 덧붙인 것이다.

<표 4-18> 어휘 학습 전략(Schmitt, 1997을 재구성)

상위분류	하위 분류	기억 전략 memory strategies
의미 발견 전략 discovery strategies	의미 결정 전략 determination strategies	단어의 의미를 그림으로 표현하기 단어의 의미를 이미지화하기 단어를 그가 속하는 단어군에 연결시키기 자기의 경험과 결합하기 동의어나 반의어와 연결하기 의미지도 그리기
	사회적 전략 social strategies	

---

68) Levin(1988, 손근정(2011: 17-18))은 정교화 원리로 1. 사전 지식과 의미 있게 연결되고 서로 모순이 없어야 할 것, 2. 연합될 정보들을 통합할 수 있어야 할 것, 3. 논리적 관계가 있어야 할 것, 4. 생동감이 있어야 할 것, 5. 미숙한 학습자에게는 자기-생성 정교화 처리보다는 교사가 만들어준 정교화가 더 효과적임, 6. 연령, 민족성, 지능, 학업, 성취, 특정 능력과 적성에 상관없이 일반적으로 유용하게 사용될 수 있으나 정교화 성향은 개인차가 있을 수 있음을 들고 있다.

기억 강화 전략 consolidation strategies	사회적 전략 social strategies		정보별로 나열하기 패그워드법
	기억 전략 memory strategies	➡	장소법 그룹 만들기 한 페이지에 공간 단어 정리하기
	인지 전략 cognitive strategies		문장 만들기 이야기 만들기 단어의 철자 학습하기
	상위인지 전략 meta-cognitive strategies		단어의 발음 학습하기 큰 소리로 읽기 **단어의 형태를 이미지화하기** 단어의 첫 글자에 밑줄 긋기 단어의 구조와 외형 기억하기 **핵심어기법** 접사와 어근 기억하기, 품사 기억하기 의미 해석하기, L1단어 이용하기 관용 표현과 함께 기억하기 신체적 동작 사용하기

　<표 4-18>에서 Schmitt(1997)이 제시한 어휘 학습 전략[69] 중 기억전략에 대한 내용은 직·간접적으로 연상 활동과 연관이 있다. 그중 두드러진 내용은 **단어의 의미를 그림으로 표현하기, 단어의 의미를 이미지화하기, 단어를 그가 속하는 단어군에 연결시키기, 자기의 경험과 결합하기, 동의어나**

[69] Gu, Y., & Johson, R. K.(1996)은 어휘 학습 전략으로 어휘에 대한 믿음, 초인지 전략, 추측전략, 사전전략, 노트 필기 전략, 리허설 전략(memory strategies-rehearsal), 부호화 전략(memory strategies-encoding: Association/Elaboration, Imagery, Visual Encoding, Auditory Encoding, Semantic Encoding, Contextual Encoding), 활성화 전략을 제시하였다. Evelyn & Cheryl(1995: 372-391)는 어휘 학습은 새 단어와 접하기- 단어의 형식을 이해하기-단어의 의미 이해하기-기억 속에서 단어의 형식과 의미를 통합하기-단어를 사용하기(1~3단계: 의미화 과정, 4~5단계: 내면화 과정)와 같은 5단계를 거치는 것으로 보았다. Drum & Konopak(1987)은 학습자의 수준에 따른 단어 학습 목표를 다음과 같이 제시하였다.

반의어와 연결하기, 의미지도 그리기, 단어의 형태를 이미지화하기, 핵심 어기법과 같이 정보를 조직하고 통합하는 활동을 들 수 있다.

특히 이미지를 정교화(imagery elaboration)하는 전략은 학습자가 단어에 의해 연상되는 생각, 경험, 언어 등을 떠오르는 이미지를 통해 유의미하게 만드는 것이다. 그중 핵심어 기법은 <표 4-19>에 보이듯 청각과 시각적 연상을 이용하여 새로운 어휘를 기억하는 것이다. 가령, 한국어를 모어로 하는 학습자가 영어 단어 'core'를 학습할 때 한국어 단어 중 유사한 발음을 가진 단어 '코'를 떠올리고 학습자 모국어 '코'는 목표어에서 'nose'인데 이를 목표어 'core'의 의미와 연계하여 '코(core)는 얼굴의 중심(central part)'과 같이 이미지를 형성하는 것이다. Schmitt & McCarthy(1997: 2)에 의하면 학습자의 L1이 L2어휘를 학습할 때 가장 중요한 요소들 중에 하나이며, Channell(1988: 93)의 논의 역시 동일한 화자 내에 있는 L1과 L2 어휘부는 확실히 음운적으로 의미적으로 그리고 연합적으로 연결이 되어 있으며 화자들은 이들 간에 의식적인 연결 관계를 만들 수 있다고 한다.

<표 4-19> 핵심어 기법의 사례

단계	목표어(영어)	학습자 모국어(한국어)
1. 형태연결	**core**	**코**
2. 의미연결	core - **central part**	코 - nose
3. 이미지 형성		**코**는 얼굴의 **중심** core　　　　central part

학습자 수준	학습 목표
1. 청각적으로 단어의 의미를 안다.	읽기를 위해 해독하기
2. 단어의 의미는 알지만 표현하지는 못한다.	쓰기와 말하기로 표현하기
3. 단어의 의미는 알지만 단어의 형태는 모른다.	알고 있는 개념과 새 명칭 연결하기
4. 단어의 부분적인 의미를 안다.	명칭의 속성 확장하기
5. 단어의 다른 의미도 안다.	알고 있는 명칭에 새 개념 연결하기
6. 단어의 개념과 명칭 모두 모른다.	새 명칭과 새 개념 연결하기

Meara(1980)는 핵심어 기법이 의미 관계의 복합적인 패턴을 완전히 무시한 실험실의 작업이라고 비난한 바 있다. 우연히 모어와 음성적으로 비슷한 목표어 어휘를 시각적인 심상을 이용하여 암기하는 핵심어 기법은 제2언어 학습 초기에 구체적인 형태를 갖는 몇몇 어휘에 적용 가능하지만 이미 목표어의 음운 구조에 익숙해 있고 학습한 목표 어휘들 사이의 다양한 의미 관계를 인식하고 있는 높은 수준의 학습자는 더 이상 모국어의 음운에 의지하여 목표어를 학습할 필요성을 느끼지 않을 뿐 아니라 학습 어휘, 특히 추상어가 증가하는 학습자의 학습 상황을 고려할 때 핵심어 기법으로는 목표 언어의 다양한 의미 관계 속에 놓여 있는 어휘목록을 발달시키지 못하는 한계를 지적한 것으로 보인다.

그러나 고급 학습자에게 초급 단계에서와 동일한 방식으로 핵심어 기법을 사용하지 않고 그 원리를 폭넓게 적용하고 유의미한 관계를 만드는 이미지 형성을 하도록 유도한다면 연상에 의한 이미지 활용 전략은 유용한 방법이라고 할 수 있다. Tony Buzan & Barry Buzan(1993: 84)에는 Bull & Whittrock의 실험 결과가 제시되어 있다. Bull & Whittrock은 9~10살 모어 화자 아동에게 단어 'brain, magazine, trouble, truth'를 지도하는데 첫 번째 집단은 단어와 단어의 정의를 읽고 적은 후 단어와 정의 각각에 대해 직접 이미지를 창조하게 하였다. 두 번째 집단은 단어와 단어의 정의를 읽고 적은 후 단어와 정의 각각에 대해 주어진 이미지를 그리도록 하였다. 세 번째 집단은 단어와 단어의 정의를 읽고 적은 후 단어와 정의를 여러 번 읽도록 하였다. 1주일이 지난 후 단어 회상 실험을 실시하였을 때 첫 번째 집단이 훨씬 빠른 속도로 실험을 잘 수행하였음을 보였다. 비록 위 실험이 어린 아동을 대상으로 이루어졌지만 성인 학습자의 경우에도 이미지나 관련 개념을 이용하면 오랫동안 쉽게 기억할 수 있다.[70] 연상에 원용되는 이미지는 시각적 이미지에 의한 것 말고도 음상, 개념, 정서적 느낌에 이르기까지 폭넓고 다양한 것이다.

　이미지는 언어의 불완전성을 보완하는 역할을 한다고도 볼 수 있다. '개'라는 언어 표현은 대상을 규정하여 개념을 구체화시키고 다른 대상과 '개'를 구분해 준다. 그러나 이 언어로 인해 세상에 존재하는 모든 개들이 지닌 다양성과 개성은 무참히 사라진다. 언어가 제거해 버린 다양성과 상상력을 보완하는 것에 이미지가 중요한 역할을 하기 때문에 언어 학습과 의사소통 상황에서도 언어와 이미지의 상호 보완은 필수적이라고 본다.

　　인지 언어적인 관점에서 보자면 언어 구사는 인간의 기억과 매우 밀접한 관계가 있고 인간의 기억 방식은 일부 이미지 형성 방식을 채택하고 있기 때문에 언어, 그 중에서도 의미 형성은 이미지 구축과 불가분의 관계에 있다고 할 수 있다. 언어적 기억들이 상당 부분 연상을 통해 저장되고 표출된다는 것은 이미 어느 정도 검증된 바, 인지적인 관점에서 연상이 형성될 때 이미지를 통한 방식이 가장 빠르고 우선적으로 이루어진다(이찬규, 2002c: 6).

　그런데 이미지는 절차적 지식과 더 관련성이 많다고 한다. 이찬규(1997: 264-268)에 따르면, 모든 언어를 구사하고 이해하는 하나의 틀이 우리 머릿속에 있는 것이 아니고 연상이라고 하는 절차적 지식의 방식으로 기억되어 있다고 한다. 운동 기억에 관한 것들은 쉽게 절차 지식화되지만 이질적인 구조를 가지고 있는 외국어는 서술적 지식의 방식으로 습득되기 때문에 모어처럼 구사하기가 매우 어렵다고 한다. 아이들이 수많은 반복과 추적식 사고 활동을 통해 배우듯이 인간의 뇌는 개별적인 사실을 단순히 암기만 하

---

70) 2012년 1학기 학부 신입생에게 자신의 이름을 쉽게 기억시킬 수 있는 방법을 생각해서 자기소개를 해보라고 하였는데 인상적인 사례가 있어 제시한다. 필자가 연상을 이용한 기억이 오래감을 실제로 체험한 사례이다. '최영식- 빵식 -빵을 먹다, 김세린-바세린, 박해리-해리포터, 김신애-시냇물, 민건희-미친 거니, 유철현-육천 원, 이하나 -21, 정솔지- 솔직하고 지혜롭게'

는 것이 아니고 개별적인 사실들의 관계를 추적하여 이들의 관계까지 기억하기 때문에 연상 방식을 추적하는 것이 언어의 논리 구조를 이해하는 가장 효과적인 방법일 수 있다는 것이다.

요컨대 연상을 활용한 이미지 활용 및 언어적 정교화 전략은 학습자로 하여금 학습에 필요한 정보들이 더 의미 있는 구조를 지니도록 이미지나 유추(analogy), 또는 추리(inference)와 같은 상징적 구조의 형태를 창조하여 정보를 확장할 수 있도록 한다. 이러한 과정은 학습자의 학습과 기억을 더 용이하게 해준다. 이미지나 언어 정교화를 활용한 유의미학습은 학습자에게 내포되어 있는 능력을 활용한 효과적인 어휘 지도 방법이다. 고급 한국어 학습자들은 한국어 어휘를 학습하는 과정 중에 자신들의 어휘학습이 만족스럽지 않고, 알고 있던 어휘도 쉽게 잊는 것 같고, 반복적으로 동일한 어휘를 사용하고 새로운 어휘 학습이 주춤해지는 것 같은 정체 상태를 경험하는 일이 있다. 이러한 정체 상태를 극복하기 위해서 연상에 의한 어휘 학습을 지도하는 것은 학습자들에게 수십 년간에 걸쳐서 얻어진 백과사전적인 세계의 지식과 단어를 통합하고 조직화하여 쉽게 기억할 수 있도록 돕는 일이 될 것이다.

지금까지 4장에서는 연상을 활용한 어휘 의미 지도에 초점을 두어 논의하였다. 연상을 통해 발견할 수 있는 정보는 크게 언어 내적 요인과 언어 외적 요인으로 대별되며 단어가 다른 단어와 음상 및 형태, 배열, 의미에 의해 관련되는 연상 못지않게 모어화자의 공통 경험을 반영하는 객관적인 내용이거나, 목표어 문화권의 특성을 반영하거나 모어화자의 인지 방식을 반영하는 내용에 대한 연상이 중요함을 논의하였다.

또한 연상이 진행되면서 활성화되는 무수한 정보를 어떤 방식으로 조직화하고 활용할 것인가에 대한 문제는 어휘 의미를 파악하는 개념 틀의 구조와 관계가 있다. 어떤 정보를 활성화시키는가는 어떤 맥락에서 어휘가 사용되는 것인지를 부각시키는 것이며 관련 정보를 적절하게 활성화시킬 수 있음은 어휘 이해와 표현을 위한 유용한 정보를 잘 활용할 수 있는 능력과 연관이 있다. 연상은 단어를 통해 광범위한 지식을 끌어들일 수 있는데 연상을 통해 탐색된 내포 의미와 언어적 지식, 백과사전적 지식은 어휘가 사용되는 맥락에서 스키마로 작용하여 언어 소통 맥락과 관련된 정보를 구조화함으로써 효율적인 의사소통을 이루고, 학습자의 기억과 학습 능력을 촉진하는 데 기여할 수 있다. 자극어에 대해 떠오르는 것을 자유롭게 적는 발산적 연상은 읽기 전 배경 지식을 끌어오기 위한 활동이나 쓰기 전 쓸 내용의 생성을 위해 시도하는 것이 유용하며, 자극어와 의미적으로 거리가 먼 연상어들을 조직적으로 재구성하게 될 경우 참신하고 독특한 구성 틀을 조직할 수 있다. 하나의 자극어에 모든 연상어가 집중하는 관계를 보이는 수렴적 연상은 읽기와 쓰기 활동에서 내용에 구조를 부여하며 요약하거나 개요 짜기에 유용하다.

어휘 의미 지도에 연상을 활용하는 것은 크게 의미를 발견하고 발견된 의미를 기억하는 두 가지 관점에서 의의가 있었다. 연상 관계는 언어 내적 의미 관계만이 아니라 언어 사용자가 언어 주체로서 경험한 총체적인 삶과 결부된 개념과 관습적인 요소를 포함하고 있어 어휘 의미를 발견할 수 있도록 돕는다. 이 때 활용되는 지식은 어휘의 내적 요소를 분석하는 경우 유용하게 사용될 수 있다. 생산적인 접사 및 어근을 이용하여 파생어와 합성어를 통해 공통 의미를 지닌 요소를 발견하기, 동일 주제나 상황에 의해 존재론적 부류로 묶이는 단어류의 관계를 발견하기, 동일한 서술어를 취하는 여러 명사 부류, 동일한 명사를 취하는 여러 서술어의 의미를 관련짓기와 같은 연상을 활용한 어휘 분석 전략은 어휘의 형태와 의미를 연결 짓고 어휘의 의미를 발견하는 것이다.

단어를 오랫동안 기억하는 전략은 단어의 의미를 그림으로 표현하기, 단어의 의미를 이미지화하기, 단어를 그가 속하는 단어군에 연결시키기, 자기의 경험과 결합하기, 동의어나 반의어와 연결하기, 의미지도 그리기, 단어의 형태를 이미지화하기, 핵심어기법과 같이 정보를 조직하고 통합하는 활동을 들 수 있다. 특히 이미지를 정교화(imagery elaboration)하는 전략은 학습자가 단어에 의해 연상되는 생각, 경험, 언어 등을 떠오르는 이미지를 통해 유의미하게 만드는 것으로 한국어 학습자에게 직접 이미지를 창조하도록 유도하는 것이 좋은 방법이 될 수 있다.

5

어휘력 평가

앞선 논의를 통해 하나의 단어를 안다는 것은 그 단어의 발음, 철자, 의미, 용법, 어감과 관련된 정보를 지속적으로 알아가는 과정임을 알 수 있었다. 어휘 교육의 내용과 방법에 있어 다층위적이고 복합적인 요인들을 설정하고 살펴보았듯이 어휘 평가에 있어서도 학습자의 어휘력을 측정하는 요인을 다차원적으로 고려할 수밖에 없다. 학습자들은 단어의 형태를 인지하지만 의미는 부분적으로 알고 있고 단어를 사용하는 상황에 대해서는 모를 수도 있다. 단어의 의미는 단어 자체가 지닌 의미, 다른 단어와 맺는 관계에서 발생하는 의미와 더불어 언어 사용자가 단어에 대해 인지하는 의미, 그리고 단어가 실제로 사용되는 문맥에서 갖게 되는 모든 의미의 복합체이기 때문에 학습자가 어느 정도로 단어의 의미를 알고 있는지를 측정하는 것은 간단하지가 않다.

이 장에서는 학습자가 얼마나 많은 단어를 알고 있으며 나아가 얼마나 깊이 있게 그 단어를 알고 있는지를 측정할 수 있는 방법에 대한 논의를 하고자 한다. 나아가 학습자의 수준과 누적 어휘에 대한 정보를 제공할 수 있는 테스트 및 학습자가 단어들의 관련성을 어느 정도로 인지하고 있는지를 보여주는 연상 테스트와 같은 다양한 평가 도구를 제작하여 활용하는 방안을 모색하기로 한다.

1. 어휘 평가의 원리

1.1. 한국어 어휘 평가를 위한 원리

평가란 어떤 의사결정을 하기 위해 특정 사물이나 사람, 즉 대상에 대해 가치 판단을 내리는 행위이다. 평가의 개념은 검사, 측정, 사정, 평가의 다양한 용어로 사용되고 있다. 먼저 검사(Testing)는 객관적인 지식에 대해 단기간에 실시되는 도구나 절차를 뜻하며 이는 객관식 지필고사의 평가를 주로 의미하는 검사와 평가의 실제 실시과정이나 사례에 해당하는 시험으로 구분된다. 측정(measurement)은 수험자의 파악된 능력을 수치로 표시하는 수량화 작업과 검증을 포함하는 개념으로 평가의 결과를 측정하고 통계를 낼 수 있다. 이에 비해 사정(assessment)은 검사보다 많은 영역을 포괄하며 객관적인 지식뿐만 아니라 주관적인 수행을 대상으로 장기간에 걸쳐 실시되는 꼼꼼하고 정밀한 평가에 해당한다. 일례로 수행평가를 들 수 있다. 마지막으로 평가(evaluation)는 가치 판단이 개입되는 개념으로 교육 자체에 대한 평가, 교육과정, 교수, 학습 전반에 걸쳐 가치 판단이 이루어지는 것으로 본다.

한국어 평가는 한국어 학습목표를 달성하기 위해 학습자가 자신의 의사, 느낌, 생각 등을 표현하는 데 얼마나 적절하게 효과적으로 한국어를 이해하고 사용할 수 있는가를 측정하는 것을 뜻한다. 한국어 평가의 다양한 영역 중 어휘 평가는 학습자가 한국어로 효율적인 의사소통을 수행하기 위해 어느 정도의 어휘량을 알고 있으며 어휘를 얼마나 질적으로 깊이 있게 처리할 수 있는 능력을 갖추고 있는지 측정하는 것으로 볼 수 있다. 실제로 어휘의 질적인 면에서의 평가는 어휘 지식의 깊이에 대한 개념을 정확히 정의하기 어렵고 수긍 가능한 방식으로 측정하기도 어려운 면이 있다. 어휘 지식의 깊이는 어휘량에 직접적인 관계를 맺는 어휘 지식의 폭과 연계해서 발달하기 때문에 어휘의 양적인 면에서의 평가는 어휘의 질적인 면을 평가하는 것과 분리되기 어려운 점이 많다.

　한국어 어휘 평가는 학습자가 얼마나 많은 단어를 알고 있는가를 비롯하여 학습자가 어휘부 내의 단어들을 조직하는 방식, 단어가 나타낼 수 있는 의미, 단어의 다양한 특징을 잘 사용하는 것에 대해서도 알려 줄 수 있어야 한다. 한국어 학습자가 어휘를 제대로 학습했다면 학습자들은 단어와 개념들이 정확하고 적절하게 연계되어 있는 어휘부를 지니고 있는 것으로 평가할 수 있다. Meara & Wolter(2004)는 유사한 어휘 크기를 지닌 학습자들이 어휘부 내에서 어휘를 조직하는 방식이 다름을 보였고 이는 4장에서도 '머리'에 대한 학습자 연상망을 통해 언급한 바가 있다. 많은 단어를 알고 있지만 조직력이 형편없는 학습자, 적은 단어를 알고 있지만 조직력이 매우 뛰어난 학습자, 거의 모어화자 수준의 조직력을 갖춘 학습자 등 다양한 학습자가 존재한다. 한국어 어휘 평가는 학습자의 어휘부에 대해 적절한 설명을 해 줄 수 있어야 할 것이다.

　이제 한국어 어휘를 평가하기 위해 어휘 시험이 갖추어야 할 구성 원리와 어휘 문항을 출제할 때 어떤 단계를 거치고 무엇에 유의해야 하는지 살펴보기로 한다. 이는 일반적인 시험이 갖출 요건과 크게 다르지 않다. Savignon(1983)은 학습자의 의사소통 능력을 측정하는 시험의 기본 구성 원리로 첫째, 학습자들의 언어 학습 발전 과정을 측정할 수 있도록 시험을 구성할 것 둘째, 시험을 통해 무엇이 중요한 것인지 알도록 해주는 동기부여의 기능을 포함할 것 셋째, 학습자가 배운 언어로 무엇을 할 수 있는지를 시험을 통해 알려 줄 것 넷째, 실제 생활을 잘 해나가도록 준비시킬 수 있는 내용을 시험에 반영할 것을 제시하였다. 한국어 어휘를 평가하기 위해서도 동일한 원리가 적용된다.

　한재영 외(2010: 295-297)는 어휘 평가를 출제할 때 고려해야 하는 일반적인 단계를 다음의 <표 5-1>과 같이 제시한다. <표 5-1>에 의하면 어휘 평가는 우선 교과과정 전반의 목표를 확인하고 그 목표에 부합한 어휘 항목을 선정하면서 시작된다. 어휘 항목과 관련 있는 교과과정 내의 상황, 기능, 문법 목록도 함께 추려놓는다. 다음은 어휘 평가에서 얼마나 많은 문제를 어떠한 유형으로 제시할 것인지를 결정하여야 하는데 시험 시간과 문항의 난이도를 고려해 전반적인 시험의 틀을 구성한다. 그 후에는 문항을 작성하고 직접 검토한다. 지시문, 선택지, 보기 등을 꼼꼼히 검토하고 평가를 실시한다. 평가가 끝나면 평가 결과를 분석하고 학습자가 이후에 올바른 학습을 할 수 있도록 피드백을 제공한다.

〈표 5-1〉 어휘 평가 출제 구성 단계(한재영 외, 2010)

1단계	교과과정 전반의 목표 확인	각 단원의 학습 목표 확인
2단계	교과과정 목표에 따른 어휘 항목 설정	어휘, 상황, 기능, 문법에 대한 목록 함께 작성
3단계	시험 전체 틀의 구성	시험 수행 속도를 반영한 문항 수와 문항 유형의 구성
4단계	시험 문항 선택	문항 작성
5단계	시험 문제 검토	① 쉽게 이해할 수 있는 지시문, 보기 제시 ② 적절한 난이도, 선택지의 난이도, 문항 배열 ③ 같은 분야나 종류의 선택지 ④ 가능한 같은 길이의 선택지 어휘 ⑤ 정해진 시간 안에 풀 수 있는 문항 수 ⑥ 유의미한 어휘, 문맥에 어울리는 어휘를 선택지로 제시할 것 ⑦ 정답이 오직 하나인지 확인
6단계	평가 결과 분석 및 활용	시험 문제의 난이도, 학생의 반응, 제한 시간 등 시험 관련 정보를 기록하여 다음 평가에 활용 학습자가 알아야 할 것을 제시하고 앞으로의 학습 방향을 알려주는 길잡이 역할

위 <표 5-1>의 어휘 평가 출제를 위한 단계를 교사의 역할과 연결하여 좀 더 세부적으로 논의하면 교사는 평가 전에 평가의 비율, 평가 순서, 다른 언어요소나 기능과의 관계, 전체 문항 수, 객관식과 주관식의 비율, 시험 시간, 시험 범위와 같은 평가 체제를 정비하고 학습자가 어휘 평가를 어떤 방식으로 치르게 되는지 정보를 알 수 있게 안내해야 한다. 학습자가 그림 보고 어휘 고르기, 유의어나 반의어 찾기, 빈칸 채우기 등과 같은 문항 형태에 대한 정보를 알고 문항을 실제로 풀어보아 평가 양식을 익힐 수 있는 연습 기회를 제공하는 것이 바람직하다. 수업 시간에 배운 단어를 함께 정리하거나 단어장을 활용하도록 격려하여 평소 어휘를 복습할 기회를 주는 것도 좋다. 수업을 통해 모르는 단어나 낯선 단어를 파악하는 전략을 훈련하는 것도 시험 대비에 좋다.

어휘 시험이 끝난 후에는 학습자가 평가 결과를 알 수 있게 하되 학습자 스스로 어휘에 대한 관심을 갖고 지속적으로 학습할 수 있게 안내하는 것이 필요하다. 수업 시간에 다시 한 번 상기시켜야 할 내용을 목록화하여 제시하거나 다시 점검할 어휘를 활동지로 만들어 과제로 복습을 시키는 것도 유용한 방법이다. 교사는 학습자가 수업 시간에 자주 보이는 오류를 관찰 기록하여 학습자가 해당 어휘에 주목할 수 있게 돕고, 학습자가 반복된 연습을 하여 어휘를 정확하게 사용할 수 있도록 도와야 한다. 교사는 듣기, 말하기, 읽기, 쓰기 영역에서 어휘를 사용하는 의사소통 과정 지향의 평가를 기획할 수도 있지만 명시적으로 어휘 자체에 대한 지식을 전달할 수도 있어야 한다.

그러나 가장 중요한 것은 교사가 평가 결과를 활용하여 언어 학습과정에 어휘교육프로그램을 설계하는 것이다. Nation(2001: 380-406; 2000b)에 의하면 첫째, 평가를 통해 학습자의 현재 어휘 수준을 파악해야 하는데 만일 숙달도가 낮은 학습자의 경우는 학습자의 어휘 수준을 정확히 진단하기 위해 이중언어 버전의 테스트를 실시하는 것이 최선일 수 있다고 한다. 둘째, 학습자의 목표어 학습 목적을 파악하여 어휘 학습의 과정을 설계한다. 학문 목적의 학습자라면 고빈도어 ⇒ 학술어 목록 ⇒ 전문어와 저빈도 어휘 순으로 학습한다. 셋째, 학습할 어휘와 어휘량을 결정한다. 얼마나 많은 어휘를 학습할 수 있는가는 얼마나 많은 시간이 사용될 수 있는가와 얼마나 의도적인 학습이 이루어질 수 있는지에 달려 있다. Cobb & Horst(2001)은 주 1회 실시되는 용례에 기초한 의도적인 어휘 학습을 통해 한 달에 70-90개 단어 학습이 일어나며 이를 12개월 동안 하게 되면 거의 1,000개에 달함을 발견하였다. 그러나 의도적인 학습을 고비율로 유지하는 것은 어렵기에 교사의 꾸준한 관심과 지도가 필요하다.

또한 어휘 평가를 구상할 때 일반적으로 평가에서 훌륭한 테스트가 갖추어야 할 세 가지 요건을 점검해야 한다. 이는 신뢰도, 타당도, 실용성을 의미한다. 첫째 신뢰도는 테스트가 다른 사람에 의해 실시 혹은 채점되거나 다소 다른 여건에서 실시되어도 동일인에게 동일한 결과가 주어지는 것이다. 신뢰도를 확보하기 위해 테스트 형식은 학습자가 전에 실시해 본적이 있는 익숙한 형식으로 제공될 필요가 있고 지시사항과 답하는 방식에서 혼동이 있는 부분을 점검하고 명확히 해야 한다. 채점에 있어 답할 모든 가능성을 포함할 수 있는 규준과 채점 요지를 이용하는 것이 바람직하다.

둘째, 타당도는 테스트가 측정되어야 마땅한 것으로 여겨지는 것을 측정하는 것과 연관이 있다. 테스트는 평가 목적에 맞게 실시되어야 한다. 학습자가 테스트를 치르며 사용하는 지식과 기능이 측정하고자 하는 어휘 지식과 기능에 밀접하게 연관이 있어야 함을 뜻한다. 테스트가 학습자의 수준에 적합한 내용으로 구성되었는지 점검해야 한다.

마지막으로 실용도는 테스트를 실시하기에 용이한가에 관한 것이다. 테스트를 실시할 때 드는 비용과 시간과 노력의 경제성을 의미한다. 테스트를 작성할 때 혹은 이미 만들어진 테스트의 경우에 오랜 시간이 요구되거나 많은 기술이 필요하지 않아야 한다. 테스트를 치를 때 오랜 시간이 걸리지 않아야 하고 채점을 하기도 쉬워야 하며 수험자 입장에서도 테스트 성적을 해석하기 쉬워야 한다.

한국어 어휘 평가 도구를 제작할 때 고려할 사항은 여러 가지로 많이 있지만 어휘 테스트의 목적이 무엇인가, 어휘력의 어느 면을 테스트하기 원하는가, 테스트의 난이도는 얼마나 어려워야 하는가, 테스트의 형식은 어떻게 할 것인가, 테스트가 신뢰도, 타당도, 실용도를 만족하는 것인가와 같은 실질적인 질문이 유용하게 보인다.

Nation(2008)에서는 어휘 테스트의 목적과 특징을 다음과 같이 정리하고 있다.

<표 5-2> 어휘 테스트의 목적과 특징(Nation, 2008)

시험의 목적	단어의 선정	평가의 요건	유용한 시험 형식과 기존의 평가	난이도
학습의 촉진	학습자가 학습해 온 내용에서 선정	제작의 용이성 채점의 용이성 학습자가 답할 가능성이 높은 내용	교사의 라벨 붙이기 연결하기 완성하기 번역	쉬움
배치	어휘 레벨의 범위에서 선정	높은 신뢰도와 타당도 채점의 신속성 시험결과해석의 용이성 넓은 범위의 어휘 레벨을 포함할 것	어휘 레벨 테스트* (단일어/이중언어) 받아쓰기 레벨 테스트* 예/아니오 연결하기 사지선다	위계화 된 난이도
진단	어휘 레벨의 범위에서 선정	높은 신뢰도와 타당도 많은 정보를 제공할 것 넓은 범위의 어휘 레벨을 포함할 것	어휘 레벨 테스트* 받아쓰기 레벨 테스트* EVST-예/아니요*	위계화 된 난이도

시험의 목적	단어의 선정	평가의 요건	유용한 시험 형식과 기존의 평가	난이도
성적의 부여 (성취도 평가)	학습자가 학습해 온 내용에서 선정	높은 신뢰도와 타당도 시험 방식이 요구된 학습과 부합할 것	번역 연결하기 사지선다	쉬움에서 중간정도
학습활동 평가	학습자가 활동을 통해 학습해 온 내용에서 선정	각각의 단어는 다른 레벨에서 두세 가지의 방식으로 세밀하게 평가될 것	형태인식 사지선다 번역 인터뷰	넓은 범위의 난이도
숙달도 평가	어휘 레벨의 범위에서 선정	높은 신뢰도와 타당도	어휘빈도프로파일* 어휘량 평가* 번역	

* 기존에 존재하는 테스트나 평가 도구

<표 5-2>를 고려하면 어휘 평가는 학습의 촉진, 학습자의 반 배치, 수업 전 학습자 수준 진단, 학습 내용의 성취도 확인, 학습자의 전반적인 어휘 수준을 파악하고자 하는 숙달도 측정을 위해 실시되고 있다. 학습의 촉진을 위한 것이거나 배운 내용을 점검하고 성적을 부여하고자 하는 성취도 평가의 경우는 학습한 어휘에서 평가 내용을 선정하지만 그 외 시험에서는 어휘를 등급화한 수준별 어휘 목록에서 어휘를 선정하여 평가하게 된다. 비록 <표 5-2>가 영어 어휘 시험에 관한 내용이지만 한국어 어휘 시험에서도 시험의 목적에 따른 평가 유형과 난이도에 대한 정보를 참고할 필요가 있다.

이 외에도 어휘의 이해와 표현의 측면에서도 평가가 이루어져 왔다. 이해 어휘 평가는 듣기와 읽기에서의 어휘 평가를 뜻하는데 주로 듣기에서는 단어 듣고 맞는 그림 고르기, 문장 듣고 문장의 일부 채우기, 담화 듣고 담화의 요소 파악하기, 그림을 보고 맞는 설명이나 대화 찾기, 담화 듣고 맞는 그림 고르기, 담화 듣고 그림, 지도, 도표 완성하기, 정보 찾기, 내용 요

약하기 등의 평가가 이루어진다. 또한 읽기영역에서는 단어나 문장의 내용에 맞는 그림 찾기, 단어 설명 읽고 단어 찾기, 문장 내 단어의 의미 찾기, 문맥에서 어구의 의미 파악하기, 접속어 고르기, 문장 내 적절한 어휘 고르기, 본문 안에서 단어 골라 빈칸 채우기 등의 방법으로 평가할 수 있다.

표현 어휘 평가는 말하기와 쓰기 영역에서 주로 이루어진다. 말하기 평가에서는 낭독평가, 그림 단서를 제공한 질문에 답하기, 역할극, 주제 발표 등을 통해 표현 어휘를 측정한다. 쓰기 영역의 어휘 평가는 받아쓰기, 그림 보고 쓰기, 빈칸 채우기, 상황에 맞게 문장 구성하기, 이야기 구성하기, 문단 완성하기, 요약하기, 자유 작문 등의 평가와 병행되어 이루어진다.

1.2. 한국어 어휘 평가의 내용

어휘 능력(Lexical competence)은 어휘를 이해하고 구사하는 데 관련된 일체의 능력으로서, 얼마나 많은 어휘를 알고 있는가의 양적 어휘력과 어휘의 형태, 의미, 화용에 대한 지식을 통해 어휘를 깊이 있게 처리하는 질적 어휘력으로 대별된다. 이때 하나의 단어를 안다는 것은 단순히 학습자가 자신의 모국어 단어를 목표어에 대응시키는 것을 뜻하지 않고 단어의 음운, 형태, 통사적 결합 관계, 의미, 용법에 대해 아는 것으로 일회적인 앎이 아니라 지속적으로 앎의 과정을 확장해 가야 하는 것을 뜻한다. 필자는 1장에서 Nation(2001)의 단어를 아는 것에 연계된 지식을 <표 1-4>로 제시한 바 있다.

<표 1-4> 단어를 아는 것에 연계된 지식 Nation(2001: 27) R=이해 지식, P=표현 지식

형태	구어	R	어떻게 들리는가?
		P	어떻게 발음되는가?
	문어	R	단어가 어떻게 생겼는가?
		P	어떻게 쓰는가? 철자는 어떤가?
	단어 요소	R	단어에서 인식되는 요소는 무엇인가?
		P	의미를 나타내기 위해 필요한 단어 요소는 무엇인가?
의미	형태와 의미	R	단어의 형태 기호는 무엇을 의미하는가?
		P	의미를 나타내기 위해 사용되는 단어 형태는 무엇인가?
	개념과 지시	R	개념에 무엇이 포함되는가?
		P	개념이 지시하는 항목은 무엇인가?
	연상	R	이 단어가 상기시키는 다른 단어들은 무엇인가?
		P	이 단어 대신에 쓸 수 있는 다른 말은 무엇인가?
용법	문법 기능	R	어떤 구조에서 단어가 나타나는가?
		P	어떤 구조에서 단어를 써야 하는가?
	공기 관계	R	함께 나타난 단어와 단어 유형은 무엇인가?
		P	어떤 유형의 단어를 같이 써야 하는가?
	용법의 제약 (사용역/빈도…)	R	어디서, 언제, 얼마나 자주 이 단어를 만나겠는가?
		P	어디서, 언제, 얼마나 자주 이 단어를 사용하겠는가?

　결국 <표 1-4>의 단어를 아는 것에 연계된 지식은 언어학에서 학문적 영역으로 구분해 놓은 음운, 형태, 의미, 통사, 화용과 관련된 모든 언어 지식과 단어를 운용하기 위해 필요한 세상 지식이 어우러져 있음을 알 수 있다. 어휘의 효과적 사용을 위해서는 언어 자체에 대한 지식만으로는 충분치가 않고 백과사전적 지식과 어휘 사용을 위한 전략적 지식도 요구된다. 그런데 어휘의 이해와 구사에 있어 필요한 지식과 경험은 개인마다 차이가 있기 때문에 학습자의 어휘 능력은 어휘지식을 구성하는 모든 요인에서 풍부함, 정교함, 미묘함에서 차이가 있게 된다. 학습자의 학습 목적, 교육과정

의 특성, 학습자 요구에 의한 필요 어휘의 특성에 따라 학습어휘가 다르며 학습 정도에서 차이가 있다. 또한 학습자는 수준별로 제시된 어휘 목록을 순차적으로 학습하기 보다는 교재의 구성이나 제재글에 따라 학습하고 있으며 교실 환경을 벗어나서 여러 경로를 통해 다양한 어휘를 접하고 있다.

(1) 저는 한국어를 잘 말하지 못하는 파키스탄 친구들을 의사님께 데리고 가서 통역을 하고 있습니다. (<법무무 사회통합프로그램 귀화반> 파키스탄인, 한국거주 10년)
(2) 어제 시장에서 아들에게 입힐 수면조끼를 샀어요.(베트남 이주여성, 한국거주 6년)
(3) 이거 출입국관리사무소에 가서 만들어요(<초급한국어> 수강 대학원생, 한국거주 6개월)

(1)은 '기사님, 사장님, 선생님, 교수님, 판사님'과 같은 예에서 직함에 '-님'을 결합하는 것을 알고 있는 파키스탄 학습자가 '의사 선생님'에 대한 호칭과 지칭을 '의사님'이라고 하는 경우인데 10년이나 되는 오랜 기간 일주일에 1~2회씩 병원에 가면서도 '의사님'이라는 단어가 어색하다는 것을 알아차리지도 못 했고 주변에서 이를 수정해 주지 않은 경우이다. (2)의 '수면조끼'는 자꾸만 이불을 걷어차는 아기에게 입히는 조끼형 잠옷으로 베트남 여성이 아이를 양육하는 환경을 통해 자연스럽게 터득한 단어로, 수면조끼를 접해보지 못한 한국인이라면 모를 수 있는 단어이다. (3)의 '출입국관리사무소'는 매우 어려운 단어들의 결합이지만 초급 학습자여도 자신이 처한 환경과 직접적인 연관이 있는 중요한 단어는 등급별 어휘 목록과 상관없이 알고 있음을 보여준다. 위의 예들은 초급 학습자들도 어려운 단어를 알 수 있는 경우가 있고, 외국인 학습자들이 모국어 화자도 모르는 단어를 알고 있을 수 있으며, 고급 학습자라고 해서 기본적인 단어를 늘 정확히 사용하

는 것이 아닐 수 있음을 보인다. 때문에 학습자의 어휘량이 어느 정도인지 측정하고 학습자에게 필요한 어휘를 점검하는 것은 자못 중요하다.

학습자는 여러 방식으로 어휘 지식을 발달시키고 있는데 이를 어떻게 평가할 것인가는 오랜 연구 주제였다. 우선 Cronbach(1942)는 단어 지식을 향상시키기 위한 다차원성으로 일반화(단어의 정의내리기), 적용(적절한 단어 용법을 찾기), 의미폭(단어의 다른 의미 찾기), 의미의 정확성(단어를 모든 가능한 상황에 올바르게 적용하기), 이용가능성(단어를 표현어휘로 사용하기)과 같은 5가지 범주를 제시한 바 있다(Wesche & Paribakht 1996: 28, 재인용). 또한 Wesche & Paribakht(1993)은 각 단어에 대해 학습자가 아는 정도를 측정하기 위해 어휘지식척도(Vocabulary Knowledge Scale, VKS)를 제시하고 점수화하는 방안을 마련하기도 하였다.

<표 5-3> Vocabulary Knowledge Scale(Wesche & Paribakht, 1996: 30)

1	나는 이 단어를 전에 본 기억이 없다	어휘 지식의 폭71)
2	나는 이 단어를 본적은 있으나 그 뜻은 모른다.	
3	나는 이 단어를 전에 본적이 있고 그 뜻은 _____라고 생각한다. (유의어 혹은 번역을 빈칸에 제시)	
4	나는 이 단어를 전에 본적이 있고 그 뜻은 _____ 다. (유의어 혹은 번역을 빈칸에 제시)	어휘 지식의 깊이
5	나는 이 단어를 문장 속에서 사용할 수 있다. _____ (답을 제시하였으면 반드시 4번 문항을 완성하시오.)	

그런데 단어가 어휘부 내의 다른 단어와 맺는 관계의 정도와 수를 어휘폭이라 하고 학습자가 어휘부 내의 단어들을 조직하는 방식 및 단어가 나타낼 수 있는 의미(함축, 언어, 구, 사용역, 연상, 미묘한 의미), 단어의 다양한 특

---

71) 어휘지식의 폭과 깊이에 대한 경계는 필자가 덧붙여 본 것이다.

징을 알고 사용하는 것을 어휘지식의 깊이라고 한다면, <표 5-3>에서 보이듯 어휘지식의 폭과 깊이는 분리되는 평가 요소라기보다는 어휘지식의 발달 과정에서 연쇄적인 속성이 있는 것으로 보인다. 문제는 어휘 지식의 깊이를 구성하는 요인을 정확하게 구성하여 측정하기 어려운 데 있다. 어휘 지식의 깊이는 어휘 지식의 폭과 연계해서 발달하기 때문에 어휘 지식의 깊이를 측정하는 시험이 어휘 지식의 폭을 측정하는 것처럼 보이는 일이 많다는 것이다[72]. VKS의 경우도 두 가지 의미를 지니는 단어인 경우는 어떻게 평가할 것인지 답을 마련하지 못했다. 어휘의 질적인 요소를 측정하기 위해서는 다각적인 연구가 절실하다.

1.3. 한국어 능력 시험의 어휘 평가

어휘에 관한 지식이 음운, 형태, 통사, 의미의 모든 면을 담고 있기에 어휘를 평가하는 것은 문법 혹은 언어적 능력을 평가하는 것으로 간주할 수 있다. 어휘 평가는 크게 어휘만 독립적으로 평가하는 경우와 어휘를 말하기, 듣기, 읽기, 쓰기와 같은 의사소통 과정 속에서 평가하는 경우로 대별된다. 실제 어휘 평가의 역사적 흐름은 어휘만을 독립적으로 평가하던 것에서 문맥 속에서 어휘를 평가하는 추세로 전개되어 왔다(David et al. 2007: 284-286). 한국어 능력 시험 역시 문장, 대화나 지문을 통해 문맥 속에서 평가가 이루어지는 방향이 바람직하다는 이유로 2014년 7월 35회 시험 이후로 한국어 능력 시험에서 어휘 평가는 문법 평가와 함께 평가 영역에서 제외되었다.

---

72) 지금까지 어휘 지식이 깊이를 측정하기 위해 제시된 시험들이 어휘지식의 깊이를 대변하는 요소들을 설득력 있게 포함하지 못하고 있고 어휘 폭에서 분리되어 전적으로 기능하고 있음을 보이지도 못했다. 어휘지식의 깊이와 폭의 속성이 무엇이든 그들은 서로 연결되어 있고 어휘지식의 깊이를 대변하는 속성은 어휘폭이 상당히 성취된 이후에 나타나는 것 같다(James 2009: 169).

어휘 영역이 시험에 포함되었던 시기에 어휘는 말하기 시험을 대체하는 측면에서 문법과 함께 표현 영역에서 평가되었다. 어휘를 단독으로 제시하여 지식을 평가하는 어휘 평가는 말하고 읽고 쓰고 듣는 의사소통 과정 속에서 어휘가 실제로 운용되는 면을 평가하기 어려운 단점이 있지만 단시간에 학습자의 어휘량을 체계적으로 측정할 수 있는 문항 개발이 이루어질 수 있는 장점이 있기에 어느 한쪽에 치우치기보다는 어휘를 독립적으로 평가하는 동시에 의사소통 과정에서도 평가하는 것이 필요해 보인다.

2014년 7월 시험 이전에 한국어 능력 시험에 출제되었던 어휘 영역의 평가 기준은 <표 5-4>와 같다.

<표 5-4> 한국어 능력 시험의 어휘 영역 평가 기준(2014년 7월 이전까지)

급	어휘 평가 기준
1	• 일상생활에 필요한 가장 기본적인 어휘를 이해하고 사용할 수 있다. (예: 사물, 수, 동작, 상태 관련 어휘) • 사적이고 친숙한 소재와 관련된 기본적인 어휘를 이해하고 사용할 수 있다.(예: 가족, 날씨, 음식 관련 어휘)
2	• 일상생활에 자주 사용되는 어휘를 이해하고 바르게 사용할 수 있다. • 공공시설 이용 시 자주 사용되는 기본적인 어휘를 이해하고 바르게 사용할 수 있다.
3	• 일상생활에서 사용되는 대부분의 어휘를 이해하고 바르게 사용할 수 있다. • 업무나 사회 현상과 관련한 기본적인 어휘를 이해하고 바르게 사용할 수 있다.
4	• 자주 쓰이는 추상어 및 개념어, 신문 기사에 자주 등장하는 어휘와 업무 관련 어휘를 바르게 사용할 수 있다. • 자주 쓰이는 관용어와 속담을 이해하고, 바르게 사용할 수 있다.
5	• 사회현상을 표현하는 데 필요한 추상적인 어휘를 바르게 사용할 수 있다. • 자주 쓰이는 시사용어, 특정 분야에서 쓰이는 외래어, 세부적인 의미를

급	어휘 평가 기준
	표현하는 어휘를 이해하고 바르게 사용할 수 있다.
	• 일반적으로 사용되는 관용어와 속담을 이해하고 바르게 사용할 수 있다.
6	• 사회 현상을 표현하는 대부분의 추상적인 어휘와 전문 용어를 이해하고 바르게 사용할 수 있다.
	• 사회에서 자주 쓰이는 속어, 은어, 약어, 널리 알려진 방언을 이해하고 바르게 사용할 수 있다.
	• 복잡한 의미를 갖는 관용어와 속담을 이해하고 바르게 사용할 수 있다.

한국어 능력 시험의 어휘 영역 평가 기준은 어휘가 사용되는 장면을 기준으로 하여 사적인 영역에서 업무와 사회 현상에 필요한 어휘로 난이도가 확장되는 것으로 보고 있다. 4급부터 추상어, 개념어, 관용어와 속담을 통한 의미의 이해와 사용이 언급되고 있는데 4급에서는 빈도가 높은 관용어와 속담, 5급에서는 보통의 빈도와 넓은 사용역을 보이는 관용어와 속담, 6급에서는 복잡한 의미를 갖는 관용어와 속담으로 어휘 의미의 깊이에 대한 가정을 하고 있음을 알 수 있다. 전반적으로 어휘평가 기준으로 제시된 진술문을 살펴보면 어휘의 이해와 사용이 동일 급에서 함께 기술되고 있어 이해와 사용을 구분한 난이도를 차등적으로 서술하고 있지 않다.

그렇다면 한국어 능력 시험의 어휘 영역 평가 기준은 구체적으로 시험에서 어떠한 내용과 형식의 문항으로 출제되었는지 살펴보기로 한다. 2012년에 실시된 4회(25회~28회)분의 한국어 능력 시험의 어휘 문항을 분석한 결과 <표 5-5>와 같은 급별 문항 유형의 차이가 나타났다.

<표 5-5> 한국어 능력 시험 어휘 문항 유형의 분석(2012년)

문항 유형		초급	중급	고급	문항 수
내용	형식 (선다형)				
그림보고 대화 완성하기	빈칸 채워 대화 완성하기	2(명/동)			2
반의어 고르기	빈칸 채워 대화 완성하기	3(명/동/형)			3
	문장 속의 단어와 반대되는 단어 찾기		2(동/형)		2
유의어 고르기	빈칸 채워 대화 완성하기	3(명/동/부)			3
	문장 속의 단어와 비슷한 단어 찾기		4(형/부/동/명)	2(부/동)	6
다의어 (/동음어) 고르기	세 문장에 공통으로 들어갈 단어를 찾아 빈칸 채우기		2(동)	2(동)	4
문맥에 알맞은 어휘 고르기	빈칸 채워 문장 완성하기		5(동2/부/형/명)	5(부2/명/동/의태어)	10
	대화 내용에 적합한 단어 고르기	2(동)	1(부)		3
	담화 내용에 적합한 단어 고르기	1(부)	1(속담)	유사표현 (대체) 사자성어 (대체) 동사(빈칸) 관용표현 (빈칸) 2동사유의어 (대체) 속담	9
	용법에 어긋난 단어 찾기			2(부/관용표현)	2
총 문항 수		11	15	18	44

　문항의 형식은 모두 선다형이며 급이 높아질수록 어휘 문항이 많아짐을 알 수 있다. 빈칸을 채우는 문항으로 표현 어휘를 측정하는 것으로 볼 수 있으나 답을 선택하는 점에서 표현 어휘 측정에 한계가 있다. 단어의 의미를 알고 있는 것과 실제로 단어를 사용할 수 있는가는 별개의 문제이다. 대화문과 지문으로 텍스트를 구분하여 구어와 문어에서 사용되는 어휘 양상을 제시하고 있으며 고급으로 갈수록 지문의 비중을 늘려 급별 난이도를 조정한 것으로 보인다. 중급에서 반의어와 다의어, 속담에 대한 문항이 처음 제시되어 초급과 변별을 두었고 고급에서는 문맥을 활용한 어휘 선택과 대화보다는 지문 의존적인 문항과 관용어와 사자성어를 묻는 문항으로 급별 난이도를 확보한 것으로 보인다.

　문제는 숙달도 시험인 한국어 능력 시험에 출제된 어휘가 어느 정도의 대표성을 가지고 있는가이다. 숙달도 시험으로서 어휘 자체의 속성을 중심으로 학습자가 어느 정도의 어휘 발달을 보이고 있는지를 측정할 수 있는 잣대로서의 기능을 충족해야 할 것으로 보인다. 한국어 능력 시험에서 다의어, 속담, 관용표현을 어느 정도 알고 있는가와 같은 의미 관계와 문맥을 이용해 어휘의 질적인 면을 측정하는 것도 적은 문항수로 인해 학습자의 수준을 충분히 설명하기 어려워 보인다.

　다만, 한국어 능력 시험의 문항 유형 중 중급과 고급에 보이는 다의어와 동음어를 연어 관계 속에서 파악하는 문제는 어휘들의 관련성을 파악하는 문제이면서도 상황과 의미, 통사적 연어 관계를 고려해야 하기에 복합적인 측면에서 어휘의 양과 질적인 측정이 가능한 문제 유형으로 보인다.

[17] 다음 ( )에 공통으로 들어갈 단어를 고르십시오.

> 그녀는 사람을 ( ) 집들이 음식을 장만했다.
> 자신의 뜻대로 되지 않는다고 억지를 ( ) 안 된다.
> 이번에 새로 ( ) 곡이 인기를 끌고 있다.

① 내다 ② 쓰다 ③ 부리다 ④ 시키다

<2012년 제28회 한국어 능력시험, 고급>

한국어 교육에서 어휘 교육은 학습자가 많은 어휘를 습득할 수 있도록 도움을 주면서 나아가 학습자가 어휘들의 관계를 이용해 자신의 어휘망을 확장시키고, 효율적인 의사소통을 이끌 수 있도록 도움을 주는 방향으로 설계되어야 할 것이다. 더불어 어휘 평가에서도 학습자가 좋은 어휘부를 형성하고 있는지를 측정할 수 있는 방안이 필요해 보인다.

2. 어휘 평가 도구의 제작

한국어 어휘 평가에 있어서 어휘의 양과 질적인 면의 측정이 상보적으로 이루어질 필요가 있음을 인식하고 어휘 평가를 통해 학습자의 어휘량과 어휘 구성 능력을 측정할 수 있는 방안을 모색해 보기로 한다.

어휘가 듣기, 말하기, 쓰기, 읽기 기능과 연계되어 사용되기에 문맥 속에서 어휘를 평가하는 것이 자연스럽게 어휘력을 평가할 수 있는 방법이지만 학습자의 누적 어휘에 대한 전반적인 측정이 가능하기 위해서는 어휘 독립적 형태의 문항으로 많은 문항을 짧은 시간에 평가하는 것도 의미가 있다고 본다. 이러한 방법은 어휘량에 치중한 평가이기 때문에 비슷한 어휘량을 지닌 학습자들이 어휘부 내에서 어떤 방법으로 어휘를 조직하는지를 설명할 수는 없다.

이를 보완하기 위해 좋은 연결망을 가지고 있는 학습자를 가려내는 평가로 연상 테스트를 실시할 필요가 있다. 연상 테스트는 연상을 통해 촉발되는 사회 문화적 지식과 사회적으로 용인 가능한 정서, 함축 의미, 단어의 속성을 보이는 단어들과 관계가 있기 때문에 어휘의 질적인 면과 연관이 있다고 할 수 있다.[73] 이 외에도 어휘의 이해와 사용의 측면에 중점을 둔 간단한 어휘 평가지 제작에 대해서도 논의하기로 한다.

2.1. 어휘 레벨 테스트

어휘 레벨 테스트는 학습자가 현재 어느 정도 수준에 해당하는 어휘력을 갖추었는지를 점검해줄 수 있는 학습자 어휘 숙달도 측정의 평가에 해당한다. 언어 교육 기관에서 학습자의 반 배치를 위해서 사용할 수도 있다. 한국어 학습자의 어휘 능력을 가늠해줄 표준화된 한국어 어휘 시험이 없기에 Nation(2008)에서 제시한 "The Vocabulary Levels Test"의 형식에 따라 한국어 어휘 레벨 테스트를 제작하게 되었다.

어휘 레벨 테스트에 이용된 어휘는 국립국어연구원(2003)에서 공표한 한국어 학습용 어휘 목록 5,965개를 이용하였다.[74] 한국어 학습용 어휘 5,965

---

73) Henriksen(2008)은 의미기억에서 발견되는 3가지 유형의 어휘적 지식에 대해 설명한 바 있다. Henriksen은 어휘적 표상과 관련된 세 층위가 연결되어 있다고 본다. level I **(Conceptual Knowledge** BLUE…ROMANTIC…MOON…NIGHT)에서 개념과 백과사전적 항목들 간의 연결이 이루어진다. 이는 경험적으로 우리가 달은 밤에 뜨고 달빛은 낭만적인 분위기를 만들어 준다고 아는 것과 관련이 있다. level II **(Lexical Entries** blue…romantic…moon…night)는 형식, 음운, 철자와 관련된 어휘 항목과 단어의 심리적 목록을 제공하며 level III **(Meta-Senatic Knowledge** *blue…romantic…moon…night)* 은 어휘 항목들 사이에 존재하는 의미적 연관성에 대한 메타언어적 지식을 제공한다('blue'와 'moon'은 통합적으로 연결되어 있고 'moon'과 'sun'은 계열적으로 연결되어 있다). James(2009: 166-167)에서 재인용). 연상은 어휘 특정적인 level II 층위만을 다루지 않고 level I 과 level III의 연계도 보여 주어 단어들의 연결고리를 추적하게 한다.

74) 필자가 문항지를 개발할 때는 박사논문을 준비하던 시기여서 한국어 학습용 어휘 목록을

개 중 고유명사와 감탄사를 제외한 5,858개의 단어가 테스트에 이용된 실질적인 어휘 목록이다.

<표 5-6> 어휘 레벨 테스트에 사용된 한국어 학습용 어휘

수준	A(초급)	B(중급)	C(고급)	합계
학습용 어휘량(국립국어원, 2003)	982	2,111	2,872	5,965
시험 선정 어휘 범위(고유명, 감탄사 제외)	949	2,062	2,847	5,858
어휘 레벨 테스트 선택지 단어 수	60	120	180	360
어휘 레벨 테스트 문항 수	30	60	90	180
배점	30×1	60×1	90×1	180

어휘 레벨 테스트는 초급, 중급, 고급 목록을 구분하여 세 수준으로 나뉘어 있으며 각 수준의 한 문항은 6개의 선택할 단어와 이 6개 단어 중 3개의 단어만이 답이 되는 질문항 3개를 포함하고 있다. 즉 3개의 문항이 1개의 세트 형식으로 된 다음과 같은 문제로 제작된다.

　※ 각의 설명 혹은 뜻풀이를 읽고 이와 관련 있는 단어를 고르세요. 왼쪽에
　　 적힌 단어의 번호를 빈칸에 적으세요.
　　 <예시> Level A

1.	1. 지우개 2. 공휴일 3. 정류장 4. 경치 5. 지갑 6. 목욕	___ 버스 기다리는 곳 ___ 몸을 씻기 ___ 쉬는 날

사용하였으나 현재는 동일한 형식으로 국제 통용 한국어 표준 모형의 어휘 목록을 이용해 어휘 레벨 테스트를 제작해 보는 것을 권장한다.

선택지로 사용된 단어는 초급에서 60개, 중급에서 120개, 고급에서 180 개이며 이들 각 단어는 급별로 단어 1개당 초급은 15.8개, 중급은 17개, 고급은 31.6개의 단어를 대표한다. 필자는 학습용 어휘 목록을 이용하여 어휘 레벨 테스트 1, 2, 3을 제작하였고 그 중 일부를 부록에 제시하였다. 처음 제작한 어휘 레벨 테스트는 한국어 학습용 어휘 목록을 빈도순으로 정렬하고 필자의 직관에 따라 선택지 단어를 결정하고 각 급에 필요한 수만큼 걸러내는 방식으로 문항을 제작하였다. 두 번째 제작한 어휘 레벨 테스트는 첫 번째 테스트와 같이 한국어 학습용 어휘 목록을 빈도순으로 정렬하고 다음에는 정렬된 목록에서 레벨 A, C는 매 16번째 단어를, 레벨 B에서는 17번째 단어를 선정하고 선택지 단어 수에 맞게 조절하였다. 세 번째 어휘 레벨 테스트는 한국어 학습용 어휘 목록을 가나다순으로 정렬하고 모든 등급의 어휘 목록에서 매 15번째 단어를 선정하였으며 마지막으로 선정된 단어에서 숙달도 시험2의 목록의 단어를 제외하고 선택지 단어 수에 맞게 조절하였다.

선정된 단어를 풀이한 내용은 단어의 사전적 뜻풀이에 국한되지 않고 단어에 대한 지식의 일부를 포함하고 있다. 세상사적 지식이 단서가 되는 경우도 있고 연어적 지식이 단서가 되기도 한다. 6개의 선택지 단어를 보고 뜻풀이에 해당하지 않는 것을 걸러내고 해당 어휘를 찾아내는 테스트는 학습자에게 익숙한 시험 방식은 아니지만 고급 학습자의 경우는 180문항을 풀 때 보통 15분 정도의 짧은 시간으로 학습자의 전반적인 어휘량을 측정할 수 있다. 가령 초급 학습자가 어휘 레벨 테스트에서 20/30점을 받았을 때 다음과 같은 방식[학습자 점수(20) × 2(선택지 단어 수 60/ 문항 수 30) × 15.8(대표하는 단어 수)=632]으로 계산하여 초급 어휘 949개 중 632개 정도를 아는 것으로 가늠할 수 있게 된다.

필자는 2011년 2학기에 고급 학습자를 대상으로 3회의 어휘 레벨 테스트를 실시한 바 있다. 학습자의 성적과 전반적인 한국어 실력이 비례하고 학습자가 반복된 시험에서 비슷한 성적을 보여 교수자의 경험적 판단만으로 보았을 때 신뢰도가 있는 것으로 보인다. 그러나 각 시험의 결과가 의미하는 바는 더 많은 학습자에게 시험을 적용하고 그 결과를 면밀히 분석한 이후에 가능할 것이다. 비록 어휘 레벨 테스트의 신뢰도를 검증하지는 못했으나 이 어휘 레벨 테스트는 공신력 있는 어휘 목록을 바탕으로 제작된 것이고, 거칠게나마 학습자의 어휘량이 어느 정도 되는지를 말해 주는 점에서 의의가 있다.

어휘 레벨 테스트는 학습자들의 어휘량을 정확하게 측정하고 어휘 학습이 요구되는 부분을 찾기 위해 실시한 시험이었으나 학습자들은 시험 자체를 통해 많은 어휘에 노출되고 학습이 이루어졌다고 하였다. 다만 어휘 레벨 테스트에서 저조한 성적을 거둔 학문 목적의 고급 학습자의 경우도 자신의 연구 영역에서 자주 접하는 어려운 단어는 쉽게 사용하는 것으로 보아 어휘력의 측정은 다각도의 접근이 필요할 것으로 보인다.

2.2. 단어 연상 테스트

단어 연상 테스트는 고급 한국어 학습자의 머릿속에 어휘가 어떻게 조직되어 있는지를 살펴보고자 50개의 단어에 대해 연상 실험을 설문조사의 형식으로 실시하고 한국인의 실험 결과와 대비한 내용에 토대를 두고 제작되었다. 김은혜(2012)는 한국인과 고급 한국어 학습자의 단어 연상 내용을 비교하고자 하는 목적에서 품사(명사, 동사, 형용사, 부사)를 달리한 50개의 단어를 선정하여 연상 실험을 실시하였다. 연상 실험에서는 50개의 단어에 각각 하나의 반응어를 쓰도록 유도함으로써 고급 한국어 학습자와 한국인의 표준에 해당하는 연상어를 조사하며 그 일치도를 보고자 하였다. 단어의 내포 의미가 확장되는 방식에 대해서는 김은혜(2011c)에서 하나의 자극어에 대해 다섯 개의 반응어를 쓰도록 한 다중 연상 실험을 실시한 바 있다. 연상 실험에 참가한 외국인 학습자의 어휘 수준을 고급으로 한정하고 다양한 국적의 외국인을 연구에 포함하고자 의도하였으나 외국인 참여자의 균질적인 수준은 학습 기관과 참여자의 한국어 학습 기간에 따라 다소 차이가 있을 수 있고 참여자가 속한 언어권을 동일 비율로 구성하는 면에서 한계가 있었다. 이는 모어 화자인 한국인의 경우에도 그들의 전공과 관심사, 거주지, 성장 배경, 심리 상태, 언어 경험에서 차이를 보이기 때문에 실험 참여자를 이상적인 상태의 집합으로 구성하기는 어려울 수밖에 없다. 그러나 실험에 참여한 한국어 학습자 100명과 한국인 100명은 한국 사회에서 어휘가 사용되는 사회·문화적 맥락을 적절하게 운용할 것으로 예상되는 고급 수준으로 일정 수준에서 표준화된 결과를 도출할 것으로 예상되므로 여전히 의의가 있다고 판단된다.

단어 연상 테스트는 김은혜(2012)에서 실시한 단어 연상 실험의 결과에 근거하여 50개 자극어에 대한 연상어의 빈도와 내용을 고려해 각 자극어별로 5개의 연상어를 추려내고 이들을 보기로 제시하여 연관된 단어를 적도록 한 것이다. 고빈도 연상어와 자극어의 속성을 나타내는 연상어, 자극어와 연어 구성을 보이는 연상어를 보기로 구성하였으며 보기로 제시된 5개의 단어의 관계를 파악하고 문제에 주어진 품사 정보(명사, 동사, 형용사, 부사)를 활용하여 연상된 단어를 적는 테스트라 하겠다. 연상을 활용한 테스트는 많은 어휘를 연관 지을 수 있고 어휘 간의 관계를 탐색하는 구성 능력을 확인할 수 있어 어휘의 양적 평가와 질적 평가를 측정하는 하나의 방법이 될 수 있다고 본다.

※ 다음에 주어진 5개의 단어들과 관계있는 단어를 적어 주시기 바랍니다.

    <예시-1> 피, 소방차, 경고, 위험, 정열 ⇒ □□ 빨강

    <예시-2> 꿈, 저금통, 삼겹살, 욕심, 뚱보 ⇒ □□ 돼지

단어 연상 테스트 결과 외국인 학습자의 어휘부가 한국어 모어 화자와 어떤 차이가 있을지를 살펴보는 것도 의미가 있을 것이다. 2012년 1학기 인하대학교 대학원에 재학 중인 고급 한국어 학습자 25명과 인하대학교 학부 한국인 학생을 대상으로 연상테스트를 실시하고 그 결과를 대비하였다[75](<표 5-7> 참조).

<표 5-7> 단어 연상 테스트 결과

정답의 품사에 의한 문항	한국인 평균		고급 한국어 학습자(중국인) 평균
명사(20)	9.51(19.2)	> 2.43	7.08(14.16)
동사(10)	9.28	> 2.28	7.00
형용사(10)	9.56	> 0.8	8.76
부사(10)	8.22	> 0.66	7.56
총합(50)	**46.08**	> 8.6	**37.48**

<표 5-7>을 통해 알 수 있듯이 고급 한국어 학습자의 평가 결과는 전 품사에 걸쳐 한국인에 비해 낮은 편이다. 전체 50문항에서 한국인이 평균 46문항의 정답률을 보인다면 고급 한국어 학습자의 평균은 37문항에 그쳐 그 차이가 있었다. 품사에 따른 한국인과 고급 한국어 학습자의 점수 차이는 명사(2.43문항)에서 가장 크게 나타났고 부사(0.66)에서 가장 적게 나타났

---

75) 연상 테스트는 2012년 5월 29일부터 6월 1일에 걸쳐 한국인 50명(인하대학교 학부 국어학 개론 수강자)과 중국인 고급 한국어 학습자 25명(인하대학교 대학원생)에게 실시되었고 주어진 5개의 단어를 보고 연관된 단어를 쓰는 방식으로 이루어졌다. 학습자들은 답에 해당하는 단어의 음절수와 품사 정보를 활용할 수 있었다.

다. 명사 문항이 타 문항보다 가장 어려웠다는 외국인 학습자는 40%였으나 한국인은 6%에 그쳤다. 그 이유는 외국인 학습자의 경우 명사에 대한 언어 외적 지식이 부족한 것과 단어들 간의 연관성을 찾기가 어려웠기 때문이다.

① 여러 개의 자극어를 보고 관련된 명사 연상어 찾기

문항	오답	오답률	정답
1. 친하다, 믿음, 동행, 우정, 사귀다	애인, 눈빛, 연인, 여친, 사랑, 감정	24%	친구
3. 미용실, 똑똑하다, 감다, 생각, 돌	미용사, 단발, **가위**, 여자(3), 무응답(3)	36%	머리
4. 동물, 새끼, 코, 짖다, 물다	**닭, 쥐**(3), 강아지(4), **링**, 고양이	40%	개
5. 선물, 고백, 꽃, 사랑, 가시	연애, 애인(2), 청혼, 이별, **백합꽃**	24%	장미
7. 하의, 광산, 자유, 옷, 파란색	비둘기, **추방자**, 배관공, **한복, 치마**(2), 무응답(6)	48%	청바지
9. 아이, 이빨, 막대, 달다, 박하	설탕(2), **빨대, 칫솔**, 무응답(6)	40%	사탕
12. 복, 주름, 기쁘다, ~이 터지다, 유머	개그, **설날**, 배우, 미소, 감정, 입가, 무응답(5)	44%	웃음
14. 손가락, 시간, 신뢰, 기대, ~지키다	도장, 세월, 시계(2), 반지(2), 무응답(3)	40%	약속
20. 마무리, 쉬다, 주말, 13일, 평일	공휴일(9), 일요일(2), 쉬는 날, 마감, 이주일, 빨간 날, 무응답(5)	80%	금요일

가장 많은 한국어 학습자(80%)가 오답을 제시한 것은 20번 문항이었는데 '13일의 금요일', '마무리' '주말'과 같은 단서를 이용하지 못했다. 이러한 점은 '친구'의 보기인 '우정'이나 '사탕'의 보기인 '박하', '장미'의 보기인 '가시'에서도 마찬가지였다. 4번 문항의 답으로 '강아지'를 많이 썼는데 1음절어

가 아니어서 답이 될 수 없다. 위의 표에서 한국어 학습자가 오답으로 제시한 것 중에 진한 글씨체로 되어 있는 '가위, 닭, 쥐, 백합꽃, 추방자, 한복, 치마, 빨대, 칫솔, 설날'은 어째서 답으로 제시되었는지 이해하기 어려운 경우로서 사후 인터뷰를 해보니 적당한 답이 떠오르지 않아 한 두 개의 보기를 보고 추측했다고 답했다.

홍미로운 점은 한국어 학습자들이 이구동성으로 한국에 살면서 '공휴일'의 개념이 문화적으로 납득하기 어렵다고 한 점이다. 중국에서는 국경절에 10월 1일을 기점으로 1주일의 휴가 기간이 있고 노동절이나 청명절과 같이 여러 날을 몰아서 쉬기 때문에 한국 달력에 연휴가 아니라 평일의 하루를 쉬는 공휴일이 이상하게 느껴진다고 반응하였다. 더구나 '13일의 금요일'은 처음 듣는다는 반응이었다. '금요일'을 적는 문항에서 외국인은 80%가 오답을 적은 것에 비해 한국인은 94%가 정답을 적었다.

다음으로 동사 연상어를 찾는 문항에서 한국어 학습자들은 평소 동사 어휘를 많이 학습하지 못한 탓에 보기로 주어진 단어들 간의 연관성을 찾기가 쉽지 않았고 보기에 주어진 단어를 개별적으로 동사와 연결하다보니 모든 보기를 아우를 수 있는 동사를 찾기가 어려웠다는 반응을 보였다.

② 여러 개의 자극어를 보고 관련된 동사 연상어 찾기

문항	오답	오답률	정답
22. 꿈, 침대, 밤, 쉬다, 이불	꾸다, 눕다, 덮다, 접다	16%	자다
24. 학교에~, 맛이~, 세월이~, 소식이~ 금이~	있다(3), 없다(2), 오다, 무응답(2)	32%	가다
25. 운동장, 땀, 건강, 다이어트, 선수	다이어트, 단련하다, 건강하다, 유지하다, 무응답(2)	24%	운동하다
26. 깨닫다, 지식, 배우다, 병, 힘	공부하다(3), 공부(3), 묻다, 새다, 들다(2), 얻다(3), 무응답(5)	76%	알다

문항	오답	오답률	정답
28. 기부, 나누다, 선물, 손, 마음	전하다, 증정, 받다(2), 무응답(4)	36%	주다
29. 데이트, 모이다, 소개, 악수, 반갑다	사귀다(3), 소개팅, 지내다, 지키다, 기쁘다, 무응답(4)	44%	만나다
30. 인사말, 부모님께~, 예의, 도움, 진심으로~	존경하다(2), 감사드리다, 축하하다, 고맙다, 인사하다, 무응답(2)	32%	감사하다

가장 많은 한국어 학습자(76%)가 오답을 제시한 것은 26번이었는데 '아는 것이 힘이다', '모르는 게 약, 아는 게 병이다'와 같은 표현과 유의어, 앎의 과정에서의 원인과 결과를 생각해보면 단어 '알다'와 연관된 것임을 찾을 수 있는 문항으로 보인다. '가다'에 대한 오답으로 제시된 '있다'와 '없다'는 '맛이~, 소식이~'와 같은 통사적 구성에는 타당하지만 모든 보기의 단어를 아우를 수 없어 답이 될 수 없다.

한국어 학습자들은 형용사와 동사의 품사 구별에 어려움을 겪은 점과 동음 관계와 다의 관계를 보이는 단어의 연어 구성에 어려움을 겪은 점을 제외하고는 형용사 연상어를 찾는 문항이 비교적 쉬웠다고 반응하였다.

③ 여러 개의 자극어를 보고 관련된 형용사 연상어 찾기

문항	오답	오답률	정답
34. 소금이~, 스웨터를~, 월급이~, 빨래를~, 여드름을~	많다, 타다, 무응답(5)	28%	짜다
40. 잃다, 빈손, 가난, 엑스(X), 허전하다	비다(2), 싫다, 공허, 가난하다, 무응답(6)	44%	없다

한국어 학습자 44%는 40번 문항 '없다'에 오답을 제시했다. 오답 중에는 주어진 보기를 모두 아우를 수는 없어도 '비다'와 '공허'와 같이 연관된 답

이 있었다. 그러나 어떠한 답도 적을 수 없었던 학습자가 24%나 있었고 34번 문항 '짜다'의 경우도 답을 적지 못한 학습자가 20%나 있어 형용사의 의미 속성과 확장 의미, 동음 관계에 대한 학습이 필요함을 알 수 있다. '소금이 짜다'에서 '월급이 짜다'는 형용사 '짜다'가 보이는 다의에 의한 의미 확장이다. 동사 '짜다1'의 의미 확장은 '스웨터를 짜다'에서 '계획을 짜다'로 이루어지고 동사 '짜다2'는 빨래와 여드름같이 액체(물기/ 기름기)로 된 것을 짜내는 것이다. 동일한 형태가 품사도 다르고 중심 의미가 달라 동음어로 구분되는 경우이기 때문에 연어 구성을 통해 단어의 의미를 설명할 수 있는 좋은 사례가 될 수 있다.

김은혜(2012)의 연상 실험에서는 고급 한국어 학습자들이 자극어 부사에 대해 연상하는 것을 가장 어려워하였고 연상어의 내용을 살펴보았을 때에도 한국인에 비해 부사의 의미 속성을 제시하지 못하였다. 그런데 단어 연상 테스트에 있어서는 외국인 학습자들의 활발한 연상 내용이 제시되었다. 필자가 의도했던 답은 아니지만 외국인 학습자가 제시한 오답 중에는 '싹, 적게, 약간, 만약, 혹시, 계속'과 같이 정답으로 인정할 수 있는 사례가 제시되었다.

④ 여러 개의 자극어를 보고 관련된 부사 연상어 찾기

문항	오답	오답률	정답
41. 완전히, 모두, 전부, 몽땅, 전체	온, 필히, **싹**, 모두, 통	20%	다
44. 땀, 성실하다, 열정, 노력하다, 개미	부지런히(4), 열정히, 꾸준히, 간신히, 무응답(3)	40%	열심히
45. 살짝, 약간, 적다, 털끝만큼, 손톱만큼	보잘것없이, **적게**, 아무도, **약간**, 무응답(3)	28%	조금
46. 추측, 어쩌면, 예상, 가정, 짐작	**만약**(2) **혹시**(5), 역시, 설마, 예측, 대략, 대충(2), 무응답(2)	56%	아마

문항	오답	오답률	정답
48. 직진, 자세, 행동, 반듯하다, 올바르다	쭉, 정확히(2), 바르다, 곧게, 지긋이, 무응답(3)	36%	똑바로
49. 늘, 언제나, 반복, 습관, 매일	자주(4), **계속**, 한결같이	24%	항상

연상 테스트는 하나의 단어가 또 다른 단어와 맺는 관계를 탐색하도록 하기 때문에 단어들이 맺는 다양한 관계를 찾아내도록 돕는다. 학습자는 어휘에 대한 지식과 어휘와 관련된 상황을 떠올리게 되고 통사적 관계와 의미 관계에 의한 언어 정보를 활용할 수 있다. 단어 연상 테스트 결과를 통해 외국인 학습자에게는 명사와 연관된 언어 외적 지식을 확충하는 것이 필요하며 동사의 다의적 쓰임을 알려주는 어휘 학습이 필요함을 알 수 있다.

연상 테스트에 참여했던 한국어 고급 학습자 72%는 단어 연상 테스트가 어렵다고 답했으며 28%만이 보통이라는 응답을 했다. 이에 비해 한국인은 52%가 어렵다고 답했고 34%는 보통의 난이도라고, 14%는 조금 쉬운 편이라고 하였다. 연상 테스트에 대한 어려움은 시험 방식이 낯선 것과 문제를 푸는 데 걸리는 시간이 많이 걸린다는 것이었다. 정답에 해당하는 단어의 음절수만큼 '□'를 제공하고 품사 정보를 주었으나 연상 문제를 풀면서 글자 수를 무시하거나 보기로 주어진 단어를 정답으로 쓰는 사례가 더러 있었다. 정답을 머릿속으로 생각하고서도 그 단어의 품사가 무엇인지 몰라 고민하였다는 반응도 있었다. 학습자에게 제일 큰 어려움은 보기로 주어진 단어들 간의 연관성을 찾는 일이었다. 반면 단어 연상 테스트를 통해 단어를 다양하게 연결할 수 있는 점이나 단어가 쓰이는 상황을 떠올리는 점, 문장에서 자주 함께 쓰이는 단어들을 알 수 있는 점은 유익했다는 반응이었다.

필자가 개발한 단어 연상 테스트는 단어들 간의 어휘 관계를 찾는 면에서는 유용하지만 어휘의 내포 의미와 다의 관계를 통한 의미 확장을 확인할 수 있는 면에서 미진하기 때문에 이를 해결할 수 있는 방안을 모색해야 하는 과제를 안고 있다. 그러나 본 테스트에서 동사와 형용사에 한정하여 연어 관계를 형성하는 통사 구조를 이용해 다의 관계와 동음 관계를 확인할 수는 있었다.

학습자의 숙달도가 높아지면서 학습자들의 어휘력 또한 모어화자와 비슷한 수준에 도달한다는 가정을 했을 때 연상 테스트가 '모어화자 같음'에 대한 잣대가 될 수 있을지 앞으로 살펴보아야 할 것이다. 일반적으로 연어 능력은 모어화자와 비슷한 정도에 달하나 숙어를 비롯한 관용 표현의 경우는 그러하지 못함이 보고되고 있다. 따라서 어휘의 질적 능력에는 이러한 점이 부각될 필요가 있고 이는 학습자의 어휘력의 발달에도 시사하는 바가 크다. 특히 고급 학습자가 한국의 문화적 내용을 알 수 있도록 도움을 줄 필요가 있다. 이를 위해 국립국어원(2011: 32)에 제시된 260여 개의 관용 표현에 근거한 <관용 표현을 이용한 단어 연상 테스트>를 이용해 학습자의 질적 어휘력을 측정할 수도 있을 것이다.

<관용 표현을 이용한 단어 연상 테스트>

1. 보기로 주어진 단어들과 함께 쓰이는 신체 관련 단어를 쓰세요.
   □□ ⇒ □□이 뜨끔하다, □□이 찢어지다, □□에 찔리다

2. 다음 보기로 주어진 관용 표현의 빈칸을 완성하시오.
   □□□을 거꾸로 신다 ⇒ □□□ 하나 까딱 않다 ⇒

3. 보기로 주어진 단어들과 공통으로 쓰이는(연어 구성을 이루는) 동사를 쓰세요.
   말꼬리를~, 발목을~, 배꼽을~, 칼자루를~ ⇒ □□
   가슴을~, 뒤통수를~, 손사래를~ ⇒ □□

McGavigan(2007)은 학습자의 영어 속담(idioms) 지식을 활용한 평가를 실시하였다(James, 2009: 150-155). 그는 빈도 순위를 4개로 구분한 사전(Cobuild

Dictionary of Idioms, 1995)에서 무작위로 영어 속담 20개를 선정하고 각 속담에 빈칸을 채우도록 하였다. 평가 결과 Look at the weather. It's raining cats and _____! (dogs)와 같은 고정 표현으로서의 숙어(fixed idioms)는 일상 영어에서 특이한 것이어서 학습자에게 어려웠고, 속담 전체가 아닌 일부(a rolling stone gathers no moss)를 사용하는 경우 역시 학습자에게 어려웠다고 보고하였다.

Arnaud and Savignon도 100명의 그리스인 중·고급 학습자의 숙어 지식을 측정한 결과 학습 과정이 계속되면서 어휘 지식이 향상되지만, 최고급 학습자라 하더라도 영어 구사 환경에서 살고 일하면서 경험해온 모어화자(80% 이상의 점수)와 대비했을 때 매우 적은 숙어를 알고 있는 것으로 나타났다고 하였다. 여러 논의를 통해 숙어에 대한 지식은 어휘지식의 폭과 상당한 관련이 있으며 학습자의 숙어 지식이 발달하기에 앞서 3,000개 단어에 대한 선행 학습이 이루어져야 함이 보고되었다. 숙어의 구성 요소가 모두 학습될 필요가 있으며 어떤 숙어는 사용 빈도가 드물기 때문이다. 제2언어 학습자는 숙어 지식에서 모어화자와 동일한 수준에 도달하기 어려워 보인다.

2.3. 어휘 구성 능력 테스트

어휘 레벨 테스트와 단어 연상 테스트는 평가 도구로 유용한 면이 있으나 하나의 테스트로 어휘력의 여러 구성 요인을 모두 측정할 수는 없기에 다양한 테스트를 제작해 볼 필요가 있다. 필자가 위 두 가지 테스트를 실시하고 동일한 학습자의 어휘 레벨 테스트와 연상 테스트의 결과를 대비하였을 때 어휘 레벨 테스트 결과에 연상 테스트 결과가 비례하지 않는 경우가 있었다. 많은 어휘를 알고 있는 학습자가 그렇지 못한 학습자보다 단어들 간의 관계를 더 잘 연계할 수 있는 것도 아니며 알고 있는 어휘량이 비슷해도 어휘를 조직하는 능력은 다를 수 있기 때문이다. 그러므로 어휘 평가에 있어 학습자의 어휘부가 어떠한 모습으로 조직되어 있는지를 살펴보는 방안을 마련할 필요가 있을 것이다.

① 연상을 활용한 어휘 조직 능력 점검 테스트

※ 동그라미 안에 적힌 단어에 대해 떠오르는 생각을 자유롭게 적어보세요.

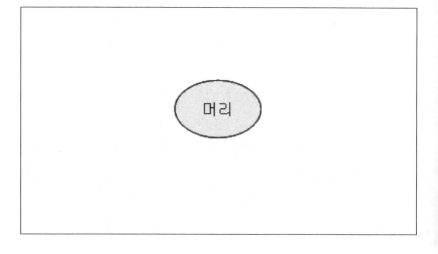

연상을 활용한 어휘 조직 능력 점검 테스트는 하나의 자극어를 보고 떠오르는 모든 단어를 적는 방식으로 진행된다. 하나의 자극어에 대해 여러 개의 연상어를 쓰는 다중반응연상 및 자극어를 보고 연상되는 단어 자유롭게 쓰는 자유 연상으로 활동이 이루어진다. 연상어는 가급적 구나 문장을 제외하고 단어를 쓰도록 유도한다. 경우에 따라서는 읽기나 쓰기에서 문장을 적는 것이 중요할 때도 있다. 자극어와 연상어를 실선으로 연결하도록 하여 핵심 자극어와 이에서 거리가 먼 연상어들의 관계도 볼 수 있도록 한다.

주제어가 되는 핵심 자극어가 무엇이냐에 따라 시험 시간은 5분에서 20분 등 자유롭게 정할 수 있다. 짧은 시간으로도 학습자의 머릿속 사전을 쉽게 파악해 볼 수 있는 장점이 있다. 자극어 '머리'에 대해 떠오르는 연상어들을 적고 관련 있는 연상어들끼리 묶어 연상의 유형을 분류하고 모르는 단어를 확인하는 과정을 통해 학습자가 연상 내용에 근거하여 자극어의 의미를 정교화하고, 자극어가 활용되는 상황 맥락에 따른 의미를 학습하도록 유용한 피드백을 제공할 수 있다. 다만 평가 점수를 수량화 하는 점이 어렵다.

② 연상 체인 만들기

※ 보기와 같이 주어진 두 단어 사이에 관련 있는 단어를 적어 연상 고리를 만들어 보세요. 두 단어 사이에 적을 수 있는 단어의 수는 제한이 없습니다.

바다, 어머니
<보기1> 바다⇒ 파도 ⇒ 자장가 ⇒ 어머니
<보기2> 바다⇒ 여행 ⇒ 기차 ⇒ 고향 ⇒ 집 ⇒ 밥 ⇒ 사랑 ⇒ 어머니

연상 체인을 만들어 단어 조직 능력을 검사하는 방법은 연상의 시작과 끝을 알려주고 중간에 내용을 채워 넣고 이를 연결하는 방식으로 진행된다. 단어들 사이의 관계를 찾도록 도와주며 문장을 만들 수 있게 돕기 때문에 표현력의 신장에 기여할 수 있는 평가이다. 두 단어 사이에 적어도 몇 개의 단어가 필요하다거나 하는 단서를 달 수도 있다. 평가 점수를 줄 때에도 단어들 사이의 관계성이 잘 부각된 점에 점수를 줄 수도 있고 표현된 문장이 자연스러운지에 중점을 두어 점수를 부여할 수도 있다.

이와 같은 어휘 구성 능력 테스트는 학습자들이 핵심어와 구조틀을 이용하여 어휘망을 조직하는 활동을 함으로써 학습자의 사고를 촉진하고 어휘들 사이의 관계를 연결하도록 돕는 데 목적이 있다. 교사는 학습자가 연상을 촉진할 수 있는 구조를 만들어 학습자가 관련 지식을 끌어와 연상망을 확대하도록 도와 평가 자체를 통해 학습이 이루어지도록 할 수 있다.

2.4. 이해 어휘 테스트

이해 어휘 테스트는 학습자가 알고 있으나 표현이 되지 않거나 표현하는 데 어려움을 겪는 어휘를 선정해야 하기 때문에 테스트를 위한 어휘 목록 선정을 하기 위해 사고도구어 목록과 신문 사설을 이용하였다. 사고도구어 와 신문 사설 어휘는 학문목적 학습자에게 노출되어 있고 그 중에 어려운 어휘가 있을 것이기에 연구자가 중요도를 고려하여 어휘 목록을 선정하였 다. 시험은 점검표로 제시된 200개의 어휘 목록에서 학습자가 알고 있다고 판단되는 경우를 표시하는 방식으로 실시되었다.

사고도구어 점검표는 신명선(2004: 123-126)에 제시된 사고도구어 목록 중 유의어 목록과 신명선(2004: 175-176)에 제시된 초등학교 전체 교과서 사용 빈도에서 100번 이상 나온 사고도구어를 종합적으로 고려하여 200개 단어 를 점검표 형식으로 제시하였다.

① 사고도구어 점검표

아래 목록으로 주어진 단어를 주의 깊게 읽고 단어의 의미를 아는 것에 만 단어 앞에 있는 빈 칸에 √ 표 하시오. 단어의 의미를 모르면 빈 칸으로 그대로 두시오.

1. ☐ 가설	3. ☐ 각각	5. ☐ 간섭	7. ☐ 개발	9. ☐ 건설
2. ☐ 가정	4. ☐ 각기	6. ☐ 개념	8. ☐ 개입	10. ☐ 결과 …

신문 사설 어휘는 2008년 4월 10일부터 2010년 4월 10일까지의 한겨레신문의 사설 총 1,857개에서 사설 본문만을 모아 총 어절(500,983개)에서 20회 이상 출현한 어절 3,496개를 추리고 어족을 고려하여 품사별로 추린 687개(명사 552, 동사18, 부사 66, 형용사 51)에서 빈도와 난도를 고려하여 명사 100개, 동사, 부사, 형용사를 합하여 100개 총 200개 단어를 점검표 형식으로 제시하였다.

② 신문 사설 어휘 점검표

아래 목록으로 주어진 단어를 주의 깊게 읽고 단어의 의미를 아는 것에만 단어 앞에 있는 빈 칸에 √ 표 하시오. 단어의 의미를 모르면 빈 칸으로 그대로 두시오.

1. ☐ 당분간	3. ☐ 무작정	5. ☐ 가뜩이나	7. ☐ 겨우	9. ☐ 고스란히
2. ☐ 대폭	4. ☐ 본래	6. ☐ 거듭	8. ☐ 계기로	10. ☐ 곧바로 …

시험을 통해 학습자가 해당 어휘를 얼마나 자세하고 깊게 알고 있는지를 파악하기는 어려웠으나, 시험이 비교적 간단하고, 학습자들은 본인이 모르고 있는 중요 어휘를 쉽게 발견하여 학습 어휘 목록으로 이용할 수 있어 유용했다.

2.5. 표현 어휘 테스트

학습자는 일반적으로 표현 어휘보다 이해 어휘가 많지만 어휘 학습에 있어서는 초급에서 표현 어휘의 양을 늘리고 고급으로 갈수록 이해 어휘의 양을 늘려 학습자가 읽기에서 어려움을 겪지 않도록 돕는 것이 중요하다. 또한 학습자가 자신의 이해 어휘를 표현 어휘로 사용할 수 있도록 어휘의 용법과 다의와 유의를 지도할 필요가 있다. 연구자가 개발한 표현 어휘 테스트는 어휘 레벨 테스트에 사용하였던 어휘 목록 5,965개를 Nation(2008)에서 제시한 "The Productive Vocabulary Levels Test"의 형식에 따라 초급, 중급, 고급의 등급이 있는 60문항을 개발한 것이다.

표현 어휘 테스트

※ 괄호 안에 제시된 첫소리로 시작하는 단어를 보기와 같이 적으시오.

<보기> 엄마는 생일날 아침에 □□□을 끓여 주셨다.(ㅁㅇㄱ)   답> 미역국

레벨 A

1. 주말에 무슨 □□있어요?. (ㄱㅎ)
2. 오늘이 수요일이니까 모레 □□□에 저녁을 같이 먹어요. (ㄱㅇㅇ)

대부분의 학생들은 어휘 레벨 테스트를 치르는 것보다 표현 어휘 시험을 치르는 것에 큰 어려움을 겪었다. 2011년 <1학기 고급 한국어>를 수강한 학생들에게는 문장을 주고 빈칸을 채우도록 했고 2학기 학습자들은 첫소리(음운)를 단서로 제공하고 시험을 치르게 하였다. 단서가 주어진 경우에 정답으로 가능한 유의어들을 거르는 효과가 있고 학습자도 단서를 활용하는 전략을 구사할 수 있어 유용하였다.

지금까지 필자는 학습자의 어휘량을 측정하기 위해 어휘 레벨 테스트와 어휘 연상 테스트를 개발하여 평가를 실시해 보았다. 또한 외국인 학습자들이 단어들의 관계를 찾고 조직할 수 있는지를 살펴보고자 어휘 구성 능력 테스트를 개발하여 외국인 학습자의 머릿속 사전의 일부를 탐색하고 한국인의 연상 내용과 대비하여 그 차이점을 발견하고 어휘 교수 학습에 있어 시사점을 제시할 수 있었다. 학습자들에게는 단어의 양을 늘려주는 것도 필요하지만 학습한 단어들 사이의 관계를 구성하고 조직하며 창조할 수 있는 어휘 구성 능력을 신장시키는 것이 중요하고 이를 평가할 수 있는 방안이 필요하다. 비록 필자가 개발한 어휘 평가 도구는 미진한 점이 많지만 앞으로 한국어 어휘 평가 영역에 많은 연구 결과물이 축적되어 유용한 평가 방안이 제시될 수 있기를 기대해 본다.

부록

어휘 레벨 테스트 1

각각의 설명 혹은 뜻풀이를 읽고 이와 관련 있는 단어를 고르세요. 왼쪽에 적힌 단어의 번호를 빈칸에 적으세요.

Level A

이름 _____

1
1. 지우개   ___ 버스 기다리는 곳
2. 공휴일   ___ 몸을 씻기
3. 정류장   ___ 쉬는 날
4. 경치
5. 지갑
6. 목욕

2
1. 구두   ___ 네 발 달린 동물
2. 돼지   ___ 나무에 있는 것
3. 취미   ___ 발에 신는 것
4. 설탕
5. 화
6. 잎

3
1. 가을   ___ 남자의 나이 많은 여자
2. 교통   형제
3. 목   ___ 몸의 한 부분
4. 누나   ___ 계절의 하나
5. 걱정
6. 쓰레기

6
1. 물론   ___ 어떤
2. 퍼센트   ___ 물건을 세는 물음 말
3. 배고프다   ___ 속이 비어 음식이
4. 시원하다   먹고 싶은
5. 무슨
6. 몇

7
1. 복잡하다   ___ 무겁지 않은
2. 가볍다   ___ 날씨가 ~
3. 뜨겁다   ___ 햇볕이 ~
4. 맑다
5. 즐겁다
6. 늦다

8
1. 깨끗하다   ___ 먹다
2. 똑같다   ___ 물어보다
3. 선물하다   ___ 물건을 주다
4. 질문하다
5. 잡수시다
6. 연습하다

4 1. 뉴스 ___ 텔레비전에서 듣는 소식
   2. 말씀 ___ 병원에 있는 사람
   3. 환자 ___ 어른의 이야기
   4. 음악
   5. 신문
   6. 혼자

9 1. 초대하다 ___ 생일에 친구를 ~
   2. 운동하다 ___ 헬스클럽/공원에서 ~
   3. 축하하다 ___ 기숙사에서 ~
   4. 싸우다
   5. 지내다
   6. 바꾸다

5 1. 사이 ___ 빠르지 않은
   2. 마음 ___ 곧장
   3. 문제 ___ 어쩌다 한 번
   4. 똑바로
   5. 천천히
   6. 가끔

10 1. 오르다 ___ 연필로 글씨를 ~
    2. 돌아오다 ___ 주말에 친구를 ~
    3. 생기다 ___ 높은 산에 ~
    4. 찾다
    5. 쓰다
    6. 만나다

Level B

1 1. 딴 ___ 말 듣는 사람, 너
   2. 당신 ___ 높이는 말
   3. 평일 ___ 다른
   4. 선풍기
   5. 존댓말
   6. 명함

11 1. 안타깝다 ___ 맞다, 바르다
    2. 솔직하다 ___ 거짓이 없다
    3. 화려하다 ___ 빛이 나게 아름답다
    4. 편하다
    5. 옳다
    6. 심각하다

2 1. 담요 ___ 몸이 피곤하고
   2. 무더위 ___ 팔, 다리가 아픔
   3. 몸살 ___ 옷의 한 가지
   4. 간식 ___ 밥 사이에 먹는 것
   5. 송아지
   6. 블라우스

12 1. 다양하다 ___ 차를 대다
    2. 강하다 ___ 미리 사다
    3. 젊다 ___ 약하지 않다
    4. 예매하다
    5. 주차하다
    6. 실수하다

3 1. 소나기 ___ 그릇을 씻는 것
   2. 설거지 ___ 갑자기 내리다 곧
   3. 두통 ___ 그치는 비
   4. 심부름 ___ 일을 시작하게 됨

13 1. 읽히다 ___ 날이 밝도록
    2. 밤새다 ___ 잠을 자지 않다
    3. 갈아타다 ___ 사람들에게 이야기가
    4. 소문나다 ___ 퍼지다

5. 씨름
6. 취직

5. 입원하다   ___ 어깨에 올려놓다
6. 메다

4 1. 조카   ___ 일하고 받는 돈
   2. 동전   ___ 한 해를 시작하는 때
   3. 벌레   ___ 형제자매의 자식
   4. 짜증
   5. 새해
   6. 월급

14 1.부러워하다   ___ 물어보다
    2. 여쭈다   ___ 그림이나 영화를 ~
    3. 뵈다   ___ 여러 번 해서 잘 하다
    4. 감상하다
    5.익숙해지다
    6. 긴장하다

5 1. 뺨   ___ 밥과 먹는 것
   2. 유치원   ___ 손가락을 모두 쥔 손
   3. 반찬   ___ 지나간 일을 생각
   4. 슬픔
   5. 추억
   6. 주먹

15 1. 끊어지다   ___ 아기를 ~
    2. 삶다   ___ 달걀을 ~
    3. 돌보다   ___ 실/ 줄/ 관계가 ~
    4. 논의하다
    5. 허용하다
    6. 자랑하다

6 1. 부작용   ___ 미리 대비하는 것
   2. 지붕   ___ 집의 한 부분
   3. 보험   ___ 빌리거나 써서 내는 돈
   4. 버릇
   5. 현금
   6. 요금

16 1. 깨지다   ___ 회사에 다니다
    2. 근무하다   ___ 음식이 변하여 먹을 수
    3. 털다   없다
    4. 상하다   ___ 놀라서 어찌할지
    5. 떨어뜨리다   모르다
    6. 당황하다

7 1. 평생   ___ 일생
   2. 여유   ___ 농사짓는 사람들이
   3. 습관   모여 사는 곳
   4. 그림자   ___ 넉넉해서 남음
   5. 농촌
   6. 전문가

17 1. 참가하다   ___ 경기에 ~
    2. 적용하다   ___ 총을 ~
    3. 시도하다   ___ 전화 통화를 ~
    4. 전달하다
    5. 쏘다
    6. 권하다

8 1. 에너지   ___ 9세~24세의 사람
   2. 청소년   ___ 힘
   3. 상품   ___ 사고파는 물건
   4. 전통
   5. 동네
   6. 태도

18 1. 헤어지다   ___ 여자친구와 ~
    2. 앓다   ___ 감기를 ~
    3. 그만두다   ___ 채소/화초/장미꽃을 ~
    4. 가꾸다
    5. 서두르다
    6. 분석하다

9   1. 환경　　___ ~보호, 주거~
    2. 곧바로　___ 계속해서 부지런하게
    3. 우연히　___ 뜻하지 않게
    4. 꾸준히
    5. 유난히
    6. 마침내

19 1. 원하다　　___ 주다
    2. 제공하다　___ 모으거나 치워서
    3. 정리하다　　바로 잡다
    4. 해결하다　___ 견디다
    5. 참다
    6. 결정하다

10 1. 충분히　　___ 살이 찌다
    2. 뚱뚱하다　___ 슬프고 답답하다
    3. 우울하다　___ 좋고 훌륭하다
    4. 멋있다
    5. 외롭다
    6. 엉뚱하다

20 1. 발달하다　　___ 겉으로 보이다
    2. 다하다　　___ 어떤 일을 세상에
    3. 발표하다　　　알리다
    4. 나타내다　___ 점차 커지거나 높은
    5. 바라다　　　　수준에 이르다
    6. 느끼다

Level C

1   1. 온갖　　___ 남의 딸
    2. 아무개　___ 어떤 사람
    3. 그대　　___ 여러 가지의
    4. 따님
    5. 기념일
    6. 팩스

16 1. 세월　　___ 쌓인 시간
    2. 원인　　___ **빼놓지** 않고 모두
    3. 작품　　___ 귀하게
    4. 소중히
    5. 이제야
    6. 골고루

2   1. 월세　　___ 옷에 달린 것
    2. 입국　　___ 비가 그치고 하늘에
    3. 동서남북　　나타나는 것
    4. 단추　　___ 집을 빌려 쓰고 달마다
    5. 생활비　　　내는 돈
    6. 무지개

17 1. 저절로　　___ 간단하고 편리한
    2. 대충　　___ 부지런하지 않은
    3. 게으르다　___ 많이 해보지 않아서
    4. 순하다　　　잘 못하는
    5. 서툴다
    6. 간편하다

3   1. 치료법　　___ 경쟁자, 맞수
    2. 부피　　___ 방을 따뜻하게 함
    3. 라이벌　　___ 못된 짓을 하는 사람들
    4. 난방
    5. 면접
    6. 깡패

18 1. 순진하다　　___ 마음에 꾸미는 일이
    2. 초조하다　　　없는
    3. 창피하다　___ 믿을 수 없을 정도로
    4. 신기하다　　　놀라운
    5. 섭섭하다　___ 걱정으로 어쩔 줄
    6. 갑작스럽다　　모르는

4 1. 초저녁   ___ 자주 오는 손님
   2. 단골   ___ 얼굴에 생기는 잔줄
   3. 통역   ___ 살이 쩌서 뚱뚱함
   4. 비만
   5. 주름살
   6. 제삿날

5 1. 식욕   ___ 병든 사람을 돌보는 일
   2. 수저   ___ 아내 혹은 남편
   3. 정장   ___ 숟가락과 젓가락
   4. 용서
   5. 배우자
   6. 간호

6 1. 충고   ___ 도움이 되는 말
   2. 일자리 ___ 직업, 직장
   3. 신청서 ___ 잘못을 반성함
   4. 마라톤
   5. 후회
   6. 엉터리

7 1. 싸구려 ___ 값싸고 질이 안 좋은 것
   2. 지름길 ___ 빨리 가는 길
   3. 장애인 ___ 머리
   4. 사냥
   5. 골치
   6. 일손

8 1. 이해   ___ 새로 나온 물건
   2. 꾸중   ___ 남자
   3. 신제품 ___ 이익과 손해
   4. 시합
   5. 사나이
   6. 이별

9 1. 줄거리 ___ 남녀 사이의 만남, 교제
   2. 이슬   ___ 하늘에서 번쩍이는 불꽃
   3. 번개   ___ 한쪽으로 치우친 생각

19 1. 어지럽다 ___ 자주 있는 일이 아니다
    2. 쓸쓸하다 ___ 외롭다
    3. 뻔하다   ___ 일의 결과가 환히
    4. 별다르다   들여다보이다
    5. 억울하다
    6. 드물다

20 1. 쩔쩔매다 ___ 돈을 빌리다
    2. 졸리다   ___ 고장 난 것을 고치다
    3. 수리하다 ___ 잠이 오다
    4. 꾸다
    5. 효도하다
    6. 표시하다

21 1. 시들다   ___ 사람이 많다
    2. 향상되다 ___ 점점 나아지다
    3. 참고하다 ___ 머무르다, 먹고 자다
    4. 연기하다
    5. 묵다
    6. 붐비다

22 1. 보충하다 ___ 미리 알려주다
    2. 합격하다 ___ 작은 목소리로 이야기하다
    3. 희생하다 ___ 이익을 버리다
    4. 회복되다
    5. 예고하다
    6. 속삭이다

23 1. 찢다   ___ 물건을 잡아당겨 가르다
    2. 조르다   ___ 조심하여 하지 않다
    3. 열중하다 ___ 계속해서 해달라고 하다
    4. 존경하다
    5. 삼가다
    6. 요약하다

24 1. 어기다   ___ 말로 생각이 바뀌게 하다
    2. 긁다   ___ 뾰족한 것으로 문지르다
    3. 설득하다 ___ 그만두다

4. 데이트
5. 교대
6. 편견

4. 교환하다
5. 중단하다
6. 타고나다

10 1. 보름 ___ 음력으로 열다섯 째 날
    2. 재주 ___ 한 어머니에게서 같은 날
    3. 수필   함께 태어난 사람들
    4. 사춘기 ___ 잘 하는 것
    5. 쌍둥이
    6. 생방송

25 1. 알아내다 ___ 좋지 않은 기분을
    2. 소유하다   가라앉혀주다
    3. 끼어들다 ___ 가지다
    4. 달래다 ___ 그림을 보여주듯 말하다
    5. 선언하다
    6. 묘사하다

11 1. 발자국 ___ 책을 만드는 곳
    2. 홍수 ___ 비가 많이 내림
    3. 철학자 ___ 부족하거나 옳지 않은 것
    4. 출판사
    5. 약점
    6. 집안일

26 1. 마주치다 ___ 길을 잃고 이리저리 다니다
    2. 뜨다 ___ 아무 것도 먹지 못하다
    3. 망설이다 ___ 결정을 쉽게 내리지 못하는
    4. 꽂다
    5. 헤매다
    6. 굶다

12 1. 꼬마 ___ 어린아이
    2. 우정 ___ 탈 것을 타는 손님
    3. 연결 ___ 매우 시끄럽고 여기 저기
    4. 야단   바쁘고 정신없음
    5. 외모
    6. 승객

27 1. 품다 ___ 모르는 척하다
    2. 사귀다 ___ 구멍을 만들다
    3. 헤아리다 ___ 죽다
    4. 외면하다
    5. 뚫다
    6. 숨지다

13 1. 거품 ___ 옷의 일부분
    2. 소매 ___ 꾼 돈
    3. 서민 ___ 잘못 받아들임
    4. 빚
    5. 오해
    6. 학용품

28 1. 바치다 ___ 드리다
    2. 짚다 ___ 도와주다
    3. 훔치다 ___ 처음으로 시작되다
    4. 지원하다
    5. 머물다
    6. 비롯되다

14 1. 실습 ___ 함께 길을 감
    2. 정성 ___ 생각
    3. 검토 ___ 조심하도록 알려줌
    4. 동행
    5. 경고
    6. 아이디어

29 1. 건설하다 ___ 건물을 짓다
    2. 감추다 ___ 생각하여 느끼다
    3. 평가하다 ___ 가치나 수준을 재다
    4. 살피다
    5. 둘러싸다
    6. 의식하다

15 1. 솜씨   ___ 힘이나 몽둥이로 억누름   30 1. 뜻하다   ___ 둘 이상의 사람이 함께 하다
    2. 세계관   ___ 빨리 깨닫고 옳고 그름을 잘 알   2. 극복하다   ___ 이겨내다
    3. 공포   아서 행동하는 능력   3. 더불다   ___ 어떤 일에 함께 하다
    4. 지혜   ___ 사람의 힘으로 어찌할 수 없는 일   4. 참여하다
    5. 운명   5. 깨닫다
    6. 폭력   6. 잇다

점수

	초급(A)	중급(B)	고급(C)	합계
문항 수×배점	30 ×1	60×1	90×1	180
점수				/180

어휘 레벨 테스트 2

각각의 설명 혹은 뜻풀이를 읽고 이와 가장 관련 있는 단어를 고르세요.
왼쪽에 적힌 단어의 번호를 빈칸에 적으세요.

Level A

이름 _____

1.   1. 안녕   ____ 인사
    2. 무슨   ____ 어떤
    3. 저거   ____ 말하는 사람 가까이
    4. 여기
    5. 일본어
    6. 도착

2.   1. 금요일   ____ 산에 오르기
    2. 넥타이   ____ 목에 매는 것
    3. 콜라   ____ 마시는 것
    4. 등산
    5. 오렌지
    6. 사과

3.   1. 졸업   ____ 입학과 [   ]
    2. 동쪽   ____ 왼쪽과 [   ]
    3. 의자   ____ 서쪽과 [   ]
    4. 표
    5. 오른쪽
    6. 도서관

4.   1. 남쪽   ____ 물건을 파는 곳
    2. 대답   ____ 신체의 한 부분
    3. 병   ____ 몸이 아픔
    4. 가게

6.   1. 남편   ____ 결혼해서 함께 사는 남자
    2. 손   ____ 팔목에 달린 신체의 한
    3. 날   부분
    4. 앞   ____ 값이 많이 나가다
    5. 고프다
    6. 비싸다

7.   1. 즐겁다   ____ 많지 않다
    2. 적다   ____ 작지 않다
    3. 크다   ____ 모르는 것을 묻다
    4. 질문하다
    5. 노래하다
    6. 졸업하다

8.   1. 불다   ____ 친구를 ~
    2. 내려오다   ____ 산에~
    3. 설명하다   ____ 바람이~
    4. 오르다
    5. 생기다
    6. 만나다

9.   1. 알다   ____ 학생이 ~ 몇 명입니까?
    2. 가다   ____ ~ 일어나서 학교에 갔다.
    3. 모두   ____ 집에서 학교까지 ~ 걸려요?
    4. 어서

5. 유월
6. 어깨

5. 벌써
6. 얼마나

5 1. 아파트 ____ 사는 곳
   2. 잠 ____ 먹는 것
   3. 음악 ____ 앞으로 할 일
   4. 바다
   5. 계획
   6. 밥

10 1. 많이 ____ 8
    2. 여덟 ____ 동물을 세는 말
    3. 백 ____ %
    4. 넷
    5. 마리
    6. 퍼센트

Level B

1 1. 저런 ____ 아껴쓰다
   2. 두세 ____ 2~3
   3. 너희 ____ 이야기가 널리 퍼지다
   4. 데려오다
   5. 소문나다
   6. 절약하다

11 1. 양념 ____ 지나치게 가지려는 마음
    2. 문장 ____ 해야 할 일이나 순서
    3. 실력 ____ 음식 맛을 위해 넣거나
    4. 일정   치는 것
    5. 욕심
    6. 물음

2 1. 출근하다 ____ 만나다
   2. 뵙다 ____ 회사에 가다
   3. 익숙해지다 ____ 어려움을 겪다
   4. 기뻐하다
   5. 고생하다
   6. 실패하다

12 1. 기운 ____ 술의 하나
    2. 소주 ____ 이곳 저곳
    3. 산소 ____ 움직이는 힘
    4. 곳곳
    5. 학기
    6. 인터넷

3 1. 맞서다 ____ 함께 들어가거나 넣어지다
   2. 찌르다 ____ 뾰족한 것으로 꽂아 넣다
   3. 생활하다 ____ 겨루어 버티다
   4. 쉬다
   5. 출연하다
   6. 포함되다

13 1. 도구 ____ 수단이나 방법
    2. 과장 ____ 과의 업무를 책임지는
    3. 현금   사람
    4. 거짓말 ____ 은행에 돈을 맡기는 일
    5. 촬영
    6. 예금

4 1. 참석하다 ____ 가까이에서 받들다
   2. 더하다 ____ 악수하려고 손을 ~
   3. 높아지다 ____ 관계를 맺고 있다
   4. 내밀다

14 1. 고급 ____ 아픈 부분을 잘라내어 고침
    2. 방문 ____ 찾아가서 만남
    3. 수술 ____ 세차게 부딪침
    4. 충격

5. 관련하다
6. 모시다

5. 희망
6. 기대

5 1. 진행되다 ____ 말을 ~
   2. 이기다 ____ 시험에 ~
   3. 알리다 ____ 소식을 ~
   4. 달리다
   5. 붙다
   6. 모이다

15 1. 돌 ____ 일터
    2. 미래 ____ 흙이 굳어서 된 물질
    3. 무역 ____ 나라들 끼리 물건을 사
    4. 숨   거나 파는 일
    5. 직장
    6. 이웃

6 1. 믿다 ____ 남편의 아버지
   2. 짓다 ____ 손에 끼는 것
   3. 시아버지 ____ 밥, 옷, 집 따위를 만들다
   4. 축구공
   5. 장갑
   6. 초보자

16 1. 이전 ____ 같은 때나 시기
    2. 지구 ____ 사물의 순서나 차례
    3. 일반 ____ 특별하지 않고 평범한
    4. 질서
    5. 동시
    6. 모양

7 1. 예약 ____ 미리 약속함
   2. 인사말 ____ 사거리
   3. 큰길 ____ 학용품을 넣어 들고 다니는 것
   4. 네거리
   5. 볶음밥
   6. 책가방

17 1. 하루 ____ 형편이 어떻게 되어 있든
    2. 변화 ____ 잠이 푸근하게 깊이 든
    3. 예술   모양
    4. 소리 ____ 아침부터 저녁까지
    5. 푹
    6. 아무튼

8 1. 전화기 ____ 드나드는 곳
   2. 캠퍼스 ____ 그릇을 씻어 정리하기
   3. 라이터 ____ 대학이나 학교의 마당
   4. 설거지
   5. 출입문
   6. 뒷산

18 1. 높이 ____ 서로 똑바로 향하여
    2. 마주 ____ 어떤 일의 한 측면
    3. 보통 ____ 아무리 낮게 잡아도
    4. 적어도
    5. 그러므로
    6. 한편

9 1. 금연 ____ 나무에서 떨어진 잎
   2. 옥수수 ____ 담배를 피우지 못하게 함
   3. 낙엽 ____ 형제자매의 자식
   4. 속옷
   5. 조카
   6. 곰

19 1. 이미 ____ 어떤 시기가 있는 즈음
    2. 호선 ____ 무르고 부드럽다
    3. 무렵 ____ 어떤 방법
    4. 줄
    5. 연하다
    6. 만족하다

10 1. 불꽃 ＿＿ 입 안에 넣고 씹는 것
    2. 껌 ＿＿ 남의 것을 훔치거나 빼앗는 이
    3. 도둑 ＿＿ 널리 퍼져 돌아다님
    4. 명절
    5. 관광객
    6. 유행

20 1. 진하다 ＿＿ 맞고 바르다
    2. 안타깝다 ＿＿ 곱고 아름답다
    3. 화려하다 ＿＿ 딱하여 가슴 아프다
    4. 불가능하다
    5. 옳다
    6. 깊다

Level C

1 1. 뭘 ＿＿ 대단치 않음을 겸손하게 하
   2. 백제 는 말
   3. 석 ＿＿ 돈, 물건, 시간, 노력을 쓰다
   4. 뭣 ＿＿ 셋
   5. 공연하다
   6. 소비하다

16 1. 용기 ＿＿ 도시의 중심부
    2. 멸치 ＿＿ 바닷물고기의 하나
    3. 인간성 ＿＿ 특이한 것 없이 제대로인
    4. 토론회 상태
    5. 도심
    6. 정상

2 1. 뛰놀다 ＿＿ 한숨도 자지 않고 밤을
   2. 분명해지다 보내다
   3. 응답하다 ＿＿ 거두다
   4. 건다 ＿＿ 흐릿하지 않고 확실해지다
   5. 새우다
   6. 저러다

17 1. 공연장 ＿＿ 뜨거운 기운
    2. 발자국 ＿＿ 군대에 들어가 군인이
    3. 입대 됨
    4. 열기 ＿＿ 성질이나 종류에 따라
    5. 이력서 갈라놓음
    6. 구별

3 1. 잊혀지다 ＿＿ 어떤 일을 하도록 들어주다
   2. 몰려오다 ＿＿ 기억하지 못하게 되다
   3. 되풀이되다 ＿＿ 같은 말이나 일이 자꾸
   4. 경고하다 일어나다
   5. 금지되다
   6. 허락하다

18 1. 설문 ＿＿ 초조한 마음 속
    2. 야단 ＿＿ 소리를 높여 꾸짖음
    3. 애 ＿＿ 어떤 주제에 대해 조사
    4. 제공 하여 물음
    5. 땅속
    6. 승객

4 1. 두리번거리다 ＿＿ 눈을 크게 뜨고 휘둘러
   2. 빼놓다 살펴보다
   3. 삼가다 ＿＿ 행동을 조심하거나 그만두다
   4. 달려들다 ＿＿ 나쁜 것이 고쳐져 좋게 되다
   5. 개선되다

19 1. 영향력 ＿＿ 어떤 효과나 작용이
    2. 항구 미치는 힘
    3. 발걸음 ＿＿ 잘못이나 부족함을
    4. 맘 돌이켜 봄
    5. 사무소 ＿＿ 배가 드나드는 곳

6. 교환하다   6. 반성

5   1. 예방하다   ____ 알맞은 계획이나 수단을 쓰다   20   1. 불행   ____ 신체 장기의 일부
   2. 불어오다   ____ 마음속에 깊이 기억하다   2. 무료   ____ 요금이 없음
   3. 가르다   ____ 쪼개거나 나누다   3. 간   ____ 동서남북
   4. 대처하다   4. 사방
   5. 잡아먹다   5. 보편적
   6. 새기다   6. 북부

6   1. 안정되다   ____ 물기가 다 날아가서   21   1. 방지   ____ 일반적 규칙에서 벗어남
   2. 갇히다   없어지게 하다   2. 코스   ____ 이름
   3. 펴내다   ____ 빌리거나 꾼 것을 돌려주다   3. 예외   ____ 어떤 일이 일어나지 못하게
   4. 갚다   ____ 잡지나 서적을 출판하다   4. 명칭   막음
   5. 힘쓰다   5. 원고
   6. 말리다   6. 기원전

7   1. 개선하다   ____ 싸우다   22   1. 최종   ____ 맨 마지막
   2. 불러일으키다   ____ 사다   2. 총리   ____ 사람의 됨됨이
   3. 구분하다   ____ 기준에 따라 몇 개로 나누다   3. 검토   ____ 겨루어 이김
   4. 다투다   4. 승리
   5. 구입하다   5. 인격
   6. 운영하다   6. 영상

8   1. 둘러싸다   ____ 끊어지지 않게 맞대어   23   1. 구석   ____ 생각이나 견해
   2. 애쓰다   붙이다   2. 지식인   ____ 어떤 것을 으뜸으로 삼음
   3. 밝혀지다   ____ 24시간 문을 여는 가게   3. 위주   ____ 잘 드러나지 않는 치우
   4. 파악하다   ____ 어떤 일을 이루려고 마음과   4. 관념   친 곳
   5. 잇다   힘을 다하다   5. 일종
   6. 편의점   6. 심장

9   1. 아드님   ____ 집이나 방을 빌려 쓰고   24   1. 공격   ____ 참된 도리
   2. 작은아들   다달이 내는 돈   2. 용기   ____ 사람들이 보통 알아야할
   3. 월세   ____ 남의 아들   3. 상식   지식
   4. 문학적   ____ 비가 온 뒤 하늘에 뜨는 일곱   4. 진리   ____ 씩씩하고 굳센 기운
   5. 고궁   색깔의 줄   5. 단위
   6. 무지개   6. 신화

10 1. 이민 　　＿＿ 도시의 주변 지역
　　2. 교외 　　＿＿ 다른 나라로 이주하는 일
　　3. 전문점 　＿＿ 부모를 잘 섬기는 아들
　　4. 석사
　　5. 효자
　　6. 수업

11 1. 통역 　　＿＿ 나이들며 얼굴에 생기는 줄
　　2.동그라미 　＿＿ 남의 잘못을 타이르는 말
　　3. 주름살 　＿＿ 궁리하여 내놓는 생각
　　4. 공주
　　5. 안
　　6. 충고

12 1. 시금치 　＿＿ 채소의 하나
　　2. 강조 　　＿＿ 강하게 주장하거나 두드러
　　3. 병실 　　　　 지게 함
　　4. 잔디밭 　＿＿ 건물 주인에게 일정한 돈을
　　5. 전세 　　　　 맡기고 빌려 씀
　　6. 코미디

13 1. 그사이 　＿＿ 건물을 손보아 고침
　　2. 보수 　　＿＿ 큰 소리를 지름
　　3. 심리적 　＿＿ 한 지점을 중심으로 그
　　4. 연구실 　　　 둘레를 돎
　　5. 회전
　　6. 외침

14 1. 금고 　　＿＿ 학식과 능력이 있는 사람
　　2. 세제 　　＿＿ 자동차가 다니는 길
　　3. 확신 　　＿＿ 비누의 일종
　　4. 인재
　　5. 말투
　　6. 차선

15 1. 번개 　　＿＿ 어떤 일을 바람
　　2. 편견 　　＿＿ 자극을 받아 감정이 북받쳐
　　3. 소망 　　　　 일어남

25 1. 자원 　　＿＿ 흘러가는 시간
　　2. 체험 　　＿＿ 생각한 것을 실제로 행함
　　3. 인사 　　＿＿ 동물, 식물, 사람이 자라
　　4. 세월 　　　　 서 점점 커짐
　　5. 성장
　　6. 실천

26 1. 현장 　　＿＿ 일을 실제로 작업하는 곳
　　2. 우주 　　＿＿ 일이 되어가는 과정이나
　　3. 방식 　　　　 형편
　　4. 상황 　　＿＿ 일을 처리해가는 법
　　5. 듯하다
　　6. 어쩌다가

27 1. 그때그때 ＿＿ 어떤 일이 가끔 있는
　　2. 탁 　　　＿＿ 두려움이나 미안함에도
　　3. 더욱더 　　　 불구하고
　　4. 어쩌 　　＿＿ 갑자기 세게 부딪쳐 나는
　　5. 종종 　　　　 소리
　　6. 감히

28 1. 일찍이 　＿＿ 어떤 일의 기회나 계기
　　2. 더욱이 　＿＿ 전에 한 번
　　3. 상당히 　＿＿ 어떤 경우에도 절대로
　　4. 결코
　　5. 김
　　6. 척

29 1. 나름 　　＿＿ 물기나 습기를 말려 없애다
　　2. 게으르다 ＿＿ 각자가 가지고 있는 방식
　　3. 건조하다 ＿＿ 간단하고 편리하다
　　4. 간편하다
　　5. 해롭다
　　6. 우아하다

30 1. 귀중하다 ＿＿ 같거나 비슷하다
　　2. 끝없다 　＿＿ 말, 태도, 규칙이 철저하다
　　3. 어리석다 ＿＿ 지혜롭지 못하고 둔하다

4. 흥분 ____ 한쪽으로 치우친 생각   4. 다름없다
5. 의도적   5. 엄격하다
6. 감   6. 올바르다

점수

	초급(A)	중급(B)	고급(C)	합계
문항 수×배점	30 ×1	60×1	90×1	180
점수				/180

표현 어휘 테스트

※ 괄호 안에 제시된 첫소리로 시작하는 단어를 보기와 같이 적으시오.

<보기> 엄마는 생일날 아침에 □□□을 끓여 주셨다.(ㅁㅇㄱ)   답> 미역국

레벨 A

1. 주말에 무슨 □□있어요? (ㄱㅎ)

2. 오늘이 수요일이니까 모레 □□□에 저녁을 같이 먹어요. (ㄱㅇㅇ)

3. 시험공부를 위해 학교 □□□에서 책을 빌리기로 해요. (ㄷㅅㄱ)

4. 비행기가 조금 후에 인천 공항에 □□해요. (ㄷㅊ)

5. 파도가 높아서 배가 □□에 나갈 수가 없다. (ㅂㄷ)

6. 다른 도시보다 서울이 물가가 □□□. (ㅂ싸ㄷ)

7. 선생님은 단어의 뜻을 □□했다. (ㅅㅁ)

8. 친구에게 □을 흔들어 인사를 하였다. (ㅅ)

9. 나는 학교를 □□하고 결혼할 것이다. (ㅈㅇ)

10. 친구들과 생일파티를 하며 □□□ 하루를 보냈다. (ㅈㄱㅇ)

레벨 B

1. 엄마에게 사실대로 말하면 혼날까 봐 두려워서 □□□을 꾸며 대답하였다. (ㄱㅈㅁ)

2. 어디 가서나 한 삼 년 □□하면 자리를 잡을 거요. (ㄱㅅ)

3. 민속촌은 외국 □□□들이 많이 찾는다. (ㄱㄱㄱ)

4. 그는 매년 새해에 □□하려고 결심했으나 이틀도 못 가서 담배를 피웠다. (ㄱㅇ)

5. 그는 부모님의 □□에 어긋나지 않는 아들이었다. (ㄱㄷ)

6. 너무 실망하지 말고 □□ 좀 내라. (ㄱㅇ)

7. 그는 내 앞으로 손을 □□어 악수를 청했다. (ㄴㅁ)

8. 학생들은 이번 시험 결과에 □□하여 환하게 웃었다. (ㅁㅈ)

9. 자연은 환경의 □□에 대응하지 못하고 파괴되었다. (ㅂㅎ)

10. 명절에는 맛있는 음식은 많지만, 식사가 끝나면 해야 할 □□□가 너무
    많다. (ㅅㄱㅈ)

11. 이번 시합은 너의 □□을 발휘할 좋은 기회이다. (ㅅㄹ)

12. 아버지 사업이 □□해서 집안 형편이 어려워졌다. (ㅅㅍ)

13. 아내를 먼저 보내고 슬퍼하는 아저씨를 볼 때마다 나는 참으로 □□□
    □. (ㅇㅌㄲㄷ)

14. 시계가 새벽 두 시를 □□□. (ㅇㄹㄷ)

15. 김치를 담그기 위해서는 파, 마늘, 고춧가루와 같은 □□이 필요하다.
    (ㅇㄴ)

16. 젊은 층에서는 짧은 치마를 입는 것이 □□하고 있다. (ㅇㅎ)

17. 운전사는 급히 브레이크를 걸었으나 때는 □□ 늦어 있었다. (ㅇㅁ)

18. 수경이는 화장을 □□게 하고 다닌다. (ㅈㅎ)

19. 늦잠을 자는 바람에 서둘러 아침밥을 □어야 했다. (ㅈ)

20. 휴일에 □ 쉬었더니 몸이 개운하다. (ㅍ)

레벨 C

1. 수박을 다섯 조각으로 □□ 나누어 먹었다. (ㄱㄹ)

2. 어린것이 □□ 어른에게 대들다니!. (ㄱㅎ)

3. 그는 기일 내에 은행 빚을 □을 수가 없었다. (ㄱ)

4. □□한 날씨에는 산불을 조심해야 한다. (ㄱㅈ)

5. 그는 밥 먹는 것도 귀찮아할 만큼 □□□□. (ㄱㅇㄹㄷ)

6. 그는 약속한 것은 □□ 어기는 일이 없다. (ㄱㅋ)

7. 이 신발을 치수가 하나 더 큰 것으로 □□해 주세요. (ㄱㅎ)

8. 나는 그 쌍둥이 자매를 □□하지 못해서 언니에게 동생의 이름을 부르
곤 한다. (ㄱㅂ)

9. 어린이 날을 맞이하여 놀이 시설을 □□로 개방한다. (ㅁㄹ)

10. 어려움 속에서도 열심히 살아가는 아이들을 보면서 내 삶에 대해 많은
□□을 하게 되었다. (ㅂㅅ)

11. 한동안 그 자리에 멍청하게 서 있다가 천천히 □□□을 돌렸다. (ㅂㄱㅇ)

12. 천둥과 □□를 동반한 비가 밤새 내렸다. (ㅂㄱ)

13. 그나마 네가 위험이 덜한 곳에 가 있다니 □□ 중 다행이라는 마음이
다. (ㅂㅎ)

14. 예전에 비해 학교 식당의 위생 상태가 □□□ 개선되었다. (ㅅㄷㅎ)

15. 학자로서 그가 한 행동은 □□ 밖의 것이었다. (ㅅㅅ)

16. 만일의 □□에 대비해 준비를 철저히 하자. (ㅅㅎ)

17. 청소년기는 □□이 매우 빠른 시기이다. (ㅅㅈ)

18. 그가 한국에 정착한 지도 20여 년의 □□이 지났다. (ㅅㅇ)

19. 그의 꿈을 꾸는 듯한 눈길 속엔 늘 어떤 간절한 □□ 같은 것이 어려
있다. (ㅅㅁ)

20. 내가 잘못을 저질렀는데도 어머니는 □□을 치지 않으셨다. (ㅇㄷ)

21. 그녀는 □□□□ 알게 된 사람이지만 정말 나와 잘 맞는다. (ㅇㅉㄷㄱ)

22. 어머니는 나를 □□하게 키우셔서 조그만 잘못도 벌하셨다. (ㅇㄱ)

23. 방안은 후덥지근한 □□로 가득차 마치 목욕탕처럼 더웠다. (ㅇㄱ)

24. 산불은 한번 나면 그 피해가 크므로, 산불이 나지 않도록 철저히 □□
해야 한다. (ㅇㅂ)

25. 그는 지금까지 부정한 재물을 탐하지 않고 □□□게 살아왔다. (ㅇㅂㄹ)

26. 그에게 사실대로 말할 □□가 생기지 않는다. (ㅇㄱ)

27. 우리는 국가의 미래를 짊어질 □□를 길러내야 한다. (ㅇㅈ)

28. 이 다리는 섬을 육지와 □어 주는 역할을 합니다. (ㅇ)

29. 그는 말로만 듣던 가난을 직접 □□했다. (ㅊㅎ)

30. 아직 심사의 □□ 결과가 나오지 않았다. (ㅊㅈ)

점수

	초급(A)	중급(B)	고급(C)	합계
문항 수×배점	10 ×1	20×1	30×1	60
점수				/60

사고도구어 점검표

아래 목록으로 주어진 단어를 주의 깊게 읽고 단어의 의미를 아는 것에만 단어 앞에 있는 빈 칸에 √ 표 하시오. 단어의 의미를 모르면 빈 칸으로 그대로 두시오.

1. ☐ 가설	24. ☐ 관점	47. ☐ 단계
2. ☐ 가정	25. ☐ 관찰	48. ☐ 단순하다
3. ☐ 각각	26. ☐ 교육	49. ☐ 단원
4. ☐ 각기	27. ☐ 구별	50. ☐ 단일하다
5. ☐ 간섭	28. ☐ 구분	51. ☐ 달성
6. ☐ 개념	29. ☐ 구현	52. ☐ 답
7. ☐ 개발	30. ☐ 규정	53. ☐ 대부분
8. ☐ 개입	31. ☐ 규칙	54. ☐ 대안
9. ☐ 건설	32. ☐ 근거	55. ☐ 대책
10. ☐ 결과	33. ☐ 근본	56. ☐ 도달
11. ☐ 경제	34. ☐ 근원	57. ☐ 독립
12. ☐ 경험	35. ☐ 기구	58. ☐ 동기
13. ☐ 계기	36. ☐ 기록	59. ☐ 명백
14. ☐ 계획	37. ☐ 기인하다	60. ☐ 명확
15. ☐ 고려	38. ☐ 기준	61. ☐ 모색하다
16. ☐ 공급	39. ☐ 긴밀하다	62. ☐ 모형
17. ☐ 공통점	40. ☐ 내면	63. ☐ 목적
18. ☐ 과정	41. ☐ 내부	64. ☐ 목표
19. ☐ 과학	42. ☐ 내용	65. ☐ 문제
20. ☐ 관계	43. ☐ 논란	66. ☐ 물질
21. ☐ 관념	44. ☐ 논쟁	67. ☐ 밀접하다
22. ☐ 관련	45. ☐ 누적	68. ☐ 반대
23. ☐ 관심	46. ☐ 다양	69. ☐ 발견

70. ☐ 발달	99. ☐ 선택하다	128. ☐ 원인
71. ☐ 발생	100. ☐ 설명	129. ☐ 위치
72. ☐ 발전	101. ☐ 설치	130. ☐ 응용
73. ☐ 발표	102. ☐ 성격	131. ☐ 의견
74. ☐ 방법	103. ☐ 성질	132. ☐ 의도
75. ☐ 방식	104. ☐ 소개	133. ☐ 이동
76. ☐ 방안	105. ☐ 수용	134. ☐ 이용
77. ☐ 방향	106. ☐ 수행	135. ☐ 이해
78. ☐ 변화	107. ☐ 순서	136. ☐ 이행
79. ☐ 보완	108. ☐ 시각	137. ☐ 일관되다
80. ☐ 보존	109. ☐ 시대	138. ☐ 일반적
81. ☐ 보충	110. ☐ 신장	139. ☐ 일정하다
82. ☐ 보편적	111. ☐ 실제	140. ☐ 자료
83. ☐ 보호	112. ☐ 실증적	141. ☐ 장면
84. ☐ 봉착하다	113. ☐ 실천	142. ☐ 재료
85. ☐ 부분	114. ☐ 실험적	143. ☐ 적당
86. ☐ 부족	115. ☐ 실현	144. ☐ 적합
87. ☐ 분류	116. ☐ 양	145. ☐ 전체
88. ☐ 분리	117. ☐ 양상	146. ☐ 절차
89. ☐ 비교	118. ☐ 양태	147. ☐ 정리
90. ☐ 비롯되다	119. ☐ 역사	148. ☐ 정보
91. ☐ 비판	120. ☐ 연결	149. ☐ 정확
92. ☐ 사고	121. ☐ 연구	150. ☐ 제공
93. ☐ 사실	122. ☐ 영향	151. ☐ 제기
94. ☐ 사회	123. ☐ 예상	152. ☐ 제시
95. ☐ 상상	124. ☐ 예측	153. ☐ 제한
96. ☐ 상황	125. ☐ 완벽하다	154. ☐ 조사
97. ☐ 생산	126. ☐ 완성	155. ☐ 조절
98. ☐ 서술	127. ☐ 완전하다	156. ☐ 조정

157. ☐ 종류	172. ☐ 참여	187. ☐ 필연적
158. ☐ 주변	173. ☐ 참조	188. ☐ 필요
159. ☐ 주의	174. ☐ 채택하다	189. ☐ 한계
160. ☐ 주장	175. ☐ 최대한	190. ☐ 해결
161. ☐ 주제	176. ☐ 추구하다	191. ☐ 향상
162. ☐ 주지	177. ☐ 축적	192. ☐ 허용
163. ☐ 준비	178. ☐ 취지	193. ☐ 혼돈
164. ☐ 중심	179. ☐ 탐구	194. ☐ 혼동
165. ☐ 중요	180. ☐ 탐색	195. ☐ 확산
166. ☐ 직면하다	181. ☐ 특성	196. ☐ 확인
167. ☐ 직접	182. ☐ 특징	197. ☐ 확장
168. ☐ 진술	183. ☐ 판단	198. ☐ 환경
169. ☐ 질서	184. ☐ 표시	199. ☐ 활동
170. ☐ 차이점	185. ☐ 표현	200. ☐ 활용
171. ☐ 참고	186. ☐ 필수적	

총 단어 수	200
알고 있는 단어 수	
모르는 단어 수	

신문 사설 어휘 점검표

아래 목록으로 주어진 단어를 주의 깊게 읽고 단어의 의미를 아는 것에만 단어 앞에 있는 빈 칸에 √ 표 하시오. 단어의 의미를 모르면 빈 칸으로 그대로 두시오.

1. ☐ 당분간	24. ☐ 및	47. ☐ 훨씬
2. ☐ 대폭	25. ☐ 버젓이	48. ☐ 강력한
3. ☐ 무작정	26. ☐ 불과	49. ☐ 거세다
4. ☐ 본래	27. ☐ 설사	50. ☐ 걸맞다
5. ☐ 가뜩이나	28. ☐ 심지어	51. ☐ 곤란하다
6. ☐ 거듭	29. ☐ 아무리	52. ☐ 과도하다
7. ☐ 겨우	30. ☐ 아예	53. ☐ 구체적
8. ☐ 계기로	31. ☐ 오로지	54. ☐ 그릇되다
9. ☐ 고스란히	32. ☐ 오히려	55. ☐ 극심하다
10. ☐ 곧바로	33. ☐ 온전히	56. ☐ 다양하다
11. ☐ 과연	34. ☐ 워낙	57. ☐ 당연하다
12. ☐ 굳이	35. ☐ 이른바	58. ☐ 대대적
13. ☐ 그나마	36. ☐ 일단	59. ☐ 대표적
14. ☐ 극히	37. ☐ 일부러	60. ☐ 마땅하다
15. ☐ 노골적으로	38. ☐ 자칫	61. ☐ 막대하다
16. ☐ 다만	39. ☐ 적이	62. ☐ 모자라다
17. ☐ 더구나	40. ☐ 전혀	63. ☐ 무관하다
18. ☐ 도대체	41. ☐ 제대로	64. ☐ 민감하다
19. ☐ 도저히	42. ☐ 즉각	65. ☐ 바람직하다
20. ☐ 따로	43. ☐ 지극히	66. ☐ 별다르다
21. ☐ 마치	44. ☐ 차라리	67. ☐ 본격적인
22. ☐ 멋대로	45. ☐ 참으로	68. ☐ 불가피하다
23. ☐ 모처럼	46. ☐ 특히	69. ☐ 숱하다

70. ☐ 실질적
71. ☐ 심각하다
72. ☐ 엄정하다
73. ☐ 엄중하다
74. ☐ 열악하다
75. ☐ 유일하다
76. ☐ 일방적
77. ☐ 자명하다
78. ☐ 장기적
79. ☐ 적극적
80. ☐ 전형적
81. ☐ 지나치다
82. ☐ 철저하다
83. ☐ 포괄적
84. ☐ 합리적
85. ☐ 확실하다
86. ☐ 겪다
87. ☐ 고려하다
88. ☐ 나서다
89. ☐ 더불다
90. ☐ 말다
91. ☐ 말미암다
92. ☐ 무릅쓰다
93. ☐ 바로잡다
94. ☐ 부추기다
95. ☐ 비롯하다
96. ☐ 숨지다
97. ☐ 잇따르다
98. ☐ 주도하다

99. ☐ 차지하다
100. ☐ 촉구하다
101. ☐ 감염
102. ☐ 개발
103. ☐ 개편
104. ☐ 검증
105. ☐ 견해
106. ☐ 고통
107. ☐ 공식
108. ☐ 공정
109. ☐ 구속
110. ☐ 국제
111. ☐ 권력
112. ☐ 규모
113. ☐ 금융
114. ☐ 기업
115. ☐ 까닭
116. ☐ 대가
117. ☐ 대기업
118. ☐ 대책
119. ☐ 동맹
120. ☐ 로비
121. ☐ 무리수
122. ☐ 반발
123. ☐ 발생
124. ☐ 발표
125. ☐ 복지
126. ☐ 분야
127. ☐ 비율

128. ☐ 사정
129. ☐ 상황
130. ☐ 선거
131. ☐ 소득
132. ☐ 소통
133. ☐ 수정
134. ☐ 신뢰
135. ☐ 악영향
136. ☐ 안정
137. ☐ 양상
138. ☐ 여당
139. ☐ 역할
140. ☐ 예상
141. ☐ 외교
142. ☐ 요청
143. ☐ 위법
144. ☐ 유출
145. ☐ 의료
146. ☐ 의지
147. ☐ 인권
148. ☐ 인식
149. ☐ 임금
150. ☐ 입장
151. ☐ 장치
152. ☐ 재벌
153. ☐ 저항
154. ☐ 전략
155. ☐ 전쟁
156. ☐ 전체

157. ☐ 절차	172. ☐ 참사	187. ☐ 평화
158. ☐ 정도	173. ☐ 책임	188. ☐ 표적
159. ☐ 정상	174. ☐ 초점	189. ☐ 한계
160. ☐ 제도	175. ☐ 최소한	190. ☐ 해결
161. ☐ 제안	176. ☐ 최악	191. ☐ 해임
162. ☐ 제재	177. ☐ 추가	192. ☐ 행정
163. ☐ 조사	178. ☐ 추진	193. ☐ 헌법
164. ☐ 조직	179. ☐ 출범	194. ☐ 현안
165. ☐ 존재	180. ☐ 취임	195. ☐ 협력
166. ☐ 중앙	181. ☐ 타격	196. ☐ 형편
167. ☐ 지적	182. ☐ 태세	197. ☐ 혼란
168. ☐ 진보	183. ☐ 통제	198. ☐ 확대
169. ☐ 진실	184. ☐ 투자	199. ☐ 확인
170. ☐ 집권	185. ☐ 특보	200. ☐ 회의
171. ☐ 징계	186. ☐ 판결	

총 단어 수	200
알고 있는 단어 수	
모르는 단어 수	

어휘 구성 능력 테스트 1

1. 동그라미 안에 적힌 단어에 대해 떠오르는 생각을 자유롭게 적어보세요.

2. 보기와 같이 주어진 두 단어 사이에 관련 있는 단어를 적어 연상 고리를 만들어 보세요.

두 단어 사이에 적을 수 있는 단어의 수는 제한이 없습니다.

> 바다, 어머니
> <보기1> 바다⇒ 파도 ⇒ 자장가 ⇒ 어머니
> <보기2> 바다⇒ 여행 ⇒ 기차 ⇒ 고향 ⇒ 집 ⇒ 밥 ⇒ 사랑 ⇒ 어머니

① 머리, 친구

② 입다, 슬프다

③ 학교, 같이

어휘 구성 능력 테스트 2

1. 단어 '서다'의 반의어를 적으세요.

① 버스에 자리가 없어서 한참 동안 <u>서서</u> 왔다. ⇒

② 시계가 고장이 나서 <u>서</u> 버렸다.   ⇒

③ 회장으로서 체면이 <u>서지</u> 않았다.   ⇒

2. 다음 예문에 가장 적합한 단어를 적으세요.

논평 논쟁 논증 논의 검토 검사 검색 검출 개봉 개통 개설 개원

① 그는 학자의 입장에서 새 정책을 예리하게 _____했던 사람이다.

② 나는 진학 문제에 대하여 선생님과 _____하였다.

③ 이 가설은 객관적인 방법에 의해 _____되어야 한다.

④ 이것이 진실인가 아닌가에 대한 _____은 아직도 끝이 나지 않았다.

⑤ X-ray _____결과, 뼈가 부러져 있었다.

⑥ 음식에서 식중독을 일으키는 세균이 _____ 되었다.

⑦ 인터넷 _____ 기능을 활용해 자료를 찾자.

⑧ 선생님은 시험 답안지를 여러 번 _____했다.

⑨ 그 영화는 다음달에 _____ 된다.

⑩ 이번 학기에 새로운 강의가 _____ 된다.

⑪ 그는 서울에 병원을 _____ 하기로 했다.

⑫ 전철이 _____ 되면서 시간이 단축되었다.

3. 다음 □에 공통으로 들어갈 말을 쓰시오.

① □□

- □□가 아프다.
- 상□□가 부러지게 음식을 차리다.
- □□가 무너졌다.

② □

- □가 높다.
- 싸움에서 □가 납작해진 친구는 울음을 터트렸다.
- □가 비뚤어지게 술을 마셨다.

③ □

- □ 만난 고기.
- 나쁜 사상에 □이 들었다.
- □이 좋은 광어

④ □□

- 널 기다리다 내 속이 다 □□.
- 햇볕에 살갗이 □□.
- 시간이 없어 결국 택시를 □□.

⑤ □□

- 벽에 금이 □□.
- 몸에 무리가 □□.
- 콩나물무침이 시큼하게 맛이 □□.

점수(20)

단어 연상 테스트

국적: 전공: 이름:

※ 다음에 주어진 5개의 단어들과 관계있는 단어를 적어 주시기 바랍니다.

　<예시-1> 피, 소방차, 경고, 위험, 정열 ⇒ □□　**빨강**

　<예시-2> 꿈, 저금통, 삼겹살, 욕심, 뚱보 ⇒ □□　**돼지**

Ⅰ. 제시된 단어들을 보고 머릿속에 떠오르는 **명사 단어**를 적어 주세요.

　1. 친하다, 믿음, 동행, 우정, 사귀다 ⇒ □□

　2. 가족, 출근, 존경, 가장, 사랑 ⇒ □□□

　3. 미용실, ～가 똑똑하다, ～를 감다, 생각, 돌 ⇒ □□

　4. 동물, 새끼, 코, 짖다, 물다 ⇒ □

　5. 선물, 고백, 꽃, 사랑, 가시 ⇒ □□

　6. 빛, 뜨겁다, 에너지, 노을, 눈부시다 ⇒ □

　7. 하의, 광산, 자유, 옷, 파란색 ⇒ □□□

　8. 리본, 상자, 보답, 감동, 주다 ⇒ □□

　9. 아이, 이빨, 막대, 달다, 박하 ⇒ □□

　10. 도시락, 식사, 정오, 시간, ～을 먹다 ⇒ □□

　11. 하늘, 바다, 신호등, 시원하다, 색깔 ⇒ □□□

　12. 복, 주름, 기쁘다, ～이 터지다, 유머 ⇒ □□

　13. 살다, 일생, 나이, ～길, 마라톤 ⇒ □□

　14. 손가락, 시간, 신뢰, 기대, 지키다 ⇒ □□

　15. 애인, 하트, 빠지다, 감정, 연애 ⇒ □□

16. 아이디어, ~이 없다, ~이 깊다, 고민, 마음 ⇒ ☐☐

17. 집, 그립다, 시골, 향수, 태어나다 ⇒ ☐☐

18. 공부, 선생님, 수업, 운동장, 종소리 ⇒ ☐☐

19. 눈, 산타, 트리, 교회, 예수님 ⇒ ☐☐☐☐☐

20. 마무리, 쉬다, 주말, 13일, 평일 ⇒ ☐☐☐

Ⅱ. 제시된 단어들을 보고 머릿속에 떠오르는 **동사 단어**를 적어 주세요.

21. 밥을~, 냠냠, 물을~, 약을~, 욕을~ ⇒ ☐☐

22. 꿈, 침대, 밤, 쉬다, 이불 ⇒ ☐☐

23. 품위, 스타일, 옷을~, 상처를~, 은혜를~ ⇒ ☐☐

24. 학교에~, 맛이~, 세월이~, 소식이~, 금이~ ⇒ ☐☐

25. 운동장, 땀, 건강, 다이어트, 선수 ⇒ ☐☐☐☐

26. 깨닫다, 지식, 배우다, 병, 힘 ⇒ ☐☐

27. 칭찬, 생일, 취직, 박수, 좋은 일 ⇒ ☐☐☐☐

28. 기부, 나누다, 선물, 손, 마음 ⇒ ☐☐

29. 데이트, 모이다, 소개, 악수, 반갑다 ⇒ ☐☐☐

30. 인사말, 부모님께~, 예의, 도움, 진심으로~ ⇒ ☐☐☐☐

Ⅲ. 제시된 단어들을 보고 머릿속에 떠오르는 **형용사 단어**를 적어 주세요.

31. 눈물, 울다, 감정, 이별, 영화가~ ⇒ ☐☐☐

32. 미소, 서비스, 상냥하다, 안내원이~, 따뜻하다 ⇒ ☐☐☐☐

33. 공주, 성형, 아름답다, 여자, 외모 ⇒ ☐☐☐

34. 소금이~, 스웨터를~, 월급이~, 빨래를~, 여드름을~ ⇒ ☐☐

35. 속도, KTX가~ , 눈치가~, 입소문이~, 택배가~ ⇒ ☐☐☐

36. 찜질방, 여름, 해, 날씨, 에어컨 ⇒ ☐☐

37. 보석이~, 명품이~, 가격, 거품, 사치 ⇒ □□□

38. 반짝반짝, 청소, 하얀색, 순수, 위생 ⇒ □□□□

39. 난이도, 도전, 문제가~, 형편이~, 힘들다 ⇒ □□□

40. 잃다, 빈손, 가난, 엑스(X), 허전하다 ⇒ □□

Ⅳ. 제시된 단어들을 보고 머릿속에 떠오르는 **부사 단어**를 적어 주세요.

41. 완전히, 모두, 전부, 몽땅, 전체⇒ □

41. 느긋하다, 거북이, 달팽이, 여유, 느리다 ⇒ □□□

43. 2명 이상, 함께, 동행, 협력, 모두⇒ □□

44. 땀, 성실하다, 열정, 노력하다, 개미 ⇒ □□□

45. 살짝, 약간, 적다, 털끝만큼, 손톱만큼 ⇒ □□

46. 추측, 어쩌면, 예상, 가정, 짐작 ⇒ □□

47. 반드시, 의무, 필수, 무조건, 약속 ⇒ □

48. 직진, 자세, 행동, 반듯하다, 올바르다 ⇒ □□□

49. 늘, 언제나, 반복, 습관, 매일 ⇒ □□

50. 비, 사고, 정전, 돌발, 깜짝 ⇒ □□□

품사	명사	동사	형용사	부사	종합
점수					/50

관용 표현을 이용한 단어 연상 테스트

Ⅰ. 보기로 주어진 표현과 함께 쓰이는(연어 구성을 이루는) 동사를 쓰세요.

1. 정신, 시간, 싹, 맛, 소리, 냄새, 사고, 화 ⇒ ☐☐

2. 눈, 등, 화살, 마음, 말, 없던 일 ⇒ ☐☐☐

3. 떡, 말, 파김치, 물거품, 재 ⇒ ☐☐

4. 손, 시치미, 첫발, 학 ⇒ ☐☐

5. 눈, 뒤통수, 손발, 아귀, 앞뒤, 호흡 ⇒ ☐☐

6. 식은 죽, 골탕, 국수, 미역국 ⇒ ☐☐

7. 눈치, 덕, 장, 궁합, 흉, 시험, 맞선, 피 ⇒ ☐☐

8. 기, 머리, 바가지, 신경, 인상 ⇒ ☐☐

9. 개뿔, 국물, 염치, 발 디딜 틈, 발붙일 곳 ⇒ ☐☐

10. 가닥, 말꼬리, 발목, 배꼽, 칼자루, 트집 ⇒ ☐☐

11. 가슴, 뒤통수, 손사래, 땅, 파도, 벼락, 소리, 사기 ⇒ ☐☐

12. 목, 속, 한 배, 더위, 그네, 썰매 ⇒ ☐☐

Ⅱ. 보기로 주어진 단어들과 함께 쓰이는 신체 관련 단어를 쓰세요.

1. 불붙다, 치다, 뜨끔하다, 찢어지다, 찔리다 ⇒ ☐☐

2. 기울이다, 간지럽다, 얇다, 들어가다, 못이 박히다 ⇒ ☐

3. 높다, 돌아가다, 뒤집히다, 맞다, 삐다 ⇒ ☐

4. 굴리다, 쓰다, 숙이다, 식히다, 쥐어짜다 ⇒ ☐☐

5. 썩이다, 태우다, 시커멓다, 타다 ⇒ ☐

6. 떼다, 벌리다, 놓다, 씻다 ⇒ ☐

7. 거두다, 쉬다, 막히다, 트이다 ⇒ ☐

8. 다물다, 맞추다, 살다, 닳다, 짧다 ⇒ ☐

국립국어원(2002), 현대 국어 사용 빈도 조사
국립국어원(2003), 한국어 학습용 어휘 선정 결과 보고서
국립국어원(2005), 한국어 교재 분석 연구
국립국어원(2010), 국제 통용 한국어 교육 표준 모형 개발
국립국어원(2011), 국제 통용 한국어 교육 표준 모형 개발 2단계
국립국제교육원(2009), 한국어 능력 시험 초급 어휘 목록(1,560개)

강명희(2001), "의미 범주화를 통한 어휘 지도 방안 연구", 한국교원대 석사논문.
강미영(2010), "통합 인지적 관점을 기반으로 한 쓰기 모형 구성에 관한 연구", 인하대
　　　　　박사논문.
강승혜 외(2006), 『한국어 평가론』, 태학사.
구본관(2007), "한국어에 나타나는 언어적 상상력", 『국어국문학』 146.
구본관(2008), "교육 내용으로서의 어휘사에 대한 연구", 『국어교육연구』 21.
구본관(2011), "어휘 교육의 목표와 의의", 『국어교육학연구』 40, 27-59.
구본관(2012), "한국어 어휘 교육론", 『한국어교육의 이론과 실제 2』, 아카넷, 317-360.
국제한국어교육학회(2009), 『한국어 이해교육론』, 형설출판사.
국제한국어교육학회(2010), 『한국어 표현교육론』, 형설출판사.
권순희(1999), "외국어로서의 한국어 어휘지도 방안 연구", 『국어교육학연구』9-1.
김경령(2003), "이중 언어 어휘 발달을 중심으로", 『한국어 교육』 14-3.
김광해(1993), 『국어어휘론 개설』, 집문당.
김광해(1995), 『어휘연구의 실제와 응용』, 집문당.
김광해(2003), 『등급별 국어교육용 어휘』, 박이정.
김명광(2006), "잠재어와 어휘부의 상호 관계에 대한 일고찰", 『어문학』 98.
김명순(2003), "어휘력의 재이해와 지도 방법", 『청람어문교육』 27, 1-25.
김미옥(2003), "한국어 학습자의 단계별 언어권별 어휘 오류의 통계적 분석", 『한국어
　　　　　교육』 14-3.
김선정 외(2010), 『한국어 표현교육론』, 형설출판사.
김수정(1998), "문맥을 통한 한국어 어휘 교육", 이화여대 석사논문.
김슬옹(2010), "인식 방법론 어휘 담론과 교육", 『한말연구』 21

김시진(2006), "상황 맥락을 활용한 어휘력 신장 효과의 연구", 홍익대 석사논문.

김연숙(2010), "영어 학습부진 중학생의 어휘전략수업이 읽기능력과 읽기 전략 사용 및 흥미도에 미치는 영향-형상화전략 및 연상전략을 중심으로", 한국외대 석 사논문.

김영란(2002), "한국어 학습자를 위한 어휘 정보", 『한국어 교육』 13-2.

김영자(1994), "한국어의 의미구조 연구", 숙명여대 박사논문.

김옥선(1995), "심리언어학적 관점에서 살펴본 제2언어 습득자의 의사소통전략", 『독일문학』 56, 277-296.

김옥선(2001), "기억과 외국어 어휘교수·학습", 『독어교육』 22, 57-82

김유진(2007), "한국어 직업 어휘장의 교육 방안 연구", 상명대학교 석사논문.

김은성(2005), "어휘 교육 연구사", 『국어교육론2』, 한국문화사.

김은주(2003), "새 어휘 제시 방법이 제2언어로서의 한국어 어휘 학습에 미치는 영향에 관한 연구", 『한국어교육』 14-1.

김은혜(2001), "현대국어 합성명사류의 의미연구 -은유 표현을 중심으로-", 서울대 석사논문.

김은혜(2009), "국어과 교육과정과 교과서에 반영된 어휘지도 내용 연구", 『어문연구』141.

김은혜(2010), "받아쓰기 평가의 활용 방안 - 초급 한국어 학습자의 의미 재구성 능력을 중심으로", 『국어교육학연구』 37.

김은혜(2011a), "말하기 평가에 구현된 한국어 초급 학습자의 의사소통 전략 구사 양상", 『국어교육학연구』 40.

김은혜(2011b), "동사 '먹다'를 통해 살펴본 한국어 고급 학습자의 다의 관계 인식 양상", 『국어교육학연구』 41.

김은혜(2011c), "의미 중심 어휘지도를 위한 한국어 고급 학습자의 단어 연상 조사", 『새국어교육』 88.

김은혜(2012), "연상을 활용한 한국어 어휘 의미 교육 연구", 인하대학교 박사논문.

김인석·정동빈(1999), "초등 영어 교육을 위한 새로운 어휘 목록의 제시에 관한 연구", 『초등영어교육』 5-1, 105-140.

김정섭 외(2010), "새로운 합성명사를 이용한 창의적 글쓰기 활동 수업 모형 개발", 『사고개발』 6-1, 166-178.

김정현(2007), "한국어 감정형용사의 유의어 교육 연구: 고빈도 감정 어휘를 중심으로", 경희대 석사논문.

김중섭(2004), "한국어 교육학의 정체성에 관한 연구", 『한국어교육』 15-2.

김중신(2011), "어휘를 통한 정의적 텍스트 생산 전략", 『국어교육학연구』 40, 5-25.

김지홍(1999), "어휘의 의미표상에 대한 연구", 『배달말』 25.

김지홍(2007), "언어와 언어 사용에 대한 자각", 『국어문학』 42.

김해옥(2005), 『문학교육과 어휘교육』, 국학자료원.

김현택, 조선영, 박순권 역(1999), 생리심리학의 기초, 시그마프레스, Neil r. Carlson

김혜란(2000), "단어 연상 실험을 통한 외국어 어휘 학습 연구", 『한국프랑스학논집』 32, 한국프랑스학회, 25-46.

김혜은(2007), "외국인 한국어 학습자를 위한 반의어 교육 방안 연구", 경희대 석사논문.

김혜정(2004), "읽기 쓰기 통합 활동에서 의미 구성의 내용과 이해 과정연구", 『독서연구』 11, 141-180.

나삼일(2008), "의미 관계를 이용한 어휘 교육에 관한 연구", 선문대 석사논문.

나은미(2006), "어휘부의 존재 방식과 단어 형성", 『한국어 의미학』 20, 325-345.

나은미(2007), "어휘의 연결 방식과 패턴에 대한 연구", 『이중언어학』 34, 107-130.

나은미(2008), "유추를 통한 한국어 어휘 교육", 『한국어학』 40, 177-202.

남상은(2011), "어휘 학습 전략이 어휘 기억에 미치는 영향", 경희대 석사논문.

노명현(1996), "인지의미론", 『인문대학』 4.

마광호(1998), "어휘 교육의 과제", 『국어교육연구』 5, 서울대학교 국어교육연구소.

문금현(2000), "구어 텍스트를 활용한 한국어 어휘 교육", 『한국어 교육』 11-2.

문금현(2003), "한국어 어휘 교육을 위한 한자어 학습 방안", 『이중언어학』 23, 이중언어학회

문금현(2004), 한국어 유의어의 의미 변별과 교육 방안, 국제한국어교육학회, 65-94.

문금현(2006), "한국어 어휘 교육을 위한 다의어 학습 방안-동사 '보다'를 중심으로", 『이중언어학』 30, 143-177.

민현식(2000), 『국어교육을 위한 응용국어학 연구』, 서울대출판부.

박덕유·이철수·문무영(2004), 『언어와 언어학』, 역락.

박덕유(2005), "문법 지식 지도의 필요성과 발전 방향", 『새국어교육』 71.

박덕유(2005), 『학교문법론의 이해』, 역락출판사.

박덕유(2009), "바른 언어생활의 필요성", 『국어교육연구』 10, 1-30.

박덕유(2009), "외국인 학습자를 위한 어휘력 신장 연구(1): 한국어 한자 및 한자어를 중심으로", 『언어와 문화』 5-1, 85-103.

박덕유(2010), "지하철 광고 언어의 오용 실태와 개선 방안", 『새국어교육』, 433-453.

박덕유(2010), 『외국인을 위한 한국어』, 박문사.

박덕유 외(2010), 『국어교육의 전략과 탐색』, 박문사.

박덕유 외(2010), 『한국어교육의 전략과 탐색』, 박문사.

박덕유 외(2011), 『한국어학습자를 위한 음운교육 연구』, 박문사.

박동호(1998), "대상부류에 의한 한국어 어휘기술과 한국어 교육", 『한국어 교육』 9-2

박동호(2001), "한국어 어휘기술 방법론과 어휘교육", 『한국어 교육』 12-2, 397-414.

박서향(2006), "한국어 교재의 의미 분석을 토대로 한 다의어 교육 연구", 연세대 석사논문.

박선옥(2008), "한국인과 중국인의 단어 연상의미 조사 분석과 단어 연상을 활용한 어휘 교육 방법", 『한국어 의미학』 25, 한국어의미학회, 71-98.

박수자(1994), "어휘의 기능과 텍스트문법적 접근의 관계", 『신청어문』 22, 179-197.

박수자(1998), "사고, 지식, 어휘의 교육적 함의", 『국어교육학연구』 8.

박수현(2008), "학습 전략을 활용한 한국어 어휘 교재의 단원 구성 방안 연구", 한국외대 석사논문.

박숙영(2005), "한국어 어휘교육을 위한 언어 활용 방안 연구", 한국외대 석사논문.

박아름(2009), "한국어 교육을 위한 유의어의 의미 연구-명사를 중심으로", 고려대 석사 논문

박영목(2008), 『작문 교육론』, 역락.

박영준(2000), "한국어 숙달도 배양을 위한 문화적 어휘·표현의 교육", 『한국어 교육』 11-2.

박재남(2002), "외국어로서 한국어의 유의어 교육 방안 연구", 연세대 석사논문.

박재현(2006), "어휘 교육 내용 체계화를 위한 어휘 의미의 가치 교육 연구", 『새국어교 육』 74.

박태진(2004), "한국어 단어의 연상 빈도 및 심상가 조사", 『한국심리학회지: 실험』 16, 한국심리학회, 237-260.

박현순(2005), "한국형 단어연상검사 사례연구", 『인간이해』 26.

배도용(2009), "『어휘 I』교재 개발을 위한 한국어 학습자 요구와 전략분석연구", 『한중 인문학연구』 28.

서국희·이부영(1995), "C. G. Jung 단어 연상 검사의 한국형 축약수정안 제작을 위한 연구", 『심성연구』 10, 한국분석심리학회, 1-102.

서국희·이부영(1997), C. G. Jung 단어 연상 검사의 연상규준 비교연구, 심성연구 12(2), 한국분석심리학회, 129-164.

서상규 외(1998), "외국어로서의 한국어 교육을 위한 기초 어휘 선정", 한국어 세계화 추 진을 위한 기반 구축 사업 1차년도 결과 보고서.

석용준(1999), "의미장 접근법과 핵심어법이 외국어 기억조성에 미치는 효과", 『한국교 육문제연구소 논문집』 14.

성태제·시기자(2006), 『연구방법론』, 학지사.

손근정(2011), "심상을 활용한 어휘 교수·학습 방법이 한국어 학습자의 기억에 미치는 영향", 이화여대 석사논문.

손영애(1992), "국어 어휘 지도 방법의 비교 연구: 한자 이용 여부를 중심으로", 서울대 박사논문.

손영애(2000), "국어과 어휘 지도의 내용 및 방법", 『국어교육』 103, 53-78.

손영애(2004), 『국어과 교육의 이론과 실제』, 박이정.

손영애(2005), "국어 교육 과정 변천사", 『국어교육론1』, 한국문화사.

손영애(2007), "새로운 국어과 교육과정 시안에 대한 몇 가지 소론", 『국어교육』, 117- 144.

손영애(2008), "새로운 국어 교과서 구성 방안", 『국어교육』, 251-282.

손영애(2009), "국어과 교육과정 변천사 소론 -'교수·학습 방법'을 중심으로-", 『국어교육』 130, 293-322.

손지영(2006), "장이론을 활용한 외국어로서의 한국어 어휘교육", 상명대 석사논문.

송기철(2003), "어휘 특성에 따른 어휘 지도 방법 연구", 연세대 석사논문.

송영빈(2009), "고등학교 일본어 어휘목록 선정과 활용", 『한국사전학』13, 한국사전학회, 29-47.

신명선(2003), "語彙敎育의 학문적 체계화를 위한 基礎 硏究", 『語文硏究』 31-1.

신명선(2003), "지적사고처리어(Acadamic Vocabulary)의 특성과 그 국어 교육적 필요성에 대한 고찰", 『語文學』 81.

신명선(2004a), "국어 사고도구어 교육 연구", 서울대 박사논문.

신명선(2004b), "어휘 교육의 목표로서의 어휘 능력에 대한 연구", 『국어교육』 113, 263- 296.

신명선(2004c), "語彙에 관한 메타언어 활동의 意義에 대한 연구-유의어들의 의미변별 활동을 중심으로", 『語文硏究』 32-4.

신명선(2004d), "유의어 변별 능력과 국어적 사고력의 관계에 대한 연구-'구분, 분류, 분석, 구별'을 중심으로", 『한국어학』 22, 215-243.

신명선(2005a), "어휘 능력의 성격을 통해 본 어휘에 대한 바람직한 관점 연구", 『신청어문』 33, 497-524.

신명선(2005b), "어휘 교육 변천사", 『국어교육론2』, 한국문화사.

신명선(2006), "학문 목적의 한국어 학습자를 위한 어휘 교육의 내용 연구", 『한국어 교육』 17-1, 237-264.

신명선(2007), "'단어의 앎의 의미에 기반한 어휘교육의 방향 설정 연구', 『국어교육』 124.

신명선(2008), 『의미, 텍스트, 교육』, 한국문화사.

신명선(2009a), "국어 표현 과정에서 작용하는 어휘 사용 기제와 그 전략에 관한 연구", 『한국어의미학』 29, 91-131.

신명선(2009b), "국어적 창의성의 개념 정립에 대한 연구", 『국어교육학연구』 35, 301- 329.

신명선(2009c), "텍스트 결속 기제로 작용하는 국어 명사의 특징에 대한 연구", 『한국어학』 42, 193-219.

신명선(2010), "어휘 선택과 표현의 효과-상하위어를 중심으로", 『작문연구』 10, 77-107.
신명선(2011), "국어과 어휘 교육 내용의 유형화에 관한 연구", 『국어교육학연구』 40, 61-98.
신은경(2005), "한국어 어휘 교재 개발 방안 연구 : 유형별 어휘 중심으로", 부산외대 석사논문.
신재윤(2012), "일본인 한국어 학습자의 단어 연상 의미 구조 연구", 이화여대 석사논문.
신준화(2008), "읽기를 매개로 한 의미중심 형태교수 상황에서의 어휘 습득 연구", 이화여대 석사논문.
신현숙(1998), "한국어 어휘 교육과 의미 사전", 『한국어 교육』 9-2, 국제한국어교육학회
신현정(2000), 『개념과 범주화』, 아카넷.
신형욱(2010), "외국어로서의 한국어 교육을 위한 어휘 교수 학습 방안 제안", 『한국어 교육』 21, 197-224.
신희삼(2004), "외국어로서 한국어 어휘교육 방안 연구", 『국어문학』 39.
심재기(1981), 『국어어휘론』, 집문당.
심재기(2000), 『국어어휘론 신강』, 태학사.
양윤정(2005), "어휘장 이론을 바탕으로 한 한국어 어휘 교재 구성 방안", 부산외대 석사논문.
엄훈(2001), "어휘에 대한 한국 아동의 메타언어적 인식 발달 연구", 『국어교육』 104, 23-50.
오은희(2008), "한국어 학습자의 어휘추측전략 분석 연구- 한자권-비한자권 중·고급 학습자를 대상으로-" 연세대 석사논문.
오정환(2007), "중학교에서 어휘 교육 사례 연구", 『국어교육』 124, 411-443.
우형식(2002), 『한국어 어휘 교육의 방향 낱말의 이해』, 한국문화사.
우홍식(2004), "마인드맵을 통한 어휘력 향상 방안", 공주대 석사논문.
유경민(2008), "개념 은유를 활용한 한국어 어휘 문화 교육", 『한국어의미학』 32, 123-140.
유수연(2004), "문화간 의사소통 충돌의 원인-언어를 중심으로", 『국제지역연구』 8-1.
유현경, 강현화(2002), "유사관계 어휘정보를 활용한 어휘교육 방안", 『말』 27-1.
윤강구(2007), "제2언어 습득의 인지적인 과정과 학습 전략", 『일어교육』41.
이경록(2011), "이미지연상학습법을 이용한 읽기능력신장연구", 한양대 석사논문.
이경민(2010), "초등학교 시 교육에서의 은유 지도 방안 연구", 부산교대 석사논문.
이광호(2009), "한국어 연상어 사전 구축을 위한 시험적 연구", 『한국문화』 45, 177-206.
이기연(2006), "어휘 교육 내용 설계를 위한 낯선 어휘의 의미 처리 양상 연구", 서울대 석사논문.

이동혁(2004), "의미 관계의 저장과 기능에 대하여", 『한글』263.

이민우(2010), "국어 다중의미 연구", 경희대 박사논문.

이상태(2010), 『사고력 함양을 위한 국어교육 설계』, 박이정.

이성호(2000) "영문학 교육과 영어교육의 연계 가능성에 관한 연구", 『영미문학교육』4.

이아람(2008), "어휘 주석의 유형과 학습자의 숙달도가 한국어의 우연적 어휘학습에 미치는 영향", 이화여대 석사논문.

이연순(2002), "과정 중심 쓰기에서의 연상과 유추 활용에 관한 연구", 선문대 석사논문.

이영숙(1996), "국어과 지도 대상 어휘의 선정 원리에 관한 연구", 서울대학교 석사논문.

이영숙(1997), "어휘력과 어휘 지도", 『신청어문』25.

이우승(2007), "외국어로서의 한국어를 위한 어휘 교육 방안", 동국대 석사논문.

이유미·이찬규(2007), "'가족'단어의 연상의미 연구", 『국어학』50, 295-328.

이은경(2012), "의미장을 중심으로 한 중국어권 및 영어권 학습자와 한국인의 어휘 연상 반응 연구", 이화여대 석사논문.

이인섭(1981), "연상어휘의 의미구조(1)", 『신청어문』11·12, 서울대학교 국어교육과, 387-395.

이인섭(1985), "연상어휘의 의미구조(2)", 『어문논집』24, 민족어문학회, 413-430.

이인원(2008), "중학교 국어 교과서 읽기 전 활동에 관한 연구-배경 지식과 사고 활동을 중심으로", 한양대 석사논문.

이재승(1996), "어휘 지도 방법", 『청람어문학』, 162-182.

이재욱(2000), "외국인을 위한 한국어 어휘교육방법 연구", 고려대 석사논문.

이정모 외(2003), 『인지심리학』, 학지사.

이정화(2010), "말하기 전략 활성화를 위한 어휘 교육 연구", 이화여대 박사논문.

이정희(1997), "외국인을 위한 한국어 어휘 교육에 관한 연구", 경희대 석사논문.

이정희(2002), "한국어 학습자의 표현 오류 연구", 경희대 박사논문.

이종철(1993), 의사소통능력 신장을 위한 함축적 표현의 연구, 서울대학교 박사논문.

이종철(1996), "단어의 연상적 의미의 지도 방법과 내용", 『국어교육학연구』6, 국어교육학회, 137-155

이종철(2000), "창의적인 어휘 사용 능력의 신장 방안", 『국어교육』102.

이준호(2008), 한국어 어휘 교육 연구사, 문법교육 9.

이지용·심지연(2010), "인지의미론을 통한 한국어 관용어 교육의 효율성 연구", 『한국어 의미학』31, 209-247.

이찬규(1997), "뇌에서의 언어 의미의 해석과 생성 과정에 관한 가설", 『한국어 의미학』1, 257-272.

이찬규(1999), "의사소통에 영향을 미치는 인지 작용에 관한 연구", 『한국어 의미학』4,

한국어의미학회, 99-130.

이찬규(2001), "문장 의미 해석을 위한 한국어 동사의 층위별 의미 자질 구조화", 『한국어 의미학』 8, 133-170.

이찬규(2002a), "단어 연상에 관한 조사 연구1", 『어문연구』 30, 5-33.

이찬규(2002b), "단어 연상에 관한 조사 연구2", 『한국어 의미학』 11, 49-78.

이찬규(2002c), "언어 인지적 관점에서 본 이미지 통합 현상에 관한 연구", 『어문논집』 30, 5-28.

이찬규(2004), 발화의미 분석의 시스템적 접근, 한국어 의미학 15, 27-50

이찬규(2007), "의미 형성의 기반이 되는 유연성 원리로서의 배의성", 『한국어학』 38, 269-306.

이찬규(2008), "인지・화용적 관점에서의 의미의 본질과 유형", 『어문논집』 38, 95-121.

이창학(2007), "단어 연상 시험을 통해 나타난 효과적인 영어 어휘교육 방안", 287-303

이충우(2005), "어휘 교육의 발전 방향(1)", 『국어교육론2』, 한국문화사.

이충우(2006), 『좋은 국어 어휘 교육 어떻게 할 것인가』, 교학사.

이현근(1990), "개념의 원형이론에 의한 연구", 『언어연구』 7, 91-108.

이현근(1995), "원형이론과 개념론에 의한 어의 비교 연구", 『언어연구』 11, 167-181.

이효신(2009), "중국인 학습자의 한국어 어휘 학습 전략 연구", 영남대 석사논문

이훈호(2008), "의미장 접근법을 활용한 한국어 어휘 교수・학습 방안 연구", 한국외대 석사논문.

임승연(2002), "외국인을 위한 한국어 다의어 사전 개발에 관한 연구", 한양대 석사논문.

임지룡(1993), 『국어 의미론』, 탑출판사.

임지룡(1997), 『인지의미론』, 탑출판사.

임지룡(2002), "영상도식의 인지적 의미 특성", 『어문학』 60, 189-211.

임지룡(2006), "인지언어학적 관점에서 본 의미의 본질", 『한국어 의미학』 21.

임지룡(2007), "인지의미론 연구의 현황과 전망", 『우리말 연구』 21.

임지룡(2008), "한국어 의미 연구의 방향", 『한글』 282, 195-234.

임지룡(2009), "다의어의 판정과 의미 확장의 분류 기준", 『한국어 의미학』 28, 193-226.

임지룡(2010), "어휘의미론과 인지언어학", 『한국어학』 49, 1-35.

임지룡(2011), "국어 어휘범주의 기본층위 탐색 및 의미 특성 연구", 『담화와 인지』 18-1, 153-182.

임지아(2006), "한국어 교육용 어휘에 관한 연구", 동아대학교 석사논문.

장혜진(2008), "어휘 설명 시 한국어 교사의 메타언어 분석 : 심리어휘 및 개념어휘의 설명을 중심으로", 연세대 석사논문.

장희엽(2010), "마인드맵을 활용한 읽기 프로그램이 중학생의 읽기 능력과 읽기 동기에

미치는 영향", 교원대 석사논문.

전점이(2007), "문학작품을 활용한 어휘 교육", 『새국어교육』 77.

정길정·연준흠 편저(1996), 『외국어 읽기 지도의 이론과 실제』, 한국문화사.

정동규(2009), "의미연구에서 구조와 인지의 문제", 『인문언어』 11-1, 11-32.

정성미(2012), "연상어휘 의미관계 고찰-여성결혼이민자 연상어휘를 중심으로", 『다문화콘텐츠연구』 12, 257-284.

정유진(2009), "개념적 은유를 통한 한국어 어휘 교육 방안 연구 : '마음' 관련 어휘를 중심으로", 한국외대 석사논문.

정인문(2010), 『글쓰기 이론과 실제』, 박문사.

정인숙(1995), "독해력 향상을 위한 어휘 지도 연구-문맥적 실마리에 의거한 방법을 중심으로", 서울대 석사논문.

조명원(1982), 『현대 외국어 교육』, 한신 문화사.

조명한 외(2003), 『언어심리학』, 학지사.

조명한(1969), "연상적 의미와 우리말 연상사전의 작성", 『언론정보연구』 6, 서울대학교 언론정보연구소, 49-63.

조명한(1975), "한국어의 의미론적 특성", 『언론정보연구』 12, 99-116.

조명한(1980), "언어와 사고의 발달", 『언론정보연구』 17, 27-61.

조명한(1985), 『언어심리학: 언어와 사고의 인지심리학』, 민음사.

조명한(1997), "작업기억과 언어처리의 개인차", 『한국심리학회지』 16-1, 18-39.

조명한·김유진·이정모(1969), "상대적 거리가 단어 자유회상에 미치는 영향", 『한국심리학회지』 1-2, 54-61.

조은영(2010), "어휘적 언어의 형성과 유추", 『한국어학』 48, 299-331.

조의연(1996), "의미란 무엇인가?: 인지의미론과 해체주의", 『담화와 인지』 2.

조창규(2007), "接頭辭를 이용한 韓國語 語彙 敎育 연구", 『語文硏究』 35-2.

조현용(1999), "한국어 어휘의 특징과 어휘교육", 『한국어 교육』 10-1, 265-281.

조현용(2000), "어휘 중심 한국어 교육방법 연구", 경희대 박사논문.

조현용(2000), 『한국어 어휘교육 연구』, 박이정.

조형일(2010), "시소러스 기반 한국어 어휘 교육 연구", 서울대 박사논문.

주세형(2005), "국어과 어휘 교육의 발전 방향", 『독서연구』 27, 373-399.

주세형(2005), "어휘 교육의 발전 방향(2)", 『국어교육론2』, 한국문화사.

채영희(2003), "생태학적 언어관에 의한 국어 어휘 교육", 『배달말』 33, 365-388.

채현식(2005), "어휘부의 자기조직화", 『한국언어문학』 63.

최경봉(2002), "은유 표현에서 어휘 체계의 의미론적 역할", 『한국어학』 15, 285-306.

최성욱(2000), "외국어로서 한국어 어휘 능력 신장 방안", 『國語敎育學硏究』 11-1.

최윤곤(2009), "한국어 표현 범주의 개념과 유형", 『새국어교육』 83.

최천택(2004), 『영어 어휘 교육론』, 한신대학교 출판부.

하설월(2005), "중국인을 위한 한국어 어휘 교육 연구 : 친족어와 대응 친족어의 교육을 중심으로", 연세대 석사논문.

하화정(2001), "외국인을 위한 한국어 다의어 교육 연구", 경희대 석사논문.

한상미(2002), "학습자 자율성에 기초한 한국어 어휘 교육 사례 연구", 『한국어 교육』 13-2.

한영균(2001), "한국어 학습자 사전 개발을 위한 어휘 계량적 접근", 『울산어문논집』 15, 65-94.

한영균(2002), "어휘 기술을 위한 연어정보의 추출 및 활용과 관련된 몇 가지 문제", 『국어학』 39, 국어학회, 137-173.

한영균(2007), "한국어 어휘 교육과 어휘 통계 정보", 『한국어교육』 18-3, 249-272.

한정일(2000), "한국어 어휘 교육 방안", 이화여대 석사논문.

황미향(2004), "어휘의 텍스트 형성 기능과 어휘지도의 방향", 『언어과학연구』 31.

황보연(2007), "연상 어휘 반응에 대한 연구", 부산교대 석사논문.

황종배(2006), 『제2언어 습득론개관』, 경진문화사.

Aitchison, J.(1987), *WORDS IN THE MIND*, Blackwell Publishers. 홍우평 역(2004), 『언어와 마음』, 역락.

Aitchison, J.(1994), *Language Joyriding*, Clarendon Press.

Atkinson, R. C. & Shiffrin, R. M.(1968), Human memory: A proposed system and its control processes. In K. W. Spence & J. T. Spence(Eds.), *The psychology of learning and motivation: Advances in research and theory*, Academic Press, 89-195.

Bachman, L. F. & Adrian S. Palmer(1996), *Describing language ability: language use in language tests, Language Testing in Practice*, Oxford University Press, pp.61-82.

Bachman, L. F.(1990), *Fundamental Considerations in Language Testing*, Oxford University Press.

Bachman, L. F.(1991), What does language testing have to offer?, *TESOL Quarterly* 25-4, pp.671-704.

Bakhtin, M. M. (1981), *The Dialogic Imagination: four essays*, University of Texas.

Bartlett, F. C.(1932), *Remembering: A study in experimental and social psychology*, Cambridge University Press.

Brown, H. D.(1980), *Principles of Language Learning and Teaching*, Pearson Education. 이흥

수 외 공역(2010), 외국어 학습·교수의 원리, 피어슨에듀케이션코리아.

Brown, H. D.(2007), *Teaching by principles-An Iteractive Approach to Language Pedagogy*, Pearson Education. 권오량·김영숙 공역(2010), 원리에 의한 교수, 피어슨 에듀케이션코리아.

Canale, M. & Swain, M.(1980), Theoretical bases of communicative approaches to second language teaching and testing, *Applied Linguistics* 1-1, 1-47.

Carroll, J. B.(1965), The prediction of success in intensive foreign language training. In R. Glaser(ed.), *Training, Research and Education*, Wiley. 87-136.

Channell, J.(1990), *Vocabulary acquisition and the mental lexicon in Meaning and Lexicography*(Tomaszczyk et al., eds.) Amsterdam: John Benjamins.

Choi, S. & Gopnik, A.(1995), Early acquisition of verbs in Korean: A cross-linguistic study, *Journal of Child Language* 22, 497-529.

Clarissa Wilks(2009), Tangled Webs…: Complications in the Exploration of L2 Lexical Networks in Tess Fitzpatrick & Andy Barfield(2009), *Lexical Processing in Second Language Learners: Papers and Perspectives in Honour of Paul Meara*, MPG Book. Ltd.

Clark, H. H.(1970), Word association and linguistic theory, in Lyons. J.(ed), *New Horizons in Linguistics*, Penguin Books, 271-286.

Cruse, D. A.(1990), *Prototype theory and lexical semantics*. In Tsohatzidis(1990).

D. Alan Cruse & William Croft(2004), *Cognitive Linguistics*, The University of Cambridge Press. 김두식·나익주 옮김(2007), 『인지언어학』, 박이정.

Deese, J.(1962), On the structue of associative meaning, *Psychological Review* 69, 161-175.

Deese, J.(1965), *The Structure of associations in Language and thought*, Johns Hopkins University Press.

Drum, P. A. & Konopak, B. D.(1987), Learning word meanings from written context. In M. G. Mckeown, M. E. Curtis(eds.), *The Nature of Vocabulary Acquisition*, NJ: LEA.

Ellis, R.(1994), *The Study of Second Language Acquisition*, Oxford University Press.

Eskey. David(1975), Advanced Reading: The Structural Problem, In *the Art of Tesol*.

Evelyn Hatch & Cheryl Brown(1995), *Vocabulary, Semantics and Language Education*, Cambridge University Press

Fillmore, C. J. & Atkins, B. T.(1992), Towards a frame-based lexicon: The semantics of RISK and its neighbours. In Lehrer & Kittay(1992).

Fillmore, C. J.(1985), Frames and the semantics of understanding, *Quaderni di semantica* 6,

222-254.

Flower, L. & Hayes, J. R.(1980), The cognition of discovery: Defining a rhetorical problem, *College Composition and Communication* 30.

Flower, L. & Hayes, J. R.(1981), The cognitive process theory of writing, *College Composition and Communication* 32.

Francis Katamba(2005), *English Words: Structure, History, Usage*, Routledge.

Galton, F.(1883), *Inquiries for human faculty and its development*, Macmillan.

Gass, S. M.(1988), Second language vocabulary acquisition, *Annual Review of Applied Linguistics* 9, 92-106.

Genter, D.(1982), Why nouns are learned before verbs: Linguistic relativity versus natural partitioning. In S.A. Kuczaj(Ed.), *Language development* Vol 2.

George A. Miller(1996), *The Science of Words, Scientific American Library*. 강범모 · 김성도 옮김(1998), 『언어의 과학』, 민음사.

George Lakoff(1987), *Women, Fire, and Dangerous Things: What Categories Reveal about the Mind*, The University of Chicago. 이기우 옮김(1994), 『인지 의미론: 언어에서 본 인간의 마음』, 한국문화사.

Gonia Jarema & Gary Libben(2007), *The Mental Lexicon: Core Perspectives*, Elsevier Ltd.

Gu, Y., & Johson, R. K.(1996), Vocabulary learning strategies and language learning outcomes, *Language Learning* 46-6, 643-679.

Henning, H.(1973), Remembering foreign language vocabulary: acoustic and semantic parameters, *Language Learning* 23(2), 185-196.

Howard, R. W.(1987), *Concepts and Schema: An Introduction*, Cassell Education.

Hudson, R.(1995), *Word meaning*, London: Routledge.

Hymes, D. H.(1972), On communication competence, In J. B. Pride & J. Holmes(eds.), *Sociolinguistics*, Penguin.

Johnson, M.(1987), *The Body in the Mind: The Bodily Basis of Meaning, Imagination, and Reason*, The University of Chicago Press.

Jullian, P.(2000), Creating word meaning awareness, *ELT Journal* 54-1.

Kate K.(2000), *Semantics*, Macmillan Press. 이영헌 · 유재근 옮김(2003), 『의미론의 신경향』, 한국문화사.

Kate, P.(1991), Building a vocabulary through academic reading, *TESOL Quarterly*

Katz, J.J. & Fordor, J.A.(1963), The Structure of a semantic theory, *Language* 39, 170-210.

Kellerman, E.(1979), Transfer and non-transfer: Where we are now. *Studies in Second*

Language Acquisition 2, 37-57.

Krezeszowski, T. P.(1990), The axiological aspect of idealized cognitive models. in J. Tomaszczyk & B. Lewandowiska-Tomaszczyk(eds.), *Meaning and Lexicography.* John Benjamins Publishing Company, 135-165.

Krezeszowski, T. P.(1993), The axiological parameter in preconceptual image schemata. in R. I. Geiger & B. Rudzka-Ostyn(eds.), *Conceptualizations and Mental Processing in Language.* Mouton De Gruyter, 307-329.

Labov, W.(1973), The boundaries of Words and Their Meaning, In Bailey, C. J. and Shuy, R. W.(eds), *New Ways of Analysing Variation in English*, Georgetown University Press.

Leech, G. N.((1981), *Semantics*, Penguin Books.

Leech, G. N.(1974), *Semantics*, Harmondsworth: Penguin.

Levenston, E. A.(1979), Second language vocabulary acquisition: issues and problems. *Interlanguage Studies Bulletin* 4(2), 147-160.

Mary, S. K(2010), Korean language learners' collocational word association and its implication for classroom teaching, *Teaching Korean as a Foreign Language* 35, 1-21.

Mayer. R. C.(1984), Aids to text comprehension, *Educational Psychologist* 91-1, 30-42

McDaniel, M. A., & Kearney, E. M.(1984), Optimal learning strategies and their spontaneous use: The importance of task-appropriate processing. *Memory & Cognition* 12, 361-373

Meara, P. M(1978), Learners' word associations in French. *The Interlanguage Studies Bulletin* 3(2), 192-211.

Meara, P. M(1980), Vocabulary acquisition: Aneglected aspect of language learning. *Language Teaching and Linguistics*: Abstracts 13(4), 221-246.

Meara, P. M(1982), Word associations in a foreign language, *Nottingham Linguistic Circular* 11(2), 28-38.

Meara, P. M(1984), The Study of lexis in interlanguage. In A. Davies, C. Criper and A.P.R. Howatt(eds), *Interlanguage*, Edinburgh University Press, 225-235.

Meara, P. M(1992), Network structures and vocabulary acquisition in a foreign language., in P. J. L. Arnaud and H. Bejoint(eds) *Vocabulary and Applied Linguistics*, Macmillan, 62-72.

Meara, P. M(1996), The dimensions of lexical competence, In G. Brown, K. Malmkjaer and J. Williams(eds) *Performance and Competence in Second Language Acquisition*,

Cambridge University Press, 35-53.

Meara, P. M(2002), The rediscovery of vocabulary, *Second Language Research* 18(4), 393-407.

Michael Halliday(1973), The functional basic of language. In B. Bernstein(ed.), *Class, Codes and Control*, Vol Ⅱ, Routledge and Kegan Paul. 343-366.

Michael Lewis(1993), *The Lexical Approach*, Language Teaching Publications. 김성환 옮김 (2002), 『어휘접근법과 영어교육』, 한국문화사.

Michael McCarthy(1999), *A Scheme for Teacher Education Language Teaching : Vocabulary*, Oxford University Press. 김지홍 뒤침(2003), 『어휘』, 범문사.

Miller, George A.,(1996), *The Science of Words*, Scientific American Library.

Moravcsik, J.(1981), "How Do Words Get Their Meanings?" *Journal of Philosophy* 78, 5-24.

Muriel Saville-Troike(2006), *Introducing Second Language Acquisition*, Cambridge Unversity Press. 임병빈 외 옮김(2008), 『제2언어 습득론』, 세진무역.

Murphy, M. L(2003), *Semantic Relations and the Lexicon*, Cambridge University Press. 임지 룡·윤희수 옮김(2008), 『의미 관계와 어휘사전』, 박이정.

Nagy, W.(1997), On the role of contxt on first and second language vocabulary learning. In N. Schmitt and M. McCarthy(eds.), *Vocabulary Description, Acquisition and Pedagogy*, Cambridge, 64-83.

Nation, I. S. P.(2001), *Learning Vocabulary in Another Language*, Cambridge University Press.

Nation, I. S. P.(2008), *Teaching Vocabulary: Strategies and techniques*, Heinle Cengage Learning.

Nick Lund(2003), *Language and Thought*, Routledge. 이재호·김소영 공역(2007), 『언어와 사고』, 학지사.

Nida, E. A.(1975), *Componential Analysis of Meaning*, Mouton.

Nobert Schmitt(2010), *An Introduction to Applied Linguistics*, Hodder & Stoughton Ltd.

Noble, C. E.(1963), Meaningfulness and familiarity. In C.N. cofer & Musgrave(Eds.), *Verbal behavior and learning*, McGraw-Hill.

Ogden, C. K. & I. A. Richards(1936), *The Meaning of Meaning*, Routledge and Kegan Paul.

Osgood, C. E.(1952), The nature and measurement of meaning, *Psychology Bulletin* 49, 197-237.

Parry, K. (1991). Building a vocabulary through academic reading. *TESOL Quarterly*, 25, 629-653.

Read, J. & Nation, P.(2009), Introduction: Meara's Contribution to Research in L2 Lexical Processing in Tess Fitzpatrick & Andy Barfield(2009), *Lexical Processing in*

Second Language Learners: Papers and Perspectives in Honour of Paul Meara, MPG Book. Ltd.

Richards, I. A. & Ogden, C. K.(1959), *The meaning of meaning*, Brace.

Richards, J. (1976). The role of vocabulary teaching, *TESOL Quarterly*, 10(1), pp.77-89.

Robert S. Siegler & Martha Wagner Alibali(2005), *Children's Thinking*, Pearson Education. 박영신 외 옮김(2007), 『아동 사고의 발달』, 아카데미프레스.

Rogers, T. S.(1969), On measuring vocabulary difficulty: An analysis of item variation in learning Russian-English vocabulary pairs. *International Review of Applied Linguistics* 7, 327-342.

Ronald Carter(1998), *Vocabulary: Applied Linguistic Perspectives*, 원명옥 역(1998), 『어휘론의 이론과 응용』, 한국문화사.

Sandra J. Savignon(1983), *Communicative competence: Theory and classroom practice. Reading*, Addison-Wesley.

Sandra J. Savignon(2005), Communicative Language Teaching: Strategies and Goals, *Handbook of Research in Second Language Teaching and Learning*, IEA. pp.635-651.

Schlossberg H., Woodworth R. S.(1957), *Experimental Psychology*, Henryholt and Company, N.Y.

Schmitt & McCarthy(2004), *Vocabulary: Description, Acquisition and Pedagogy*, Cambridge University Press.

Schmitt, N.(1997), *Vocabulary In Language Teaching*, Cambridge University Press.

Sebastian Löbner(2002), *Understanding Semantics*, The Oxford University Press., 임지룡·김동환 옮김(2010), 『의미론의 이해』, 한국문화사.

Singleton, D.(2000), *Language and the Lexicon-An introduction*, London: Arnold, 배주채 옮김(2008), 『언어의 중심 어휘』, 삼경문화사.

Skehan, P.(1998), *A Cognitive approach to Language*, Oxford Univerity Press.

Slobin, D. I.(1971), *Psycholinguistics*, Scott.

Sohn Ho-Min(1999), *The Korean Language*, Cambridge University Press.

Stephen Pinker(1999), *Words and Rules: The Ingredients of Language*, Orion Publishing Group Ltd., 김한영 옮김(2009), 단어와 규칙, 사이언스북스.

Susan M. Gass & Larry Selinker(1994), *Second Language Acquisition: An Introductory Course*, Lawrence Erlbaum Associates, Inc. 박의재·이정원 역(1999), 『제2언어 습득론』, 한신문화사.

Swinney, D. A.(1979), Lexical access during sentence comprehension: (Re)consideration of context effects. *Journal of Verbal Learning and Verbal Behavior* 18, 645-659.

Tardif, T.(1996), Nouns are not always leanred before verbs: Evidence from Mandarin speakers, *Developmental Psychology* 32, 492-504.

Taylor, J.(1995), *Linguistic Categorization*, Oxford University Press. 조명원 · 나익주 옮김(1997), 『인지언어학이란 무엇인가-언어학과 원형이론』, 한국문화사.

Tess Fizpatrick(2009), Word Association Profiles in a First and Second Language: Puzzles and Problems in Tess Fitzpatrick & Andy Barfield(2009), *Lexical Processing in Second Language Learners: Papers and Perspectives in Honour of Paul Meara*, MPG Book. Ltd.

Titchener, E. B.(1909), *Lectures on the experimental psychology of the thought processes*, Macmillan.

Todorov, T.(1984), *Mikhail Bakhtin - The Dialogical Principle*, Manchester University Press.

Tony Buzan & Barry Buzan(1993), *The Mind Map Book: How to Use Radiant Thinking to Maximize Your Brain's Untapped Potential*, Plume.

Višnja Pavičić Takač(2009), *Vocabulary learning strategies and foreign language acquisition*, Multilingual Matters Ltd.

Watson, J. B.(1924), *Psychology from the standpoint of a behaviorist*, Lippincott.

Weinstein, C. E. & Underwood, V. L.(1985), Learning strategies: The how of learning, in J. W. Segal, & S. F. Chipman, & R. Glaser, *Thinking and Learning Skills*, Hillsdale, NJ: Lawrence Erlbaum. 241-258

Wendy, J.(2000), The relationship between culture and language, *ELT Journal* 54-4, Oxford University Press.

Wertsch, J. V.(1985), *Vygotsky and the social formation of mind*, 한양대 사회인지발달연구모임 역(1995), 『비고츠키 마음의 사회적 형성』, 정민사.

Wilks, C. & Meara, P. M.(2007), Implementing graph theory approaches to the exploration of density and structure in L1 and L2 word association networks. *Second Language Research* 18(4), pp.303-324.

Wilks, Y.(1982), Some Thoughts on Procedural Semantics. In W. G. Lehnert and M. H. Ringle(eds.), *Strategies for Natural Language Processing*, Erlbaum.

Wittgenstein, L.(1956), *Philosophische Untersuchungen*, Suhrkamp. 이영철 역(1994), 『철학적 탐구』, 서광사.

Zoltán Dörnyei(1995), On the Teachability of Communication Strategies, *TESOL Quarterly* 29-1, pp.55-85.

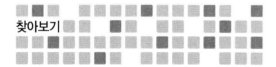

찾아보기

저자 **김은혜**

인하대학교 교육대학원 강의 교수, 교육학 박사
인하대학교 국어교육학과 외국어로서의 한국어교육 전공 강의
인천광역시 평생학습관 학점은행제 <외국어로서의 한국어학> 전공 강의

저서 『국어교육의 전략과 탐색』(공저, 2010)
　　　『한국어학습자를 위한 문법 교육 연구』(공저, 2012)

외국어로서의 한국어 어휘 교육론

초 판 1쇄 인쇄 2017년 4월 20일
초 판 1쇄 발행 2017년 4월 25일
저 자 김은혜
펴낸이 이대현
편 집 박윤정
디자인 홍성권
펴낸곳 도서출판 역락 | 등록 제303-2002-000014호(등록일 1999년 4월 19일)
주 소 서울시 서초구 반포4동 577-25 문창빌딩 2층
전 화 02-3409-2058(영업부), 2060(편집부) | 팩시밀리 02-3409-2059
전자우편 youkrack@hanmail.net
ISBN 979-11-5686-808-8 93370